U0449196

本书为2023年度福建省社科基金项目
"新时代背景下教师角色公共性与个体性双维建构研究"成果
（编号FJ2023BF017）。

教 师 教 育 书 系

新时代教师角色的
公共性与个体性双维建构

刘洪祥◎著

厦门大学出版社　国家一级出版社
XIAMEN UNIVERSITY PRESS　全国百佳图书出版单位

图书在版编目（CIP）数据

新时代教师角色的公共性与个体性双维建构 / 刘洪祥著. -- 厦门：厦门大学出版社，2024.6
（教师教育书系）
ISBN 978-7-5615-9383-7

Ⅰ.①新… Ⅱ.①刘… Ⅲ.①教师教育-教育改革-研究 Ⅳ.①G652

中国国家版本馆CIP数据核字(2024)第100080号

责任编辑　高　健
美术编辑　李夏凌
技术编辑　朱　楷

出版发行　厦门大学出版社
社　　址　厦门市软件园二期望海路39号
邮政编码　361008
总　　机　0592-2181111　0592-2181406（传真）
营销中心　0592-2184458　0592-2181365
网　　址　http://www.xmupress.com
邮　　箱　xmup@xmupress.com
印　　刷　厦门市明亮彩印有限公司

开本　720 mm×1 000 mm　1/16
印张　14.5
插页　1
字数　255 千字
版次　2024 年 6 月第 1 版
印次　2024 年 6 月第 1 次印刷
定价　66.00 元

本书如有印装质量问题请直接寄承印厂调换

目 录

绪　论 ··· 1

第一章　角色的公共性与个体性界说 ································· 36
　第一节　角色的含义辨析 ·· 36
　第二节　角色的公共性与个体性旨趣 ································· 43
　第三节　公共性与个体性的角色论意义 ······························ 47

第二章　教师角色的双维确立依据与建构思路 ···················· 66
　第一节　教师作为一种角色的基本认识 ······························ 66
　第二节　教师角色的双维确立依据 ···································· 80
　第三节　教师角色的双维建构思路 ···································· 92

第三章　教师角色的公共性意蕴及其建构分析 ···················· 99
　第一节　教师角色的公共性意蕴阐释 ································ 100
　第二节　公共性维度的教师角色建构分析 ·························· 118

第四章　教师角色的个体性意蕴及其建构分析 ··················· 135
　第一节　教师角色的个体性意蕴阐释 ································ 135
　第二节　个体性维度的教师角色建构分析 ·························· 162

第五章　教师角色走向双维融合的实践考察 …… 186
　第一节　教师角色双维融合的实践逻辑 …… 186
　第二节　教师角色双维融合的实践方式 …… 198
　第三节　教师角色双维融合的实现样态 …… 214

第六章　"好教师"角色的刻画及素养 …… 221

参考文献 …… 226

绪　论

党的二十大报告提出"加强师德师风建设,培养高素质教师队伍,弘扬尊师重教社会风尚"是"办好人民满意的教育"的重要内容,而加强新时代背景下的教师角色建构正是高素质教师队伍建设的题中要义。

其实,早在 2001 年基础教育课程改革之际,叶澜教授就曾指出:"只要时代处在深刻变化的转折关头,人们在重新审视现有教育、找出它的问题、希望改变它的现状并赋予它新的使命的同时,总会提出教师质量问题,为教师重新画像。"①这"一语"道破的正是"为教师重新画像",即教师角色建构②,对于每个时代的教育发展、课程与教学变革以及教师个体成长,都具有重要意义。

审视当下,恰是"时代处在深刻变化的转折关头"。2018 年,体现我国教师队伍建设改革新时代精神的中共中央、国务院《关于全面深化新时代教师队伍建设改革的意见》强调,教师队伍建设需要"明确教师的特别重要地位。突显教师职业的公共属性,强化教师承担的国家使命和公共教育服务的职责"③。与此同时,基础教育课程变革进入"核心素养时代",要求教师注重学生走向"公共性"的素养培育④,能够为每个学生的"'未来'提供希望与展望,

---

① 叶澜,白益民,王枬,等.教师角色与教师发展新探[M].北京:教育科学出版社,2001:17.
② 需要说明的是,本书的"教师角色建构"及其"双维"探讨,主要以基础教育教师为考察对象。
③ 中共中央 国务院关于全面深化新时代教师队伍建设改革的意见[EB/OL].(2018-01-31)[2021-09-09].http://www.gov.cn/zhengce/2018-01/31/content_5262659.htm.
④ 冯建军.公共人及其培育:公共领域的视角[J].教育研究,2020(6):27-37.

提供他们闯入未来世界的勇气"①。而今,联合国教科文组织发布《共同重新构想我们的未来:一种新的教育社会契约》的全球性报告,重申协作和合作是教师的职业特征,即教师之于"教育的公共目的""教学法应围绕合作、协作和团结的原则进行组织""合作改造世界"②等教育价值的实现具有关键作用。概言之,在"公共属性""我们的未来""公共目的""合作团结"等时代公共性旨趣下,"为教师重新画像"的教师角色建构,已是一个重要而迫切的问题。

其实,公共性旨趣下的教师画像是一个不断发展的历史问题。以2001年课改开启为分界点,回望中华人民共和国成立70余年来的教师画像可见:在此之前,多从教师职业群体进行隐喻性画像:"'春蚕''蜡烛''园丁''灯塔''桥梁''铺路石''摆渡人'……都在某一个侧面揭示了教师职业的本质"③。这些隐喻性画像的共同点是从"绝对公共性"层面,以"神化教师"的形式进行象征性、符号化的教师画像。然而,事实证明,在现实意义上"符号化不可能产生'好教师'"④。在此之后,随着课改的推进和深化,教师个体不断被推向前沿,并被视为课改成功的关键,强调课改"始于教师""依靠一线教师""呼唤教师专业自主"。于是,教师个体渐渐成为再度被"画像"的对象,其实质是从"职业"本质画像位移到"专业"本质画像,即在对教师公共形象塑造基础上纳入对教师个体角色担当的理论认识,如强调教师要做学生成长的引导者、管理者、反思者、陪伴者等。自此,在"别过度神化教师"的背景下,教师个体从"绝对公共性"层面渐渐显露出来,关注教师个体生活世界成为一种现实需要和情怀。故而,就形成了这样一种局面:"绝对公共性"的教师画像还未消解,而"创造个体性"的教师画像已被期待。于是,时代"公共性"旨趣与现实"个体性"需要,也就成为当下对教师进行重新画像的两个最基本维度。

鉴于此,本书意在探明隐藏在教师角色背后的公共性与个体性究竟是

---

① 钟启泉.基于核心素养的课程发展:挑战与课题[J].全球教育展望,2016(1):3-25.

② 中国常驻联合国教科文组织代表团.共同重新构想我们的未来[N].中国教育报,2021-11-11(9).

③ 李镇西.教师从事的不只是一个普通的职业[J].湖南教育(A版),2016(12):54.

④ 谢妮.从符号化的教师到"好教师":困境与超越[J].吉首大学学报(社会科学版),2019(3):101-107.

什么,它们又如何影响教师角色的建构。具体包括以下问题:教师角色的公共性与个体性源自何处?它们以何种形态存在?有着怎样的意蕴?呈现怎样的逻辑和结构关系?教师个体角色实践中的个体性何以满足公共性的教师角色要求?公共性又如何实现个体性的教师角色价值?……

在此,还须进一步辨明两个问题:第一,本书所谓的教师角色,并非特指某一具体教育活动或教学关系中的教师角色,而是指一般意义上的教师角色:"教师与其社会地位、身份相联系的被期望行为。包括两个方面。一是教师的实际角色。……二是教师的期望角色。"[①]换言之,此教师角色就是透过具体教育教学活动丰富具象后的一般意义上的教师角色,是与教师身份、教师形象等处于同位的教育社会学概念。第二,关于建构视角,选择从公共性与个体性两个维度审视教师画像问题,根本上取决于两个方面:其一,取决于我国基础教育的公共性本质,即我国义务教育是"国家必须予以保障的公益性事业"[②],"公共性和公益性是公共教育的根本属性"[③],"公共性是教育的内在属性与本质特征,贯穿于整个教育活动过程的始终"[④],公共性也是"当代教育发展的一种新的价值诉求"[⑤]。因此,我国基础教育的公共性本质直接决定了公共性是教师画像的重要维度。其二,取决于教师个体在教育实践活动中的核心要素地位。教师个体是深入教育教学一线的"教育神经末梢",拥有绝对的生命意志自由和实践活动主体性,这也决定了在教师角色实践和实现的层面上,个体性是教师画像不可或缺的另一重要维度。尤其是在"核心素养时代",学校教育追求将学生培养成全面发展的人,即自主发展之学会学习与健康生活、社会参与之责任担当与实践创新、文化基础之人文底蕴与科学精神,这些无不指向基础教育的公共性本质旨趣。而教师个体作为"立德树人"教育实践主体、作为直面学生成长的引导者、作为课堂教学活动的组织者,此中的核心议题正是如追求学生全面发展与教师专业发展之"教育价值和目标"[⑥]的共同实现,教师角色实践中的公共性与个体性

---

① 顾明远.教育大辞典[M].增订合编本.上海:上海教育出版社,1998:702.
② 中华人民共和国义务教育法[EB/OL].(2018-12-29)[2021-12-26].https://www.gov.cn/guoqing/2021-10/29/content_5647617.htm.
③ 金生鈜.保卫教育的公共性[J].教育研究与实验,2007(3):7-13.
④ 冯永刚.教育的公共性意蕴及其当代拓展[J].教育发展研究,2015(24):6-10.
⑤ 张茂聪.教育公共性的理论分析[J].教育研究,2010(6):23-29.
⑥ "教育价值和目标"不只学生的全面发展,它还包括教师的专业发展,教育应是学生和教师两大主体追求幸福教育生活的共同"场域"。

之互动关系问题,势必需要正确认识和系统阐释。

一、研究缘起

从公共性与个体性两个辩证维度①来审视和探讨基础教育课程与教学变革中教师角色的建构问题,直接缘起于学界对这一问题的研究坚持"外向考察"取向的反思。所谓外向考察,是对学界关于教师角色建构研究之范式和特征的总体描述。它表征为一种研究取向,具体是将作为考察对象的教师置于外部社会系统及其相关理念与操作条件②的变化及其需求中,探究教师角色的职业归属、功能定位及行为调适等问题,包括行动原则、行为方式和活动策略等,以考察教师作为"系统要素"如何满足外部系统、理念、环境等需要为研究目的。概言之,"外向考察"取向下的教师角色建构研究,就是单纯从教师作为外部系统要素之规范和需求入手,探讨教师如何进行角色行为调适的各种研究。总体上,它们主要坚持了三种外向考察的理性取向,即职业理性、专业理性和技术理性。

(一)对教师角色建构走向职业理性的检视思考

从职业理性上看,对教师角色的外向考察研究主要发生在教育社会学视野内,它们多从整个社会职业系统构成的高度,形成教师角色建构研究的外部考察环境。从社会角度讲,职业是现代社会发展中因劳动性质和劳动形式不同而进行分工的产物。因分工不同,社会就会产生不同功能和地位的各种职业。与此同时,在个人角度上,职业就是人们获得社会地位和实现社会价值的主要方式。而教师作为一种社会职业,既是社会历史的发展存在,也是社会文化的表现存在。社会发展表征为一个新老成员不断更替的历史过程,尤其是需要源源不断的社会新成员来"补充血液",以促进社会不断发展。所以,教师就成为一种专门教化年轻人以成为社会合格新成员的职业。另外,教师职业也是社会文化的表现存在,旨在"促成个体实现社会化的职业,是培养人、造就合格社会成员的一种职业"③。他将人类长期以来

---

① 本书的"公共性与个体性"表述,为便于问题探讨和说明,在行文中也会表述为"个体性与公共性"。
② 这里所谓的"外部社会系统",既包括社会整体的职业系统,也包括整个教育系统,还涉及具体的学科课堂教学、人工智能形成的智慧环境等,它们无不规训着教师的角色行为,对教师活动提出各种角色规范和要求。
③ 唐玉光.教师专业发展与教师教育[M].合肥:安徽教育出版社,2008:84.

积累的知识、经验传递给年轻人,使他们具有良好的行为品格、中正的价值观念以及坚实的素质能力。

具体来看,一方面,促进教师职业的法治化,使其慢慢走向社会公共建构的制度规范和法律规范,是人们把握教师职业理性特征的主要方式之一。国际上,联合国教科文组织在1966年给出的《关于教师地位的建议》中提出,应该将教师视为一种专门职业,指出教师职业是以专门训练习得专门知识和专门技能的"公共业务"。在国内,1993年颁布的《教师法》以法律的形式正式确认,教师是具有明确责任担当的重要职业,承担着社会主义接续和民族素质提高的重要育人使命。教师职业的法治化,意在突出教师以育人为职业宗旨的社会公共责任。另一方面,人们对教师在职业角色扮演上提出了细致且丰富的理性要求,尤其是教师角色行为与角色道德。根据教师的社会地位,其职业角色扮演一般被定位为传道受业者①:传道者源于"道之所存,师之所存"。教师作为表现社会文化的存在,通常被看作社会主流文化及传统价值观念的代言人,而且应将这些主流文化和价值观念的精髓内化为自己的个人品质,形成人格典范,达到身正为范的境界,即教师要以人格育人格,以灵魂塑灵魂。而受业者源自"传道受业解惑",教师不仅要掌握作为对象的知识和技能,而且要掌握作为方法的知识和技能,在传授知识和技能的过程中,达到延续社会发展的教育目的。

如果说将教师角色定位为传道者和受业者等"角色丛",仅仅是教育教学理论话语层面的阐释与建构,那么,对教师角色进行广泛而全面的职业隐喻,则是社会伦理道德与舆论影响层面的深入塑造与传播。而且,对教师角色进行的职业隐喻塑造更具传播力和影响力,既易被大众理解、认可和接受,又能形成全方位的评判和监督,还能及时地反作用于教师个体的职业角色实践,包括道德修养、知识学习、能力提升等各个方面。譬如,熟知的教师职业隐喻有蜡烛或红烛、春蚕、园丁、春泥、灵魂工程师、成长垫脚石等具体形象。作为一种隐喻形象,它们是对教师职业无私奉献之品质的高度统整。但是也应认识到,这些统整的隐喻形象也经常被人们过于理想化看待:作为道的化身,常被公认为行走着的社会道德标准,被要求"谋道不谋食""忧道不忧贫";作为受业者,常被渴望知识渊博,上通天文下知地理,博学多识、多

---

① 实际上,随着现代社会发展的客观要求以及课程与教学改革的不断推进,人们已将教师职业角色不断地扩展为研究者、示范者、管理者,甚至朋友、父母、服务者等范畴来考察和探讨,但是传道者和受业者始终是教师职业角色的核心定位。

才多艺,甚至用水桶、泉水隐喻,要求教师不仅掌握扎实的专业知识,而且拥有广博的生活常识;同样,作为研究者、管理者、示范者、朋友或服务者等,也常被寄予近乎完美的角色品质,如善良、爱心、耐心、和蔼、同情、热心等优良个人品质。①

显然,不论是理论话语中的传道者与受业者,还是由此引申出来的各种教师角色隐喻,多是根据"教师职业的社会地位、功能、价值与使命"以及实现这些职业价值的教师个体素质作出的角色整体之印象总和。于是,形成了人们对教师职业角色的无私奉献精神的赞颂与召唤。然而,从根本上看,它们对教师职业的角色定位和形象塑造均由"'结构—功能主义'演绎而来,设置一种外在于教师的具有特定功能的角色系统结构,形成一种完美主义的教师形象"②。实际上,这些对教师职业角色外铄式的形象塑造,只能使人们感到教师完美"虚像"的可望而不可即,而这对社会职业健全、教师专业发展以及教师个体的自身价值实现,都不会有太多的现实意义。反而是,这种虚像让教师个体无法在回答作为教师"我是谁"的问题上,形成贴切的自我身份认同和角色认知,进而影响他们对教师角色实践的有效开展,当然,教师职业形象的统整和整体塑造之目的也就不可能真正实现。对于教师角色扮演的个体而言,越是趋于塑造一种近乎完美和理想的状态,越是作为"一种被规范、被要求、被塑造的对象,处于一种接受和完成社会化的被动地位"③,他在演绎具体的教师角色行为时,就越容易陷入角色冲突。而角色冲突的最大危害是让教师个体失去了自身的职业主体地位,教师个体或是湮没在统一的角色规范之中而缺乏教育教学创造,或是面对完美形象产生深深的无力感而致使其望而却步、平庸度日,长期挣扎在平庸之恶与自我价值实现形成的矛盾斗争中。

与此同时,从整体社会职业系统中审视教师职业角色时,教师个体往往还要面对经济待遇不高、物质需求与精神要求不相称、职业权责不清、权益难以保障以及职业声望下滑等种种困难,这些无不提醒我们在关注教师职业角色公共性时,还要及时关注其个体性彰显、需要与满足。

(二)对教师角色建构转向专业理性的批判审视

从专业理性上看,主要是在教师专业发展与基础教育课程变革的视野

---

① 唐玉光.教师专业发展与教师教育[M].合肥:安徽教育出版社,2008:89.
② 阮成武.专业化视野中教师形象的提升与统整[J].教育研究,2003(3):61-66.
③ 阮成武.专业化视野中教师形象的提升与统整[J].教育研究,2003(3):61-66.

内考察教师角色的建构问题。教师职业内涵不断丰富,使教师职业慢慢进入专门化阶段,即教师职业的专门化。在西方,19世纪西欧创立了世界上最早的教师培训学校,之后,美国等先进资本主义国家的师范教育也获得了长足发展。在中国,随着近代教育"废科举,兴学校"序幕的拉开,师范教育得到提倡和举办,教师群体数量也随之大增。① 从此,伴随着"师"与"官"的传统关系分离,"师"与"学科"的专业关系不断密切,即师者在传道之外,具体业务量也在逐渐增加,作为专业教师的意识在不断增强。当然,此时的专业不同于当前的教师职业专业化,而是指教师承担课程所属的学科专业。② 今天所说的专业,从其最初被提出时就被定义为提供"专门性的服务"的职业,常指专门从事某一种依靠特殊智力和知识的技术性职业,能够针对专业领域和专业问题,提供专门的服务。就我国教师的专业化而言,在理论研究层面,教师角色建构研究是探讨教师专业发展的重要内容,以教师角色内涵、定位、塑造、转型等为主题,形成了丰富的研究成果。但不难发现,这些成果虽以专业理性为主题,而在研究范式和取向上也多显现出外向考察的特征。

　　如果说积极推动教师职业专业化是促动教师角色建构的直接原因,那么21世纪初开始的基础教育新课程改革,则是教师角色建构研究的客观动力。换言之,教师专业化的兴起和新课程改革的推开,是专业理性主导下外向考察教师角色建构的动因、载体和依据。在此基础上,教师角色建构研究形成了以转型、转换等为主要内容的"转向"主题,产生了许多有影响力的研究成果。总体来看,它们主要探讨了:教师角色从何种传统角色定位转向符合现代教师专业发展与新课程改革要求的新型角色定位,包括新旧角色定位的对比分析、原因探究、对策实施等内容。简言之,就是探讨教师角色转向何处以及如何转向的问题。譬如,将教师定位为反思实践者、教育专家、研究者等新型角色,并指出教师不再仅仅"作为知识的被动'消费者'与'传递者'的角色",而是"作为实践知识的主动建构者,同样是教育知识的'生产者'与'创造者'"③。这种转向的基本价值,提高了教师专业化的个体积极主动性,教师个体不再是公共知识、公共形象和公共意志的传递者、复述者或

---

① 余文森,连榕,等.教师专业发展[M].福州:福建教育出版社,2007:5.
② 叶澜,白益民,王枬,等.教师角色与教师发展新探[M].北京:教育科学出版社,2001:6-7.
③ 李琼,倪玉菁.从知识观的转型看教师专业发展的角色之嬗变[J].华东师范大学学报(教育科学版),2004(4):31-37.

代言人，而是明确了教师个体在教育教学活动中的生产者和创造者的角色地位。

不难看出，在教师角色"转向"研究中，教师个体的角色地位和角色价值成为理论研究和实践探索的主旋律：教师个体从隐蔽在教师群体中，被慢慢激励着走出群体的庇荫，走向学生、学校和社会，走在课程与教学变革的前沿，成为一线教学实践真正的引领者、探索者、研究者和创新者。实质上，这表现为一个教师角色定位边破边立的过程：要确立教师专业发展就要先打破非专业性的认识误区和现实壁垒，然后才能确立恰当的教师角色定位，以推进其专业性。譬如，在专业性到来之前，"现实的教师不是要求以'专家'形象而是要求以'公仆'形象出现在人们面前的"[1]。长期笼罩在这样的氛围下，无形之间也会影响并塑造着教师的角色态度和角色行为，造成教师专业素养整体不高、教师教学水平滞后、教师工作心态失衡等结果，这些都毋庸讳言。所以，基础教育课程改革不断深入，向作为教学实践主体的教师提出角色实践方式转变的要求，教学行为"从灌输到引导、从孤立到合作、从控制到对话的转变；伴随教学行为的变化，教师的角色也相应地从知识传授者到学习促进者、从课程执行者到课程开发者"[2]。

总体而言，基础教育课程改革推进了教师专业发展，其主要表现就是教师角色的不断转换、转型，而且有了确切的内涵和定位。此中，"教师个体"的意义也被持续关注，成为课程变革的重要内容。不断推进的基础教育课程改革及其形成的教师角色期待，使教师角色的公共性内涵和理解发生着实质性的变化，由灌输者时期被动的、抽象的、无机的公共性，发展为新课程时期主动的、具象的、有机的公共性；前者公共性在无意识的自然状态下湮没了教师角色的个体性，后者公共性则志在鼓励、激活、养成和突显教师角色的个体性。反言之，教师专业化也对教师个体素养提出了较高要求，需要跳出知识传授和技能训练之教书匠的舒适区，勇于跳入课程与教学改革的大潮之中。单从名师成长的角度看，新课程改革以来的名师，不仅有着鲜明的课堂教学风格和教学艺术，还能根据课程与教学改革的需要为自己代言，即能对自身教学主张和风格进行符合育人理念的理论阐述，有着强烈的教育理论自觉和研究水平。这在根本上反映出教师个体的角色觉醒、能动和

---

[1] 胡东芳.教师形象：从"公仆"到"专家"[J].教育发展研究,2001(11):50-53.
[2] 刘丽群.论课程改革中的教师角色期待[J].全球教育展望,2003(1):56-60.

自主,教师角色个体性有了很大程度的萌发和张扬,如李吉林及其情境教学主张。当然,这并不是说其他教师没有个体自我,只是表现在教育教学理论自觉上他们还需要逐渐提高。

应该认识到,"教师个体专业化是教师职业专业化的基础,是教师职业专业化的决定性因素。没有教师个体专业水平的提高,没有教师个体专业的成长与发展,根本谈不上教师职业的专业化"[①]。与此同时,这些研究中的教师个体及其专业化考察,大多还是遵循着教师职业理性取向的进一步拓展。根据现代角色理论,教师角色的良好建构必为公共性与个体性辩证统一地发挥作用,即当教师个体被从过去"绝对公共性"的沉默状态中提出后,应审慎地对待和思考教师角色建构中的双维辩证关系,并将其作为一个重要的理论问题加以考察、研究。

(三)对教师角色建构重申技术理性的反思把握

科学技术在推动社会发展过程中显示出巨大能量,在改善人们社会生活过程中流露出巨大优势。科学主义和技术理性迅速占领了各个学科领域的研究制高点,以不可阻挡之势影响和改变研究者审视问题的思维方式。就教师角色建构而言,科学主义与技术理性也成为审视教师专业发展的主要视域,特别是在教学行为层面,即教师个体的角色实践层面,达到对教师角色的规范和规约,并最终生成教师个体的角色行为特点。

就目前来看,学校教育、课堂教学以及人工智能促生的在线教学,皆成为考察技术理性规约教师角色建构的主要领域,形成诸多相关话题。许多研究者认识到互联网、大数据、人工智能的发展和普及,已经影响到人们学习和生活的各个方面,甚至变革了人们传统的生活交往方式。就课程与教学而言,基于"教学在本质上是师生交往过程"的认识,人工智能以其天然的交往便利之优势,积极深入并不断革新着这一教学交往过程。随之,其中教师角色实践方式及其角色行为,也会相应地发生调整和改变,包括智能的教育形态正在挑战传统的制度化的学校教育,移动互联的信息技术正在改变和革新传统的面对面课堂教学方式,甚至传统的师生关系也因此而发生变化。人工智能正在以其特有的活力改变着教育教学一线的基本形态:"确定性知识的'训练'开始被人工智能取代,实体学校的教育功能将回归基于人

---

① 余文森,连榕,等.教师专业发展[M].福州:福建教育出版社,2007:24.

的品性与社会性养成的'教育'本质。"①同时，人工智能也塑造和建构着新型的教师角色，特别是教师个体角色逐渐有了新的多样化的定位和内涵，包括需要"扮演好学生成长数据的分析者、价值信仰的引领者、个性化学习的指导者、社会学习的陪伴者以及心理与情感发展的呵护者等角色"②。更有研究者大胆指出，新科学技术的介入已经触发了教育革命，教师角色再造已是必然，教师不再是占有大量知识的"水桶"和一般常识的"全才"，转而被要求成为能够辅助学生自主学习的辅助者，过去那种技能训练的"教练"也不再受欢迎，成为更加全面的育人导师才是新时代教师角色的担当。③

伴随着课程与教学领域的科学化推进，以及对教学技术、教学技巧的追求，教师也成为"方法化运动"的角色对象，崇尚简单、有序、高效等标准和规范，并以此探讨教师角色行为的模式化策略。必须承认，它们在一定程度上推进了教师角色实践和角色行为的优化，增加了对教师角色的微观了解，促进了对教师作为专业人的科学认识。但需警惕的是，随着科学主义不可争辩的统治地位不断强化，技术理性及其研究范式也日渐成为限制教师角色建构研究的重要因素。其规约下的教师角色实践和行为，无视教师个体的主体性存在，无差别的生活方式对待、抽象的群体印象等问题已渐显现。技术主义的理性倾向，可能使教师角色建构研究慢慢远离作为角色主体，教师作为个人的个体价值预设和要求。言外之意，将教师个体放在科学技术的专业模型中，对其进行机械装置式的属性和行为考察，势必导致教师个体对自身角色实践意义的价值无涉感和幸福虚无感。

因此，对教师角色建构研究的视角需要及时转向，向内观照和考察教师个体的主体性，那时教师个体不再被单纯视为教学技术的操作者、教学程序的被支配者，他还是能动、自主、自为的角色实践主体。根据中共中央、国务院《关于全面深化新时代教师队伍建设改革的意见》，教师队伍建设需要"明确教师的特别重要地位"，尤其要"突显教师职业的公共属性，强化教师承担的国家使命和公共教育服务的职责"。显然，教师的特别重要地位的实现，以及教师职业公共属性的突显，最终都要通过教师个体的角色实践来实现，这作为教师队伍建设可执的"牛鼻子"需要在理论和实践中牢牢握紧。

---

① 范国睿.智能时代的教师角色[J].教育发展研究,2018(10):69-74.
② 范国睿.智能时代的教师角色[J].教育发展研究,2018(10):69-74.
③ 张优良,尚俊杰.人工智能时代的教师角色再造[J].清华大学教育研究,2019(4):39-45.

综上所述,通过在职业理性、专业理性及技术理性三个层面的梳理、分析,学界对教师角色建构问题的探讨,经历了从传统的"绝对公共性"到慢慢在课程改革和教师专业发展中突出教师角色个体性的发展过程。其中,还存在以下几个问题:一是教师角色的公共性建构不足。在批判和否定传统教师角色"绝对公共性"之后,面对新时代、新课程、新课堂等新情况的教师角色公共性诉求,并未进行建构性的考察和探讨,这样可能会埋下与当下教师角色个体性不能协调发展的隐患。二是教师角色个体性建构模糊。突显教师角色个体性是当下课程与教学变革中教师专业发展的主题,但是教师角色个体性建构存在模糊而不系统的问题,即仅仅形成点状考察而未能从整体上进行清晰认识和系统把握。三是教师角色公共性与个体性之双维关系不清,未能对二者关系进行理论阐释和整全认识。在教育教学现实中,这就会导致对教师个体的角色担当和价值实现缺乏根本的理论把握,反过来也会影响教师个体的专业发展。所以,目前关于教师角色建构的外向考察范式以及表现出的问题,就成为本书展开研究的基本缘由。

二、研究意义

把教师角色看作社会公共期待与教师个体实践共同作用的过程及其结果,研究教师角色的公共性与个体性之特殊蕴涵,在于从双维辩证的视角重新认识教师角色的建构问题。这既是对当下教师角色生活主要固着于传统公共形象的超越尝试,也是对教师角色建构研究固着于"外向考察"的超越尝试。与此同时,从公共性与个体性双重维度探究教师角色的特殊内涵及其建构问题,更是对教师个体作为角色实践主体,常游移于公共性与个体性之不确定关系的改善尝试。因此,尝试提出探究教师角色建构的双维视角,对于拓宽教师专业发展理论研究的视野和议题、提升教师个体的主体地位和自我角色意识、重新理解教师职业属性及其角色实践方式,均具有积极意义。

(一)有助于拓展教师专业发展理论研究的视野和议题

在人类社会早期,教师多由部族长老或年长有生产生活阅历和经验的个人担当,他们以自身丰富的生活经验、人生阅历、特殊信仰等,展开文化传统传承的特殊活动。之后官学兴起,教师亦官亦师,其主要职责是代表统治阶级意志宣扬正统秩序,培养符合统治者需要的为官人才,如荀子所说:"君师者,治之本也。"强调"国将兴,必贵师而重傅,贵师而重傅则法度存;国将衰,必贱师而轻傅,贱师而轻傅则人有快,人有快则法度坏"。所以说,此时的教师并非严格意义上的教师,因为在教学之前他首先表现为一种社会形象,即典型的道德楷模形象,他们不仅"对受教育者,而且对普通民众起到道德引领和教化劝善的作用,提高社会生活的文明程度"①。就其特征讲,崇尚"师道重于师术",所谓"道之所存师之所存",而教师个体则完全依附于道统,当然教师个体也因道统威严而天赋权威。因此,这里的教师角色仅是一种社会伦理形象塑造,尚且谈不上理论研究。

直至私学出现,典型代表有我国孔子与众弟子间以道统为核心的教学活动,西方"古希腊三哲"的真理思想与对话教学传承等。孔子和苏格拉底等作为人类社会早期典型的师者角色,分别在伦理教化和真理求索的过程中,首次鲜明地诠释了教师角色个体性的独特蕴涵和意义。但是,他们对自身具有个体性特色的教学关注,如孔子的因材施教、有教无类等,更多是一种伦理教化主导或基于个体经验经历的自发活动,是有着浓厚道统伦理色彩的个体尝试和探索。即他们只是个体道德实践或是个体生活经验在致思层面的个性化探索、尝试和创造,缺乏教师专业化的理论研究。

近代以来,教师发展研究以教学论学科走向成熟为时代背景。从标志着教育学科独立的《大教学论》阐明了"把一切事物教给一切人类的全部艺术"②的教育宗旨,其中一个重要的教学前提是"人是造物中最崇高、最完善、最美好的",希望教师作为"教育人的人"做到"能去领略他们的工作和他们自己的美德的尊贵,使他们能用尽方法去图他们的神性的完全实现"③。夸美纽斯第一次从学科的立场和高度独立出教学的特殊意义,到斯宾塞在《什么知识最有价值》中开始将课程视为教育学的核心构成,并为西方教育学者普遍关注和采用,确定"科学知识"乃为实现"人"之崇高、完善、美好的最有价值的知识,它使教学具有合理性并能带领人们走向完满生活,显示出无可替代的育人价值。最后再到我国近代师范教育兴起,教授法、教学法一直是教育学领域研究的核心话题,教学被认定为"一种应用科学"④。而对教师发展中的教师角色担当问题,则被隐匿于教学论学科背后来探讨,即以抽象主

---

① 蒋纯焦.中国传统教师文化的特点与意蕴[J].教师教育研究,2019(2):105-110.
② 夸美纽斯.大教学论[M].傅任敢,译.北京:人民教育出版社,1984:1.
③ 夸美纽斯.大教学论[M].傅任敢,译.北京:人民教育出版社,1984:15-16.
④ 杜成宪,王耀祖.大夏教育文存·萧承慎卷[M].上海:华东师范大学出版社,2017:78.

体的形式被默认式①地隐藏于教学论背后,由教学决定的教师基本素养、教师职业特性、教师人格以及它们如何在教学中加以应用等。所以说,即使对教师角色进行探讨,也仅是依附式、默认式的形式,认为只要教学的问题说清楚了,教师自然能够做到。

时至今日,基础教育课程与教学改革走入深水区,教师专业发展理论与实践也得到全面的审视和探讨。其中,教师角色的整体形象问题被格外关注,并上升到"教师研究中一个根本性、统整性和具有方法论意义的问题"②。原因在于,教师角色及其整体形象塑造作为教师研究的上位概念,具有统领性和综合性的研究意义,即统领教师素质与能力、权利与地位以及教师教育相关的各个层面的问题研究。而统领的机制在于"教师的理论研究、政策制度和教师教育的目标、内容、方法及评价标准,其背后都隐含着对教师形象的一种假设、期待和取向"③。也就是说,教师角色形象将以假设、期待、取向等前提条件的形式,对教师研究的各个层面产生根本性影响。那么,进一步追问的是,如何形成这样具有统整性和引领性意义的教师形象?形象只能靠具有典型性个体的行动与行为去塑造,而角色本质的另一种表达,就是个体行动及其行为演绎、表现和担当。因为,从现代角色理论来看,对于教师角色建构问题的研究,公共性与个体性是两个避不开的审视视角和建构维度,它们是进行教师角色建构问题探究所应重视的普遍性基础,有助于从根基上拓展教师专业发展理论研究的视野和议题。

(二)有助于提升教师个体的主体地位和自我角色意识

专业化是教师职业发展的核心课题,虽然教师专业化距离成熟的教师专业发展还有一定的距离,但是对于推进教师专业发展的根本途径——突出教师个体在教师专业发展过程中的主体性角色建构,自我角色实践和自我角色意识④则已是学界研究的基本共识。

---

① 所谓默认式,指仅以教师角色的同质性实践为基础,在探究"如何教学"的问题中,默认教师的应然行为,此教师以群体化、抽象化、同质化形式存在,无视教师的个体化、具身化、个性化等特征。
② 阮成武.专业化视野中教师形象的提升与统整[J].教育研究,2003(3):61-66.
③ 阮成武.专业化视野中教师形象的提升与统整[J].教育研究,2003(3):61-66.
④ 在主体性哲学话语中,主体只有在能动、自主的实践中才能彰显其主体性;主体的核心是自我(自我意识),具体到各类不同的实践方式时就是各种自我角色意识,即指引个体角色行为的自我角色意识。

从历史发展看,在世界范围内,教师专业化实际上首启于20世纪60年代,开始时侧重于对教师角色进行制度性的社会建构。如前所述,制度性的社会建构往往以隐匿教师角色的个体性为代价,旨在突出强大的社会背景——国家与社会发展之诉求,以及教师在满足这种诉求时表现出"结构—功能"的要素意义。如此,教师个体积极主动的参与意识往往被忽略和无视。所以,教师成为拥有专门知识和专业技能的专业人士之愿望将难以企及。当然,"这种单纯地靠外在的社会、行政力量来推动的专业化运动,到了20世纪80年代遭到广泛的质疑和批评"①。

受到质疑和批评之后,《世界教育年鉴》曾在这一时期尝试对"教师专业化"提出被认为可行的两个目标:一是将教师作为社会职业分层中的确定职业之一,教师专业化的主要内容就是明确教师的地位与权利,并给予他们集体向上流动的必要空间;二是将教师视作专业工作者,通过不断提升自身教育教学的知识与技能,为人们提供高水平的教育教学服务。不难看出,批评之后的处理方式是将制度性的社会公共建构慢慢转向教师个体的自主,促使个体成为谋求自身专业化发展的责任主体。因此,此时的理论研究重心"开始从教师群体的专业化转向教师个体的专业发展,教师个人的内在主体性和能动性越来越受到重视"②。具体来看,这里的教师除了需要拥有必备知识(包括学科知识、教学知识以及一般的知识技能),还要有自我研究的能力(即已有研究中常提到的教师"自我反思"能力)。例如,L.斯滕豪斯(L.Stenhouse)倡导"教师成为研究者"、J.埃里奥特(J. Elliot)提出"教师成为行动研究者"等。

教师专业发展开始强调教师个体的专业自主,于是教师角色建构研究也就出现了针对教师个体"如何进行专业自主发展"的大量考察和研究。特别是21世纪初伴随着我国基础教育课程改革的推进,教师专业发展中的个体自主被从多个视角和层面进行强调、宣扬、探究。秉持欲立先破的原则,学界首先审视和批判了教育理论与实践中弱化教师个体主体性的诸多问题,包括工具主义对教师发展客体性的异化、传统教师隐喻对教师自主发展的束缚等,这些导致教师发展缺失了教师个体对自身师者身份的认同感,消解了教师对人生意义的终极关怀以及对生命价值的内在追求。同时,及时

---

① 魏建培.教师专业发展理论与实践[M].北京:科学出版社,2016:7.
② 魏建培.教师专业发展理论与实践[M].北京:科学出版社,2016:8.

关注"教师作为人""教师发展的主体性回归"等主题,指出教师发展仅仅停留在"承载了一个外在的目的——社会的客观要求"的层面,人的发展被异化为师的发展,强调重视教师生命历程完美,坚持教师幸福哲学,指向教师"身体生命与精神生命的完善发展",唯有"'人'的存在,然后才是'师'的存在"①。

必须注意的一个现实问题是,为了突显教师角色的个体性建构而经常忽视对教师角色公共性的认识及其建构,所以在理论研究中至少还存在两个问题值得进一步深化探究:一是教师角色的公共性维度建构"如何同时推进"的问题,二是教师角色建构之"公共性与个体性辩证关系"的学理探讨及其实践诊断问题。而这正是本书从公共性与个体性双重维度探讨教师角色建构的意义所在,即有助于教师个体提升自身角色主体地位和自我角色意识。

(三)有助于系统理解教师职业属性及其角色实践方式

关注并理解教师角色的公共性与个体性蕴涵及其样态,并将其作为促进教师专业发展的重要理论资源,以更好地推进教学一线中教师角色实践方式的优化和改进,是教师角色建构研究的一个重要论题。在今天的教师角色实践中,教师个体作为实践主体在教育教学中既要理解和把握教师角色的公共性意蕴,又要担当和演绎教师角色的个体性特征。所以,就教师角色实践方式而言,每个作为"人"的教师,既是公共性与个体性的聚合点,也是公共性与个体性的冲突点,即教师角色公共性与个体性之间可能会产生期待与担当、规范与表现上的错位、冲突或不相融等问题。

在双维冲突和教师作为"人"的双重压力下,教师角色实践面临着前所未有的复杂性。从教师职业属性及其角色定位看,教师已由古代主要作为一种典范而纯粹的伦理道德形象,以及近代以来主要作为科学知识代言人的形象,转变为如今立德树人要求下的教育教学实践主体形象。作为实践主体,教师既是公共人又是个体人,需要在角色演绎过程中处理好公共性与个体性的复杂关系。同时,这一转变也表明,教师已不再仅仅表现为过往那种要素属性,其中更有作为实践主体的个体生命和人生精神的价值属性,指向公共价值与个体价值的共同实现。因此,今天对教师角色的主动建构,也

---

① 伍叶琴,李森,戴宏才.教师发展的客体性异化与主体性回归[J].教育研究,2013(1):119-125.

发展到了公共性与个体性互释互构的阶段。当然，目前面临的问题也比较多，主要表现在教师作为教育实践主体，还存在着主体构成的单一化、主体性质的客体化、主体身份的抽象化、主体事务的复杂化、主体行动的分离化、主体行为的被动化、主体价值的弥散化等诸多问题。所以，我们需要将目光积极地投向教师作为教育实践主体的研究视野，从旁观者的外向视角回到教师作为实践主体的第一视角、内向视角，在丰富和完善教师角色实践方式中追求两种"本位"——人的本位与角色本位的有机融合，促进教师角色个体性价值与公共性价值的共同实现。

本书强调以公共性与个体性及其辩证关系为切入点，研究教师角色及其建构问题，意在表明当前教师角色建构正处于一个公共性与个体性双维互释互构的阶段，理解并把握教师角色双维之间互释互构的过程和逻辑，即在个体性和公共性双向规约下，依托于两个维度的具体定位，进而在教育教学实践中不断演绎并积极走向融合的角色实现过程。把握住公共性与个体性作为教师角色的双重维度，也就把握住了教师角色实践方式具有张力的特质，它可有效避免单纯聚焦教师角色公共性的一面，或者仅仅突出教师角色个体性的一面，而是在相应把握其双重维度的基础上，进行融合意义上的教师角色价值实现的考察，因为教师角色本质上历来就是公共性与个体性的双重存在和两相彰显。如此，可将教师角色现有研究所聚焦的社会价值、个体意义以及关涉的教师成长逻辑等统一起来审视，形成理论研究上的进一步"统整"，以"人"的方式进驻教育场域，确证教师个体的生命价值，展现教师角色的公共性存在。① 在此基础上，教师才能以自身为手段"体悟知识的内在诉求，统整教育的内外价值，理性地觉察自身生命存在的意义，自觉追寻教学的生命意蕴，转变教师角色，展现教学个性，从而引导学生的个性化发展"②。以此，回应我国教育现代化发展对教师队伍建设"突显教师职业的公共属性"和"突出教师主体地位"的现实要求，以及教师作为实践个体对自身角色实践方式进行清晰认识和把握的诉求。

三、国内外相关研究综述

从学术史的角度讲，作为一种课程与教学论研究的潮流，虽然教育学界

---

① 阮成武.专业化视野中教师形象的提升与统整[J].教育研究,2003(3):61-66.
② 袁丹,靳玉乐.教师角色嬗变与教学个性展现[J].中国教育学刊,2016(6):78-81.

在21世纪初才正式将教师个体研究推向理论研究的幕前,并视教师个体为教师角色建构以及谋求教师专业自主发展的实践主体,但是,关于教师角色的公共期待、规范、定位,以及与之相对应的个体担当、演绎、表现等研究,却可追溯到中西教师角色史的源头——我国古代作为"万世师表"的孔子以及西方古希腊作为"众师之师"的苏格拉底等师者形象。特别是在我国儒家传统文化语境中,教师角色向来被赋予丰富的公共性意义,一直是儒家传统文化研究中的显学,也涌现出了许多可以作为典范的个体性师者角色形象和经典的教师角色建构思想。发展至今,国内外学者分别从不同侧面揭示了教师角色及其公共性与个体性[①]的意义,并且形成了较为丰富的研究成果,它们能为本书从双维视角认识教师角色及其建构问题提供诸多有益参考。

(一)有关教师角色内涵的研究

自古以来,仅从韩愈在其名篇《师说》中讲出"师者,所以传道、受业、解惑也"开始,关于教师角色的系列问题:教师是谁?谁是合格的教师?如何成长为一名合格的教师?怎样评价合格的教师?已成为人们探讨的重要话题,且形成了丰富的文献资料。其中,教师角色内涵就一直是人们探索、探讨和回答的首要问题,涌现出了一大批重视教育、甘为人梯而培育年轻人的思想家、教育家,他们分别从中西两种文化传统,不断丰富着关于"教师是谁"的角色理解与认识。总体来看,从中西教育源头形成了两种文化传统下的教师角色观,分别指涉公共性与个体性两个维度的角色内涵,即教师既是帮助他人成长的"好人",又是促进社会久治的"好师"。

所谓教师是"好人",在西方教育初始主要体现在帮助人们实现心灵转向,面对普通大众追求实现他们的理性自由。从古罗马奥古斯丁开始,教师就被认为应做一个好人,一个有德性、被众人认可的好人,绝不可以让坏人成为教师。然而,好人与坏人的评判标准,很多时候并不准确或中肯,或者并不那么及时,表现出明显的历史局限性和认识上的延迟性。犹如作为"众师之师"的苏格拉底,就以教唆青年变坏的败坏罪名而被判死刑,导致背负坏人的罪名并在众人面前"自愿"饮鸩而死。苏格拉底之死固然非常可惜,但历史铭记的是他作为教育引思者促发了一个教育新时代的诞生,崇尚真

[①] 公共性与个体性是本书提出的两个重要概念,有其自身的蕴涵所指,后文将作具体阐释。在此,仅以公共性与个体性综述相关研究文献,主要是在个体与公共两个对立统一的维度上进行的大致划分,以便形成对教师角色及其建构研究的总体把握。

理和理性时代的到来。再如另一位教育思想家柏拉图,英国学者泰勒称赞他是自古希腊以来所有思维着的人们的"导师"。可见,作为教育者的教师应善于启蒙、解放人们的灵魂与思想,正如柏拉图著名的"洞穴比喻"所表明,教师角色的存在意义在于帮助和促使人们实现"心灵的转向"。基于"美德的知识,以及其他曾经拥有过的知识回忆起来"①的探索和学习,持之以恒,从不懈怠,以致"从朦胧的黎明转到真正的大白天"②。柏拉图作为教师的这种鲜明知性特征,直接影响到他的学生亚里士多德及其对知性教师的追求,故而存有"吾爱吾师,吾更爱真理"的教育箴言。对此,海德格尔曾给予他最简洁的个人传记式赞誉:他出生,他思考,他去世。亚里士多德强调"求知是所有人的本性",因为"我们不为任何其它利益而找寻智慧;只因人本自由,为自己的生存而生存,不为别人的生存而生存"③。作为教育者,这种求知本性所成就的乃是更普遍意义上的大众之理性的生活、理智的生命,在亚里士多德看来这应是教师最高的幸福。由此可以总结出:教师的使命就是不断提升自身知性生命,同时为学生搭建激发潜能的桥梁,实现每一个学生精神生命的不断超越。总之,西方古代对教师角色内涵的认识,是被置于众人"心灵转向"的理性自由基础上来探讨的,极具个体性特征。

所谓教师是"好师",在我国教育初始主要体现在帮助统治阶级建立社会良序,面对统治者追求社会伦理道统的述而不作,在向大众传道受业解惑中建立以儒家文化为主流的社会伦理秩序。孔子作为人称"木铎"的万世师表,强调自己"述而不作,信而好古"。崇尚自周以来的伦理文化传统,强调教师的重要职责就是传承文化本义,指向社会良序建构。荀子也常将"天地君亲师"并称,视教师为国家久治的支柱、社会安稳的栋梁,指出"君师者,治之本也"。而且关乎一国之兴衰,"国将兴,必贵师而重傅,贵师而重傅则法度存;国将衰,必贱师而轻傅,贱师而轻傅则人有快,人有快则法度坏"。《学记》认为教师"学为君也",教师对小到家庭大到社会伦理秩序的构建起到不可或缺的作用。可见,教师角色内涵是被置于社会建构意义之中来审视的,此时的个体被自动隐匿,而重点探讨教师角色的社会公共价值。此时的教师不是职业,而仅是官职副业,主要表现为一种道德身份和伦理形象,极具公共性特征。

---

① 柏拉图.柏拉图全集:第1卷[M].王晓朝,译.北京:人民出版社,2002:507.
② 柏拉图.理想国[M].郭斌和,张竹明,译.北京:商务印书馆,1986:282.
③ 亚里士多德.形而上学[M].吴寿彭,译.北京:商务印书馆,1959:5.

至近现代,西方主要沿着大众、个人、学生等"人"的理性成长的路线,探讨教师角色内涵。比如,赫尔巴特和杜威作为近现代西方教育思想史上标志性的人物,强调教育者要坚持以学生为中心,教师的职责在于多为学生的未来生活做准备、"为儿童的未来着想"。因此,"学生将来作为成年人本身所要确立的目的,这是教育者当前必须关心的;他必须为使孩子顺利地达到这些目的而事先使其作好内心的准备"①。杜威从学生思维发展的角度阐述教师角色内涵,指出教师是学生理性思维发展和健全的启导者。"一位合乎理想的教师本身要排除关于'思维'是单一的不可改变的官能的想法;他应该认识到,思维这个词表示个别人获得关于事物含义的各种各样的方式;而且这是因人而异的。"学习是由学生自己来做的,并且是为了自己而做的,主动权在学生手里。教师是向导和指导者,教师掌舵,而驱动船只前进的力量一定是来自学生的。教师愈是了解学生以往的经验,了解其希望、理想和主要的兴趣,就愈能理解为使学生形成反省思维所需要加以指导和利用的各种工作动力。至此,教师角色被赋予了科学知识、思维发展、兴趣培养等丰富的内涵,显示出对教师角色个体性聚焦的偏向,与此同时,对教师角色的公共性辨识则显得较为模糊。

如果说近现代之前以公共性与个体性理解教师角色内涵是一种社会发展倒逼下的自发行为,那么在当代,以公共性与个体性理解教师角色内涵,则是学界从理论高度主动地对教师角色公共性危机与个体性调整后的自觉行为。在此过程中,教师角色的公共性与个体性之内涵边界也被不断扩大。具有代表性的是日本著名教育学者佐藤学,他认为教师已不再仅仅是传统公共意义上的"栋梁"和"支柱",教师正面临着成为公共使命衰退的被"转嫁"者。他在《课程与教师》中指出,由于教育市场化和私有化的发展,个人需求与私人生活需求的膨胀,学校课程作为公共领域的公共性处于"动摇之中",其规范性和正统性迎来了"危机时代"。至于教师,公共使命作为教师职业规范意识的基底和核心,它"一旦丧失,教职生涯立刻会丧失其魅力、价值和意义,沦落为虚幻的'朦胧的杂务'"。他直言:"现代教师的最大危机恐怕就是,在教育的意识里渗透着的'私事化'(privatization)之下,教职的'公共使命'衰退这一现实。"②丧失了公共使命,教师的职业意识封闭在纯粹主

---

① 赫尔巴特.普通教育学·教育学讲授纲要[M].李其龙,译.北京:人民教育出版社,1989:37.
② 佐藤学.课程与教师[M].钟启泉,译.北京:教育科学出版社,2003:269.

观的内在意识里而被私事化,教师的工作被置换为谁都能从事的工作而非专业事务,教师的职业生涯变为烦琐的事务堆积。所以,现代社会与文化的结构性问题,使教师不再是传统公共意义的承载者,而成为公共性丧失的被转嫁者。与此同时,教师个体在传统公共权威和现代公共使命可能同时丧失的危机之下,仅在教育教学经验意义上不断地寻求回答"作为一个教师,我是谁"的问题,即经历着自我师者身份认同过程,并在此过程中确证自我教师角色行为和规范。有研究者从学校微观政治学的视角,揭示了新教师对自身角色建构的"沉默的真相"。因此,现代教育语境下的教师角色内涵,在公共性与个体性两个维度上,已然成为一个颇为尖锐的社会问题,既关系到教师角色公共使命的价值实现,也影响着教育教学尤其是课程公共性功能的正常发挥。

(二)从个体性理解教师角色建构的主要发现及进展

毋庸讳言,个体性是理解和建构教师角色的根本特性,没有来自个体的担当、演绎和表现,就不可能有具体可感、可观、可亲的教师角色。在中西源远流长的教师角色史中积淀的丰富典型的教师角色形象,为我们认识和把握这一问题提供了大量的考察材料和评析依据。在此,为有效聚焦问题,首先,把握两个重点:重点分析中西教师角色史源头的两位师者典范——孔子和苏格拉底的角色实践图景及特性;重点综述当前教师角色建构的基本情况和研究进展。其次,把握问题的延续性与发展性,概述教师角色公共性与个体性的基本发展脉络。在此基础上,总结已有研究的贡献,并指出存在的不足,为后续研究奠定基础。

1.从个体行动理解教师角色建构的主要发现

理解教师角色的个体性,要听其言更要观其行,即与教育教学相关的丰富多样的个体行动,是理解教师所有个体性特征的主要落脚点。从我国古代来看,孔子作为教师角色个体性初次彰显的典型代表,所兴办的私学以礼崩乐坏为社会大背景。据记载,在当时"天子失官,学在四夷","礼失而求诸野"。孔子"抱老安少怀之志,匡世济民之心,他指望通过正名、尊王、从周、复礼、德化的路径,恢复社会的正常秩序,实现庶、富、教的理想"[①]。所以,他在整理"六经"典籍的同时,辛勤地培育着自己的弟子,以作为实现自己治世

---

① 孙培青,任钟印.中外教育比较史纲:古代卷[M].济南:山东教育出版社,1997:39-40.

理想的骨干,自赋构筑社会良序的公共使命,而演绎出我国首位具有鲜明个体性特征的教师角色形象。

在古希腊,苏格拉底作为教师角色个体性初次彰显的典型代表,雅典由盛转衰——表面兴盛内藏危机是他施展教育活动的社会背景。在教育活动中,他既没有祖述典籍,也没有传统约束,有的只是思考、对话及另立新说的自由,形成了不迷信权威,畅所欲言,"不用某一个人的脑袋窒息千万人的脑袋"①的教育风气。因此,弟子不但不迷信老师,而且敢于质疑和超越老师,唯真理是从,以至于亚里士多德说:"吾爱吾师,吾更爱真理。"可见,以苏格拉底为代表的古希腊师者,是在"不以师道害真理"并勇于独辟蹊径、另立新论的教育过程中,自赋构筑思维、学术、文化、科学等自由发展的公共使命,演绎出西方具有鲜明个体性特征的教师角色形象。

总体来看,由孔子和苏格拉底等人开启了两般境遇却同一教育情怀的教师角色形象,即两种个体性鲜明的教师角色实践方式,形成了中西两种不同风格指向——伦理与真理的教师角色个体性演绎模式。基于此,学界主要形成了以下几种理解和建构教师角色个体性的基本共识。

其一,有志于学:自学是建构教师角色个体性的基础。

就个体而言,成为一名好教师,往往与出身无关,但与学习紧密相关,特别是自学。孔子与苏格拉底都出身卑贱,靠自学成才。司马迁说"孔子贫且贱",孔子自己也说"吾少也贱"。孔子成长为万世师表靠的不是出身,而是勤勉的自学。总体来看,他的自学特点包括:一是年少而志于学,从十五岁就有志于习礼,"吾十有五而志于学";二是向各种能者拜师学习,其时学校凋落,孔子学无常师,相传曾求教于郯子、苌弘、师襄、老聃等人;三是好古之学,"我非生而知之者,好古,敏以求之者也";四是学而不厌,"十室之邑,必有忠信如丘者焉,不如丘之好学也",做到"发愤忘食""见贤思齐"。

同样,苏格拉底也只曾在简陋的初等学校学习,而更多的是向包括智者②在内的社会大众学习。他"热情追求知识,吸收了家乡街头传闻的各种新理论"③,还经常在街头听智者演讲,并与他们展开辩论,也曾向当时著名哲学家巴门尼德学习了不少东西。④ 特别是苏格拉底还经常主动走近劳动

---

① 孙培青,任钟印.中外教育比较史纲:古代卷[M].济南:山东教育出版社,1997:44.
② 一般认为"智者"就是当时的教师。
③ 文德尔班.哲学史教程:上卷[M].罗达仁,译.北京:商务印书馆,1987:101.
④ 罗素.西方哲学史:上卷[M].何兆武,李约瑟,译.北京:商务印书馆,1963:78.

人民,在日常生活中学习丰富的实用知识,他整日挂在嘴边的就是赶车夫、细木工、补鞋匠和泥瓦匠人。他的诱导和比喻是从人们最普通而又家喻户晓的举动中得出的,人人都理解他。① 就苏格拉底而言,他的自学特点包括:一是勤奋好学,在生活中博学多闻;二是在实际生活中学,不仅学习各种理论知识,还学习实际生活知识;三是思辨并批判地学,既述也作,特别是对智者的演讲,总能发现其中的矛盾和虚假。

总体来看,孔子的自学以承袭和宣教为特征,苏格拉底的自学以批判和探索为特征,二人表现出个体性的不同风格。但是,他们也有着许多相同或相似点,最根本的在于都常以无知自居——既以无知勉励自己饱读诗书、走进生活,又以无知面向对话者,谦逊求学或在启发引导式的交往对话中施行教学。孔子既知自己的无知,"我非生而知之者",又有正确对待无知的学习态度,"知之为知之,不知为不知,是知也"。因此,自学对于教师角色个体性的形象具有重要的基础作用,从孔子与苏格拉底二人的自学经历看,真正有学问的人就像麦穗一样,当它们还是空的,它们就茁长挺立,昂首睨视;当它们臻于成熟、饱含鼓胀的麦粒时,便开始低垂下来,不露锋芒。②

总之,中西教育思想名家不乏对教师学习重要性的强调与阐述,证明了学习是人类谋求进步的重要方式之一,而教师角色的价值实现尤其需要专业理论学习的支撑。所以,自学包括阅读典籍、走进生活、经验反思等多种学习方式,在中西都得到了深刻认识和广泛宣扬。而就当下教师学习来看,内涵与形式得到了更大的丰富、拓展,包括专业学习、协作学习、经验学习、智能学习等,审视的视角扩大至生态学、专业发展、学习共同体构建等,而探讨的问题也深入学习策略、学习分析、学习机制等,甚至认识边界也突破了教师囿于自学的讨论局限,进阶到模仿学习、协作学习,乃至有针对性的专业培训学习等,这些都成为建构教师角色个体性的现实路径和活动方式。

其二,天人之际:哲思是建构教师角色个体性的核心。

作为教师,培养什么样的人是他应回答的首要问题,而且这种回答不是官方意义上的文本明确,并非文化传统意义上的理所当然,而需要有志于育人的教师个体进行富有哲思的自我认识和价值评判。所以,思考所育之人作为教育对象立于天地之间的价值和意义,以及如何立于天地之间,即对天

---

① 蒙田.人生随笔[M].陈晓燕,选译.杭州:浙江人民出版社,1987:93.
② 蒙田.人生随笔[M].陈晓燕,选译.杭州:浙江人民出版社,1987:124.

人之际的哲思是教师角色个体性形成的核心,它昭示着教师育人的基本旨趣。

孔子时期,在教育语境中高扬"人"的意义时,往往与"神"形成哲思话语。此时,孔子作为教师展开的是"神""人"关系的个体哲思,这成为他构建其教师角色个体性的核心旨趣。具体而言,孔子将人置于政、德、学、史等各个层面进行发问,但从不以神鬼吓人,正所谓"子不语怪、力、乱、神"。他不认来世说,不谈死后事,对季路说:"未能事人,焉能事鬼……未知生,焉知死。"从教育意义上看,孔子作为教师以人与鬼神之辩,对人立于天地之间形成了自己的认识和价值评判——"从神权下解放了人,提高了人的使命,使人从神鬼的奴隶变成了自裁的主人"[1]。这种对人的社会使命的解放,为"教育的人间性、现世性、入世性奠定了理论根基"[2]。它是我国教育思想史上的一次飞跃,也是孔子作为"万世师表"形成其个体性教师角色的核心指引。

相较而言,面对普罗泰戈拉(Protagoras)提出"人是万物的尺度",苏格拉底明确表示自己站在信神论的一边,而且从童年开始就时常能感受到一种神奇的声音在召唤他。罗素确认说:"历史上的苏格拉底的确是宣称自己被神谕或者命运之神(daimon)所引导的。"[3]文德尔班也说他"听见神灵的声音"[4]。实际上,这与苏格拉底的"灵魂与肉体分离说"有直接关系。他认为,人的灵魂在与肉体结合时会受到肉体的污浊,在灵魂试图转向时会受到肉体的阻碍,所以净化灵魂需要脱离肉体,即"摆脱肉体的束缚"[5],只关注不灭的灵魂。这也为西方后来的伦理学和唯心主义发展奠定了基础——看似信神,实则关注人,尤其是人的灵魂,即精神层面的理性自觉。同样,这也成为苏格拉底作为"众师之师"形成其个体性教师角色的核心指引,成为他毕生教育职志的思想基础。

随着历史的发展,教育学话语中对天人之际的理解和认识逐渐下移,由天下移至社会,思考的育人理想也逐渐世俗化、现实化。中西方对教育中的"人的培养"认识慢慢变得一致,即培养社会发展需要的人才。当前,我国教

---

[1] 孙培青,任钟印.中外教育比较史纲:古代卷[M].济南:山东教育出版社,1997:50.
[2] 孙培青,任钟印.中外教育比较史纲:古代卷[M].济南:山东教育出版社,1997:51.
[3] 罗素.西方哲学史:上卷[M].何兆武,李约瑟,译.北京:商务印书馆,1963:126.
[4] 文德尔班.哲学史教程:上卷[M].罗达仁,译.北京:商务印书馆,1987:136.
[5] 柏拉图.苏格拉底的最后日子:柏拉图对话集[M].余灵灵,罗林平,译.上海:上海三联书店,1988:129.

育以立德树人为根本任务,追求培育社会主义接班人之目的,这些无不作为核心旨趣指引着教师角色个体性不断生长和建构。因为教师个体的社会价值与自身人生价值的双重实现,绝非徜徉于教育实践场域所能达到,它要求教师个体对天人之际的教育理想问题有着自己深刻的理解和判断,而当前教师队伍中业已突显自身师者角色个体性的教师,也无不证明了这一点。

其三,有教无类:善教是建构教师角色个体性的途径。

教师角色塑造取决于具体的教育活动和教学行为,就其角色个体性而言,善教是建构和塑造教师角色个体性的主要途径。但在实际上,善教的根本并不在于教师的教,而在于学生的学。确切地说,善教指教师如何促进和帮助学生有效地学的活动。一般来说,善教的功夫集中体现在教师能够"启发、释疑、析难、点睛、规劝、督促、评估"①等。善教的教师个体通过教育教学,往往能够追求和实现有教无类的目标,而孔子和苏格拉底作为中西教育源头的典范师者,就是善教的代表。

孔子与苏格拉底的教育教学活动,多是教无定所、教无定时、教无定规,而且可以说教无定人,因为他们在教育对象上都追求和施行有教无类。就我国古代而言,有教无类是对官师合一、政教合一的贵族教育的突破,有助于鼓励能者和贤者的培养成长。所以说,孔子施行有教无类已经远远超越了教学方法层面的浅层意义,甚至远超教育意义本身而具有深刻的社会价值。苏格拉底施行有教无类,在柏拉图的记载中,他曾与目不识丁的奴隶讨论几何问题,并以问答法引导奴隶顺利地得出了几何学上的结论。他说:"我愿同样回答富人和穷人提出的问题,任何人只要愿意听我谈话和回答我的问题,我都乐于奉陪。"但是,他"从不自命为任何人的老师"②。因为他自认为是无知者,真理才是真正的教师,而他则善教——以问题启发引导人们追寻真理,让灵魂接受真理的洗涤。苏格拉底正是基于对话探究之善教实现了他有教无类的教育理想。而他作为教师角色的个体性,则在与谈话对象结成同伴或朋友关系的基础上,"相互合作,寻求真理之教诲,共同置身于真理的教导之中"③。他以真理关怀灵魂并教导灵魂向善的艺术,诠释着他"永远是教师的典范"。

---

① 孙培青,任钟印.中外教育比较史纲:古代卷[M].济南:山东教育出版社,1997:58.
② 柏拉图.苏格拉底的最后日子:柏拉图对话集[M].余灵灵,罗林平,译.上海:上海三联书店,1988:66-67.
③ 金生鈜.苏格拉底的"不教"之教[J].教育发展研究,2018(6):1-5.

直至近现代,以善教为中心话题的教法①研究逐渐成为显学。当然,善教的内涵会因时代不同而显出各异的特征,比如,当前关于善教的内涵阐释,多围绕学习中心、学生主体等话题来展开,教师角色的个体性特征也往往以如何突显学习中心和实现学生主体地位来表征。善教总是建构教师角色个体性的根本载体和基本凭借。

2.个体行动之下教师角色建构的当前进展

当前教师角色建构的进展,多被置于教师专业发展话语体系内加以探讨。其中,达成以下基本共识:教师专业发展的根本在于转变教师个体的被发展而使其自主发展②,激发教师个体教育教学行动的自主性,增加教师专业化发展的内生驱动力。基于理论共识,结合国家行政层面的推进,如"一师一优课、一课一名师""中小学名师名校长领航工程"等项目和活动的助力,突显教师教学个性逐渐成为建构教师角色个体性的中心话题。

其中,教学个性被看作教师角色个体性的核心,它的要义是立足个体自我,突显教师教育教学的角色个性,寻求形成基于自己教学实践和教育生活的独立主张、旗帜或品牌,走出以往教师千人一面的固有理论前提和假设,寻找每位教师的个体自我。如黎平辉从学校制度、学校文化及教学过程等层面探讨了教师个性的遮蔽与突显等问题,认为古代教师个性在成就他人与成为自己的自发统一中实现,而现代技术的过度膨胀压缩了教师成为自己的空间,教师自我被消解,教学个性被抑制,教师个体仅停留在"工具人"③的层面而被动履行教师的社会职责,那些能够成为"生命人"的自我实践、体验、反思、创造等个性化教育教学活动,却难以有效生成。④ 袁丹、靳玉乐等人从教师角色嬗变的角度审视教师教学个性,认为知识转型必然引起教师角色嬗变。从古代师道尊严的经师,到现代工业分工下的"能师",他们都放弃了教师教学个性,而文化生成的后现代社会呼唤"人师",强调以人的方式在场,教师价值和教学个性得以显现和确证,生命意义得以彰显,才能反过

---

① 至今,教法研究陆续经历了教授法、教学法、教学论、学科教学法等不同阶段。
② 汪明帅.从"被发展"到自主发展:教师专业发展的现实挑战与可能对策[J].教师教育研究,2011(4):1-6.
③ 黎平辉.唤醒"自我":论教师专业发展中的教师教学个性[J].全球教育展望,2010(2):70-74.
④ 黎平辉."成人"与"成己":教师教育生活重建与教学个性生成[J].湖南师范大学教育科学学报,2014(3):77-81.

来引导学生的个性发展。①

张雳、唐海朋、郭成等人将自主看作教师开展角色实践的根本心理需要,认为自主是基于教师个体"内在兴趣和价值观,独立作出判断和选择,并能执行自己的决定且为之负责的心理倾向"。自主是教师个体成长所需的专业特质,不应过于频繁地受到行政或制度的外在监督,也不应受制于校长、同事或家长的压力与干扰,而是能够相对独立地作出"操作和决定的行为倾向,并通过教师个体的内在品质和能力得以体现"②。对于教师基于教学的个性显现问题,学者大都以指摘问题、分析原因、给出策略的思路进行讨论,他们重点突出了学生个性培养的需要、教师生命意义的观照、教师专业发展的本义等层面,而理论目标多着眼于自主意识的养成、自主能力的形成等具体要素和指标体系构建上。③ 除了直接探讨教师个性的研究,还有一些间接研究也以个性为基底,如关于名师成长的研究,涉及教学主张、成功要素,或者名师叙事研究等。再者,鼓励教师个体作为教学反思者、教育研究者,倡导做专家型教师等理论和实践探索,在一定意义上也是对教师角色个体性的鼓励。总而言之,教师个体及其角色个体性突显已然成为学界探讨和考察教师角色建构的重要话题。

(三)从公共性理解教师角色建构的主要发现及进展

如果说个体性是建构教师角色的根本所在,那么,公共性则是建构教师角色之根本前提与条件,因为没有公共性就没有个体性,教师角色个体性是在公共性的前提和基础上形成并建构起来的,二者互释互构,相互依存,缺一不可。具体言之,教师角色的公共性主要表征为一种社会职业角色的公共使命。④ 只是因时代诉求的不同,在具体内涵上各有侧重,如孔子等人开启的是我国儒家伦理秩序构筑之公共使命,而苏格拉底等人开启的是西方求索真理和追求民主之公共使命。

1.从公共使命理解教师角色建构的主要发现

19世纪,瑞士著名教育家裴斯泰洛齐(Pestalozzi)认为,人一般有动物状

---

① 袁丹,靳玉乐.教师角色嬗变与教学个性展现[J].中国教育学刊,2016(6):78-81.
② 张雳,唐海朋,郭成.教师自主研究的新视角:个体需要和个性特质[J].重庆大学学报(社会科学版),2016(4):201-205.
③ 许爱红.释放教师个性:"钱学森之问"的一种解答[J].当代教育科学,2010(23):37-39.
④ 日本教育学者佐藤学指出公共使命是教师职业角色的内蕴和灵魂。

态、社会状态和道德状态三种状态。其中,教育的主要职责和功能就是帮助人脱离动物状态进入社会状态,再逐步提升到道德状态。① 其实,在伦理与道德尚没有被明确划分之前,裴斯泰洛齐所谓的社会状态就是伦理状态,直到黑格尔在《法哲学原理》中对伦理和道德的关系作出明确分析,譬如将人们行为的外部规范——法律制度、习俗习惯、传统规范及纪律等划为伦理。与此同时,如果人们的行为不是为了避免遭到来自外部规范和法律的惩罚、制裁以及由此引发的舆论谴责,而是听从自己内心深处的正义呼唤,自觉避恶趋善乃至惩恶扬善,那么这就是道德,正如韩愈所说的"足乎己无待于外之谓德"。从一般意义上说,教师的公共使命是教师职业道德的核心组成部分,在苏格拉底"知识即道德"的论断下,公共使命便是教师作为实践主体应知应会的必备知识与基本道德。

在古代,作为公共使命的社会伦理良序的构建和延续,正是教师角色公共性的核心蕴涵。孔子和苏格拉底作为典范师者角色的形象演绎,也不例外。相反,恰恰是公共使命作为条件和基础,为他们的角色个体性演绎搭建了切实的行动舞台,构筑了他们的教育教学思想体系,塑造了他们的育人行为规范。他们作为中西方教师角色实践的典范,从历史的角度证明了教师角色公共性与个体性之间互构互释的密切关系。

进一步看,指向社会发展与良序构建层面的公共使命,在教育过程中会牵引出另一层面的蕴涵,即指向作为教育对象的人的公共性意蕴。② 譬如,孔子给"仁"赋予了新的意义,即仁者爱人。所以说,孔子渗透于教育理想中的仁学,实质上就是人学:"仁就是人,就是人的自觉,就是认识到自己是人,认识到人的价值、力量、使命、尊严,作为一个人去对人、对事、对己。"③在此意义上,二人共同选择了启发式教学法也就并不意外,因为只有将教育对象看作人,才会以人的态度来引导、启发他人,而非灌输。因材施教、不愤不启、不悱不发、教学相长等教育思想,就更显可爱、可亲、可敬。由此可知,孔子与苏格拉底作为中西著名思想家、教育家,名副其实。

2.公共使命之下教师角色建构的当前进展

随着社会的发展和中西文化交流的频繁,教育领域中教师职业的公共

---

① 孙培青,任钟印.中外教育比较史纲:古代卷[M].济南:山东教育出版社,1997:79.

② 作为教育对象的人的公共性或人的活动公共性,也可理解为公共之人(大众),而非可以独享教育的人。

③ 孙培青,任钟印.中外教育比较史纲:古代卷[M].济南:山东教育出版社,1997:89.

使命被赋予越来越丰富的内涵。针对当前我国教师角色建构过程中遇到的困难和问题,学界对公共使命之下的教师角色建构进行了多角度、多层面的考察和探讨。

第一,从发生时间看,国内以公共性为视域审视教师角色建构问题,始于21世纪初,从关注教师的法律地位、权利保障等问题开始,如以"知识的公共性"考察"大学教师的权利保障"[①]问题,以公共性视野探讨"中小学教师法律地位"[②]问题。乡村教师逐渐成为公共性研究的重要对象,对乡村教师的外在规约、平民精神、文化形象等进行了探讨,如探讨公共性何以是"乡村教师的重要属性"[③],乡村教师公共性应回归"平民精神"[④]。近年来,在公共性视域中,学界对教师继续教育课程、教师实践知识、教师作为人力资源、科研与学术等多个方面做了考察,如在公共性视域下"乡村教师荣誉制度"何以面临实践困境[⑤],"乡村教师的公共精神"何以会失落[⑥],轮岗教师如何成为"公共性的人力资源"[⑦],农村教师如何突破"文化困境"而"重建公共性"[⑧]等。

第二,从研究范式看,大多为一种现实批判基础上的理想构建,而这正是对公共性作为批判性概念和建构性概念的恰当应用,如在主题上包括中小学教师师德、实践性知识、知识分子、师生公共生活等,在内容上涉及了"师德的社会期望"[⑨]、"知识的公共性"[⑩]、"知识分子的公共性"[⑪]、"师生交往

---

① 夏仕武.知识的公共性与大学教师的权利保障[J].大学·研究与评价,2006(2):46-48.

② 曲振国.公共性视野中中小学教师法律地位探讨[J].政法论丛,2006(4):33-36.

③ 唐松林.公共性:乡村教师的一个重要属性[J].大学教育科学,2008(5):61-64.

④ 杨运鑫.平民精神:乡村教师公共性回归之所[J].大学教育科学,2008(5):66-68.

⑤ 陈玉义,万明钢.公共视域下乡村教师荣誉制度的实践困境与对策:基于甘肃、山东等6省区的调查分析[J].中国教育学刊,2019(4):28-33.

⑥ 冯璇坤,刘春雷.失落与纾解:论乡村教师的公共精神[J].教育理论与实践,2019(4):36-39.

⑦ 操太圣.轮岗教师作为具有公共性的人力资源[J].教育发展研究,2018(4):3.

⑧ 张济洲.农村教师的文化困境及公共性重建[J].教育科学,2013(1):51-54.

⑨ 朱晓伟,周宗奎,谢和平,等.中小学教师师德的社会期望与评价:基于公众与教师视角的实证调查[J].北京师范大学学报(社会科学版),2019(1):53-58.

⑩ 邹逸.论教师实践性知识的公共性维度[J].教师教育研究,2018(3):1-5.

⑪ 余宏亮,吴海涛.教师作为知识分子:公共性、可能性与实践性[J].教育学报,2014(5):122-128.

生活的公共性建构"①等。

第三,从考察对象看,主要针对乡村教师探讨教师角色的公共性建构问题,其原因也比较明确,就是乡村教师面临教育现代化发展中的人员(人才)流失、队伍薄弱等问题,以及国家开展"乡村教师支持计划"等带来的影响。当然,如果仅此便质疑并要求乡村教师的公共性表现,其实是比较褊狭且功利的,不仅起因、对象褊狭,而且针对乡村教师的公共性研究本身也并没有从整体上去考察。相反,很少被谈及的非乡村教师,也并不能因此就默认他们不需要公共性,或者公共性在他们那里不是问题。也就是说,还并未认识到的问题是公共性之于每个教师的角色成长都具有内在规定性和终极性的价值要求。更重要的是,其中的根本原因是什么? 我们能否进行理论上的阐释、分析和明确? 如果可以,需要怎样的审视视角、思维逻辑、价值取向以及话语表达?

(四)对既有研究的述评

1.既有研究的贡献

当下对教师角色建构问题的相关考察成果已比较丰富,国内外关于教师角色的意涵、个体性与教师角色的关系、公共性与教师角色的关系等问题已有很多较为深入的思考。具体而言,它们的价值与贡献可归纳为如下几个方面。

一是从个体性的特色积淀了教师角色理解与建构的丰富资源。中西教育思想史中关于教师角色典范及其个体性特色的文献积累,为我们理解和把握当下教师角色及其个体性建构,提供了丰富的思想文化资源。同时,当前以教学个性理解教师角色个体性的研究成果,也为个体性维度的教师角色理解和建构打开了一种视野,提供了必要的理论支持。

二是从公共性的角度拓展了教育问题研究空间。其实,相较于对教师角色的考察,当前关于教育(系统)的公共性问题研究显得更为成熟,历经十余年的探索,形成了大量的研究成果,譬如,《论教育公共性及其保障》②《公共教育的现代性转型及其困境》③《教育如何不再培养精致的利己主义者:公

---

① 叶飞.从"扭曲交往"走向"协商交往":论师生交往生活的公共性建构[J].教育理论与实践,2014(19):43-47.
② 张茂聪.论教育公共性及其保障[D].济南:山东师范大学,2010.
③ 樊改霞.公共教育的现代性转型及其困境[D].南京:南京师范大学,2007.

共品格教育的逻辑向度与实践进路》①等。就此来看,教育的公共性问题已被学界重视,理论研究也较为突出并具有典型性。从其原因来看,这既与社会公平、正义等理论研究的正常逻辑推进息息相关,当然也是全球化背景下市场机制、资本逻辑强势渗透的现实反映和谨慎应对。

三是从公共性的价值审视了教师责任的现实担当。在现实中,当下教师角色公共性问题已在多种形式中被关注和研究,如《中国教育报》2020年5月18日就刊文《教授,请花点时间为公众写作》。作为对教师角色公共品性的一种呼求和警示,这能给我们何种启发和思考?至少,它为什么会成为一个问题?显然,这是值得深入探究的。而单从写作而言,教师或者教授缺乏公共性的科研写作式成长,比如象征教师成长的专业写作成果,仅在非常有限的范围流传,经不起时间巨流的洗刷,遑谈时代意义、公众效应甚至历史价值。如此,教师之公共属性将何以蕴藉和体现?反之,当它们不具有公共性意义时,教师及其所谓的角色价值将变得暗淡无光,与教师应有的公共属性要求、公共人角色追求等,也就相去甚远。那么,教师该从哪里走进公共生活?

另外,现有研究的多种方法,也丰富了教师角色理解与建构的手段,有利于进一步开展整合研究,获得更多研究认识和研究成果。总之,从教师角色建构研究取向的发展趋势看,单一的研究方法并不足以揭示教师角色走向公共性和突显个体性的复杂关系。因此,要克服研究方法的简单化倾向,有必要整合历史梳理、比较分析、阐释与批判、质与量的结合等多种方法。

2. 既有研究的不足

在看到既有研究贡献的同时,也应看到存在的不足,主要有以下几个方面。

一是审视教师角色公共性的视野问题。当前关于教师角色公共性的考察主要聚焦在乡村教师身上,这里当然有特殊时代发展背景的原因。然而,这里暗含了一个前提,即以乡村教师之外的教师角色公共性为比照对象,且默认了其他教师角色公共性是不存在问题的。实际上,这样的视野有其不足之处,未能从整全的视野考察教师角色的公共性完整意涵,尤其是未能从教育的国际发展趋势角度形成全球性视野,缺失了对教师角色公共性进行

---

① 朱永新,汪敏.教育如何不再培养精致的利己主义者:公共品格教育的逻辑向度与实践进路[J].教育研究,2020(2):61-71.

诸如共同构想、人类未来、合作团结等重要时代主题的关注和考察。

二是从个性考察到主体性考察的问题。因为教师个性不是全部,根本上它只是教师作为角色实践主体的重要部分,属于锦上添花。钟启泉教授曾指出,教师职业角色的特殊性,集中体现在"教师对教育及教学的道德责任,渗透于教师工作的各个层面"[1],即教师个体作为角色实践主体的全部意蕴。如若忽视这种道德责任,教师专业发展前景将会变得暗淡,"使得教学至多被认为是一种基于专业知识的职业,而其职业地位却无法获得真正的提升与尊重"[2],即教师职业公共属性及教师主体地位提高等目标将无从谈起。本书的研究目标之一就是突显教师职业角色实践的道德伦理特性。其实,新课程改革以来,关注教师自身职业角色实践的伦理考察还比较稀少。而这也是时代特征使然,不仅教育,其实当前社会各个层面普遍地伦理价值缺失。[3]

三是教师角色公共性与个体性的内在关系问题。综观古今的教师角色个体性,从单一到丰富、从粗放到精致,在多方面获得提升和进步。但是,在教师角色个体性不断得到解放的同时,其公共性如何得到保障或者说能够得到更好的、符合时代需要的发挥?富于个体性的教师角色实践是怎样糅合公共性的?它们之间的逻辑关系和生发机制又将如何?这些有待探讨的问题,是本书试图讨论的重要内容。进一步讲,在教育实践层面,作为实践活动主体的教师,因其对教育公共性的具体展开和最终实现具有无可替代的作用,所以对其进行深入的理论研究也就显得尤为重要。

四是教师职业特性及其角色实践方式问题。教师职业无论具有如何丰富的内涵,最终落地到教育教学实践时,总是由每个教师个体进行具体的角色担当,即教师角色实践是我们考察教师职业意义的根本落脚点,也是教师职业专门化发展所要考察的痛点。在21世纪新课程改革之初,时任教育部副部长的袁贵仁就指出:"教师职业有自己的理想追求,有自身的理论武装,

---

[1] 秋田喜代美,佐藤学.新时代的教师[M].陈静静,译.北京:教育科学出版社,2013:总序2.
[2] 秋田喜代美,佐藤学.新时代的教师[M].陈静静,译.北京:教育科学出版社,2013:总序2.
[3] 秋田喜代美,佐藤学.新时代的教师[M].陈静静,译.北京:教育科学出版社,2013:总序2.

有自觉的职业规范和高度成熟的技能技巧,具有不可替代的独立特性。"[1]之后,许多研究聚焦教师成为专业人士及其知识与技能的获得,对教师教学的规范化、科学化方面,特别是"对教师教学进行课堂观察、科学分析……力图通过这些方式改进教师专业知能"[2]。然而,"教师的现实职业生活是复杂的"[3],这种复杂既体现在教师需要面对收入、职称等自上而下的"要求"甚至是"枷锁"[4],更体现在个体需要面对自我的迷茫,既不完全认可课程改革和课堂革新,也不完全否认自己教育教学方式的合理性,所以教师依然很难告别工具理性意义上的"技术熟练工"身份,也就很难逼近"反思性实践家"的"境界"[5]。

四、研究设计

本书以课程与教学论为学科立场,但是,并不将教师置于教法之术的层面上理解其角色行为,而是试图回到整全的教师生活世界中,理解教师角色及其实践意义。本书设计也正是遵循教师社会学的视野及精神,具体探讨和分析文献述评中提出的系列问题。

(一)研究目标

教师角色的双维建构研究,立足于课程与教学论研究之教师专业发展领域,从公共性与个体性两个维度入手,倡导教师角色建构是公共性与个体性之间互释互构的过程及结果。具体包括以下两个方面:

其一,通过研究教师角色的双维建构,在实践层面寻求对教师个体之角色实践建构固于知识传递、技术熟练、经验总结等单一化、同质化的检视、批判与超越,教师角色的价值实现回到公共性与个体性相统一的层面上来。

其二,通过研究教师角色的双维建构,在理论层面试图构建一种新的教

---

[1] 袁贵仁.加强和改革教师教育 大力提高我国教师专业化水平[J].人民教育,2001(9):24-26.

[2] 秋田喜代美,佐藤学.新时代的教师[M].陈静静,译.北京:教育科学出版社,2013:总序1.

[3] 秋田喜代美,佐藤学.新时代的教师[M].陈静静,译.北京:教育科学出版社,2013:总序1.

[4] 秋田喜代美,佐藤学.新时代的教师[M].陈静静,译.北京:教育科学出版社,2013:总序1.

[5] 秋田喜代美,佐藤学.新时代的教师[M].陈静静,译.北京:教育科学出版社,2013:总序2.

师角色塑造观念——从公共性与个体性的视角去审视教师角色,为教师个体的学校教育公共生活、教师个体价值与公共价值的共同实现等提供一种新的视域,丰富学界对教师专业发展特别是对教师职业属性及其角色实践方式的认识。

（二）研究内容

一是历史考察。教师角色的双维建构研究,首先是一个历史文化传统问题,需在历史的视野中做好追溯、寻找依据。考察中西教师角色史中的典范师者角色,是展开当前教师角色建构研究的历史基础。

二是角色理论。系统梳理现代角色理论体系,认识并理解角色内涵与建构的公共性、个体性之双维旨趣,为把握教师作为社会职业特殊角色的独立特性奠定理论基础。

三是意蕴阐释。分别从公共性与个体性两个维度,阐述教师角色的公共性与个体性意蕴。这是探究教师角色独立特性的根本所在,也是认识每位教师个体的角色实践方式的关键所在。

四是建构分析。基于公共性、个体性两个维度的意蕴理解与认识,分别从公共性与个体性两个维度分析教师角色的建构问题。

五是实践考察。以理论观照实践,考察教师角色公共性与个体性双维走向融合的实践逻辑、实践方式及实现样态等问题,以独特的角色实践方式把握教师角色的独立特性。

（三）研究思路

理论建构意义上的教师角色是公共与个体两大主体共同作用的结果,而实践建构意义的教师角色则是教师个体担当、演绎和表现公共使命的过程,公共性与个体性是教师个体在角色实践过程中表现出的两大基本属性,即教师角色实践既非以单一公共性消磨个体性,也非以单一个体性消解公共性,而是一种公共性与个体性基于特殊角色实践方式的互释互构过程。因而,本书拟通过公共性与个体性对教师角色建构进行双维阐释,强调从两个维度的辩证统一看教师,使教师重回角色育人的价值设定,从而超越公共性上技术化、工具化以及个体性上利己化、私事化等对教师作为实践主体的桎梏。

本书主要以教育学、社会学、哲学等为理论基础,采用理论思辨、文献爬梳、案例分析等方法,遵循"是什么、为什么、怎么办"的整体研究思路,对角色及教师角色的基本概念内涵、教师角色的公共性意蕴及其建构分析、教师角色的个体性意蕴及其建构分析、教师角色走向双维融合的实践考察等问题展开探究,从主体性丰富与双重价值实现等层面理解教师角色及其建构问题,以期拓展教师角色研究的视野与议题,推动教师个体积极省察自己的角色实践方式,进而以独特的角色实践方式解释教师角色的独立特性。

（四）研究方法

1.理论思辨法

本书以"教师角色的双维建构"为论题,意在从教师角色建构的理论范畴推出一种理解教师角色实践的新视角,理论思辨是首要的研究方法。

具体来说,本书受到现代角色理论对社会职业角色及其双维旨趣阐释的启发,也有来自批判教育学理论对教师角色相关问题分析的启示。另外,国外学者如佐藤学、帕尔默等关于课程与教师及其公共性问题的论述,马克思、马尔图切利、哈贝马斯、米德等关于实践哲学、个体社会学、交往理论、符号互动理论的论述,国内学者如叶澜、钟启泉等对教师角色与教师发展的探析,郭湛、贺来等对主体性哲学、公共性哲学、个体性哲学的阐释,以及当前国内其他学者对教师角色建构的考察分析,对教师作为实践主体消隐于技术、工具、消费等背后的批判和揭示,均构成了本书对教师角色建构进行理论思辨的重要思想资源。

理论触动之外,笔者十多年来对基础教育教师生活的切身体验、仔细观察并着力反思,也是行文思辨的一项重要资源。曾经的一线工作经历,使笔者对教师个体的角色担当和演绎有着直接而深刻的感受。在此过程中,笔者发现教师个体的角色表现空间非常有限,大多仅限于教科书的宣讲员或学生的播音员等,这让笔者思考是什么让教师个体的角色实践如此窘迫而不愿主动走向广阔的角色公共性。另外,也由于工作和生活在培养师范生的教师教育一线,笔者对教师个体的角色实践有了更进一步思考,即教师个体的主体性提升和丰富必须来自持续地走向丰富的角色公共性。那么,教师角色的公共性是什么、在哪里、怎么实现等问题不断促使笔者观察、思考和辨析,试图在教师个体的角色实践逻辑、方式、样态等理论层面上寻求更多的突破和超越。

2.文献研究法

文献研究法,即基于文献的爬梳剔抉和理论分析,形成对具体问题的认识并加以阐述。譬如中西教师角色史源头的孔子与苏格拉底,将他们作为典范师者角色的文献进行梳理和分析,对研究的缘起、教师角色的内涵、双维旨趣的把握等都有重要的方法论意义。在文献研究法的使用过程中，笔者主要坚持了一种历史思路，即任何时期的教师角色理解与建构问题，都首先是一个历史发展问题。本书试图通过历史脉络的梳理还原教师角色理解与建构的流变理路，反思今天我们重新建构教师角色的必要性以及应遵循的基本路径。

3.案例分析法

案例分析法主要体现在本书以当前我国教师角色实践中的典型事件和典范人物为论述案例。在此，案例分析又具体涉及两个方面，即案例的典型分析和案例的比较分析。就前者而言，课程与教学论研究的显著特征之一就是走近教师的日常教育生活，实时观察和思考教师在一线的角色实践现状，提炼和考察研究论题。因此，本书会针对一些具体问题，引入案例进行分析讨论，主要包括当前教育教学实践中发生的典型事件和典范人物。就后者而言，本书着重比较分析了中西教育思想史源头的孔子与苏格拉底两位典范教育人物，从中探析获得教师角色的公共性与个体性之双维原初发生及其特点，以及作为"源头"对中西教育文化发展的长远影响。从案例选用的出处看，部分案例来自笔者对一线教师角色实践的观察记录，也有一部分来自报纸、期刊、正规网络平台，还有一部分来自笔者对师范生成长心得的个案记录。譬如，以多位中小学"好教师"的访谈实录为案例，透视个体性维度的"好教师"角色建构等。

第一章　角色的公共性与个体性界说

本章的主要任务是解决研究展开的理论基础问题,包括角色概念的含义辨析、基本旨趣、公共性与个体性的提出及其角色论意义等。核心内容在于通过把握角色的概念内涵,探取对角色进行理论认识与建构的双维旨趣,进而提出角色的公共性与个体性概念,并在角色理论视域内把握公共性与个体性的基本内涵及其角色论意义,为后文探讨教师角色的双维建构问题阐明本书的角色论立场并形成相应的角色论视角。

第一节　角色的含义辨析

角色是现代角色理论体系的核心概念,那么它有何种含义?有哪些要素?其本质如何?与社会学中的身份、形象等概念有着怎样的关系?对这些问题的回答是进一步了解角色理论旨趣的前提,也是探讨教师角色建构的基础。

一、角色的概念

"角色"(role)是一个涉及多学科领域的概念。从其作为术语的发端看,它是先被应用于戏剧表演领域的一个专门术语,常指戏剧剧本中所描述的各类特定人物的术语。它在含义上突出剧本的规定、导演的要求、演员的演出等多重综合关系,以演员"自我"完整地表演剧本"他我"为目标。所以,在最初的戏剧话语中,角色多用于讨论演员个人的角色体验行为与戏剧剧本的角色规定行为之间如何契合的问题。①

角色作为一个不断发展成熟的社会学概念,在一定意义上,得益于美国社会学家、哲学家乔治·赫伯特·米德(George Herbert Mead)将其应用于对社会学问题的解释。一般认为,米德最先借用戏剧中的角色术语来解释和分析社会学问题。他的这种借用,可以说是对社会同戏剧间的相似性与密切性进行准确把握后的必然结果。因为戏剧演出的正是社会生活的缩影,而社会生活表现的恰恰也是每个人人生剧本的大舞台。犹如莎士比亚在《人间喜剧》中所说的那样,大家都不过是一些演员,都有各自的入场和退场,穷尽一生来扮演各种各样的角色。

然而,实际上米德并没有直接为角色作出确切的定义,他只是将角色当作无定形的和很不确切的概念来使用,用以强调自我与他人角色之间的互动关系,在扮演他人角色的过程中,从交往伙伴的角度观察并反思自己的角色行为,以提高自身的社会角色交互能力,继而提升自己的社会适应能力和生存能力。所以在此之后许多社会学家和社会心理学家都试图在自身理论视野内给出角色的具体定义,为角色赋予不同又相似的含义。譬如,除米德以社会互动理解角色,美国社会人类学家林顿(R. Linton)也是较早讨论角色含义的代表人物,他认为角色是社会地位的反映,是对社会地位的动态体现,而社会地位又是权利和义务的特殊集合。换言之,当一个人拥有一种社会地位时,他便需要动态地演绎一组权利和义务的集合,此时他就扮演着这一角色。至今,国内外学者为角色给出的定义已有数十种,主要涉及权利义务和行为规范说、地位身份和行为模式说、特殊位置行为关联模式说等。总体来讲,这些观点可以概括为两种各有侧重的说法:一是侧重从社会的关系、规范、地位、身份、期待等角度定义角色,将角色视为对群体或社会中具有某一特定身份的人的行为期待;二是侧重从个体的行为模式定义角色,将角色视为与一定社会位置相联系的行为模式,是占有某一位置的人应有的行为表现。

不难发现,角色概念的基本内在假设有两个:一是公共一致性,即对处于社会关系节点同一位置的人及其怎样行事,有着很高程度的共同看法;二是个体效仿性,即大家都认同这些看法,有意地效仿这种一致性,并在效仿的实践过程中不断摸索与改进,所以在个体表现这一层面也会因个体的灵

---

① 郑君里.角色的诞生[M].北京:生活·读书·新知三联书店,2018:33-35.

感与个性而富有创造性。总之,对角色的定义不论是从地位关系还是从行为模式入手,都离不开公共性的客观期望与个体性的主观扮演,即不能离开客观的社会结构和主观的心理结构来抽象地探讨角色的含义。实质上,这两个辩证依存的维度,正是社会角色理论创建、形成并不断发展成熟的两大基石,体现着角色概念的本质所在。也可以说,若要理解和把握角色内涵的本质意蕴,在根本上须从角色的客观与主观、公共与个体之辩证统一的维度中去探取。

总体来看,理解角色概念至少须把握三个关键词:行为规范、身份地位、社会期望,三者有机联系,不可分离。首先,角色指一套行为模式和规范,每种角色必有一套完整的个体行为规范或模式;其次,这种行为规范或模式必反映某个社会网络节点上的特殊权利和义务,即身份地位;最后,这种身份地位必反映或符合社会的某种公共期望。简言之,角色的概念内涵主要由两个维度展开:一是公共性的,涉及角色的公共期待、要求和规范;二是个体性的,涉及角色的个体表现、演绎和担当。前者因后者而鲜活、生动,具有感染力和典型性,后者因前者而规范、一致,具有保障力和统一性。

二、角色的要素

角色内涵的个体与公共两个维度,大致由六个逻辑关联的角色要素串联构成,按照从个体到公共的逻辑序列包括"角色扮演者""社会关系""社会地位""权利义务""社会期待""行为模式"[①]。

第一,角色扮演者。在社会中,既没有抽象的个人也没有抽象的角色,只有承担着和扮演着各种角色的真实而具体的个人。也就是说,现实的社会角色由具体的个人来承担和扮演,显示着他们的个体主体性。换言之,"角色是以个人为对象,即指个人因其地位或身份而扮演的角色"[②]。在社会学理论中,个人应是角色的第一主体,因为不论是团队还是组织,它们的具体协作关系和行为活动最终都要分解和落实到个人,并以个人为对象考察他们的权利与义务,审视他们的地位与作用。与此同时,正是因为每个人的地位与作用的差异,才会产生和形成不同的"自我概念、社会期待及其扮演技能而拥有自己的独特的互动方式和行为模式"[③]。

---

① 奚从清.角色论:个人与社会的互动[M].杭州:浙江大学出版社,2010:6-9.
② 奚从清.角色论:个人与社会的互动[M].杭州:浙江大学出版社,2010:6-7.
③ 奚从清.角色论:个人与社会的互动[M].杭州:浙江大学出版社,2010:8.

第二,社会关系。个人作为角色扮演者,并非指孤立的个人,而是社会关系本质上的个人——大而言之是"一切社会关系的总和",小而言之就是一个社会群体或共同体内的关系。这种社会关系是个人进行角色扮演的载体和平台,是角色拥有权利、义务和作用的依据,而且社会关系越明晰、具体,越利于个人的角色扮演;相反,如果没有这种社会关系总和的本质视野,也就无法真正探取角色的内涵。

第三,社会地位。社会地位即社会关系位置,就角色而言,指社会关系网络中的节点位置。由于社会关系网络的多面性,角色的这种社会地位也是多面向的。一个人处在社会关系中的某一节点上,他便在扮演这一节点角色的过程中显示他的社会地位,并拥有该地位相应的义务和权利。换言之,社会地位是由社会关系网络节点属性决定的,它是享有权利与承担义务的统一体。

第四,权利义务。不同社会地位间的权利和义务总是对应地产生并存在。一般情况下,"只有两个社会位置上的人相互关联时,他们之间才发生权利和义务的关系"[①]。权利和义务之于角色扮演及其社会地位的实现,是互为保障和前提的关系。然而现实中,由于个人多重社会角色扮演的需要,往往产生角色间权利和义务相互矛盾、冲突与消解的难题。

第五,社会期待。角色拥有一定的权利和义务,就会被寄予某种或是明文规定或是约定俗成的社会公共期待。具体来说,在此意义上的角色就是对处于一定社会地位、拥有某种权利和义务的个人角色扮演者的行为模式与规范的要求。社会学研究指出,社会正是通过整套成系统的角色期待形成社会价值观念体系,并通过奖励、分配进行建设,或者通过警示、惩罚进行保护。因此,社会公共期待及其建设和保护机制,对其社会成员的行动能力具有制约和强化的作用,促使个人对符合自身的社会行动进行选择,并以此选择实现社会的公共角色期待。[②]

第六,行为模式。在社会公共期待的制约和强化下,角色扮演者往往就会形成符合各自身份地位和权利义务要求的行为模式、规范。从个人成为角色扮演者,经由社会的关系地位、权利义务、公共期待,最终落脚到个人作为角色扮演者的某种具体行为模式规范上,社会形成各种不同角色的独特

---

① 奚从清.角色论:个人与社会的互动[M].杭州:浙江大学出版社,2010:8.
② 西里尔·E.布莱克.比较现代化[M].杨豫,陈祖洲,译.上海:上海译文出版社,1996:20.

行为模式和行为规范,突显出进行社会角色行为模式研究的价值。①

总之,角色内含的六要素构成了一个"个人与社会"互动关联的结构系统,它们突出的是个体主体性和公共规范性之间的内在关系,具体如图1-1所示:

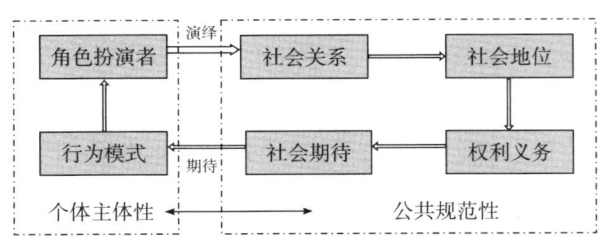

```
       演绎
角色扮演者 → 社会关系 → 社会地位
    ↑                     ↕
行为模式 ← 社会期待 ← 权利义务
       期待
个体主体性      公共规范性
```

图 1-1 角色六要素

三、角色的本质

角色内含的六要素突出了个体主体性与公共规范性的角色本质特征,即角色既标识着个人的社会具体存在形式,又显示着一套社会公共认可的行为模式和规范。质言之,角色概念"是对社会存在的反映,是对社会关系的反映,是对个体、群体和社会交互作用的反映"②。社会存在的复杂性、社会关系的丰富性以及社会生活的多变性,决定了角色存在与角色实现的客观性、职能性、演绎性等本质特征。

首先,就客观性而言,指角色存在的客观性,是一定社会历史文化积淀和社会生活发展需要的客观结果,即角色实践满足社会客观需要,同时,角色扮演也是客观的,符合社会关系、社会地位及其权利义务的客观要求。其次,就职能性而言,角色是社会职业分工合作的产物,是确证个人社会存在的重要标志,明确标示着个人的社会地位、社会身份以及职责要求,个人只有满足职能性才有可能扮演好社会角色。最后,就演绎性而言,指角色扮演中个人对自身角色实践的意义、效能、情境等有着清晰的认识,掌握一定的角色扮演方式和技巧,同时,能够理解和把握社会群体的公共期待,及时调节和完善自身的角色行为方式。

与此同时,角色本质的多种特征,导致了角色类型的多样性。从角色规

---

① 奚从清.角色论:个人与社会的互动[M].杭州:浙江大学出版社,2010:9.
② 奚从清.角色论:个人与社会的互动[M].杭州:浙江大学出版社,2010:14.

范的角度讲,有理想的角色、领悟的角色和实践的角色之分:理想的角色可以是一种法律规章制度层面的条文规定,也可以是一种社会伦理层面的约定俗成,如公德、习俗、传统等;领悟的角色指个人进行角色扮演时对角色规范和行为模式的领悟与理解及其表现出的个体差异性;实践的角色就是个人在角色实践活动过程中实际演绎出来的多种多样的角色形象。而从个体扮演的角度讲,依据受角色规范约束程度的不同,可分为规定的角色和创造的角色,前者指个体严格遵守相关明文规定而践行的角色,后者指个体依据自身对角色期待、规范理解和模式领悟,创造性地进行角色演绎。

总之,角色是一个表现关系的概念术语。而个体主体性与公共规范性是理解并把握角色概念及其本质特征的两个核心维度,也是我们寻求对作为社会特殊角色的教师进行系统理论建构与有效实践建设的重要抓手。

四、角色与身份、形象的区别与联系

角色与身份、形象之间关系密切,它们既有联系也有区别,在含义和语用等层面都有交叉、重合的地方,若不进行一定的概念辨析,可能会导致话语阐释不严谨、研究成果表达不确切的后果。所以,为了进一步廓清角色概念的含义,在此基于它们的常用语境,对与角色密切相关的身份、形象两个概念以及它们之间的关系进行必要的含义辨析。

在现代汉语应用中,当它们都以形容"人"的名词出现并做具体义项比较时,分别指涉人的身份之地位、角色之行为和形象之特征。换言之,身份是对于人的社会地位而言,指人"自身所处的地位",或是"受人尊重的地位"[①];角色是对于人的行为扮演而言,指"戏剧、影视剧中,演员扮演的剧中人物",或是"生活中某种类型的人物"[②];形象是对于人的面貌特征而言,指"能引起人的思想或感情活动的具体形状或姿态"以及文学、影视等艺术作品中塑造出来的"人物的神情面貌和性格特征"[③]。由此可见,身份、角色和形象分别用于指代一个人获得一定的身份地位并在一定地位上展开系列相

---

① 中国社会科学院语言研究所词典编辑室.现代汉语词典[M].7版.北京:商务印书馆,2016:1158.
② 中国社会科学院语言研究所词典编辑室.现代汉语词典[M].7版.北京:商务印书馆,2016:712.
③ 中国社会科学院语言研究所词典编辑室.现代汉语词典[M].7版.北京:商务印书馆,2016:1468.

关的角色行为,最后因一定身份地位及其特殊角色行为而形成了这个"人"整体性的精神面貌和性格特征,即形象。它们是日常生活与学术研究中用来描述个人基本状态的三个重要语词,而且表现在词义和语用上也略有差别,既相互联系又各有侧重。

在社会学理论中,身份、角色和形象三者既是相互独立的概念——都有自己独立的概念含义,同时,它们又相互联系在一起,是一组用于阐释人的社会存在与发展的重要术语。

首先,人立于社会结构网络中的那个节点位置,决定了他的社会身份,即人的社会身份直接取决于他的社会地位。身份强调人的群体性、客观性和关系性社会存在,突出人的身份是被社会或群体对其地位的符号性资格赋予;反过来说,身份作为人的社会地位符号,具体指在某一群体或社会中某一确定的社会位置。需要指出的是,这里的社会身份主要是因"自致地位"而获得的身份,包括绝大多数的社会职业身份,如教师、医生、律师等。它区别于因"先赋地位"而获得的社会身份,包括那些不能被轻易改变的社会身份,如种族、血缘带来的家庭身份。固然,人的一生中会有许多种社会身份,但在他的所有身份中总有一个主要身份,这个身份就是职业身份。

其次,人的社会身份决定了他的角色行为。如前所述,人的社会角色是对"群体或社会中具有某一特定身份的人的行为期待"。社会结构促成的这个大剧本,将提供各种身份并赋予社会的各种地位,指导着社会结构网络中每个具体位置上的不同社会成员,进行角色学习和角色扮演,以使他们具有某种社会身份的行为规范,这也就是拉尔夫·林顿所说的"你占有一个身份,就得扮演一个角色"[1]。当然,就身份与角色的关系讲,一个身份可能关联多个角色。譬如,一名教师不仅会被期待为学生讲授学业知识,还可能需要家访,为学校或社区发展提供建议,为图书馆荐购图书等。

最后,身份赋予与角色行为的总体,呈现为一个人的社会形象。人的社会形象是对其社会身份及角色行为表现的总体反映和整体写照,既包括真实的客体反映,也包括理想的主观塑造。它们在形态上或是静态,又或是动态,或是局部,又或是整体。从人的社会职业化来看,职业在社会结构关系中的节点地位决定了他的身份,继而这种身份提供了一种与之相应的职业角色行为规范和期待,随着个体对职业角色的不断践行和演绎,慢慢就会呈

---

[1] 奚从清.角色论:个人与社会的互动[M].杭州:浙江大学出版社,2010:35.

现出一种职业形象。反过来,基于客观形象加工或纯主观塑造的理想状态下的某种职业形象,也会引导并影响个体对其职业角色的扮演和表现。

总而言之,社会学中的角色与身份、形象之间关系密切又相互独立。其中,角色主要专注于人的社会职业之实践活动、行为方式和演绎创造,既涉及公共的理想期待,也包括个体的实际表现,而这也恰是以角色的实践特性和实践立场来认识教师角色之独立特性的关键所在。

第二节 角色的公共性与个体性旨趣

基于上述认识,角色是一个多样性、变动性、行为趋向性的概念,显示着"社会与个体之间的联结点",而这也是美国社会学家乔纳森·特纳对角色具有公共性与个体性双维旨趣的言简意赅的提炼。在此,分别从角色的产生、形式、主体、价值、成长方式等方面具体认识角色的双维旨趣,进而阐释公共性与个体性之于角色建构的角色论意义。

一、角色的产生:依附与独立

角色从哪里来?这是认识一个完整角色的起点,也是理解并把握其公共性与个体性旨趣的起点。从起点来看,角色作为"表示关系"的概念术语,其产生具有明显的依附性与独立性特征。所谓依附性,主要表现在角色只是社会整体结构中某处节点的催生与写照,同社会结构实体的公共意愿和诉求连为一体,其功能和作用也与整个社会结构及其所属的某种职业群体具有密切依附关系。由此可见,这种依附性表明角色还具有无实体性、不确定性和被支配性等具体特征。即某一角色的变化发展依从于它所附着的节点载体,如职业群体的具体要求。因此,在理论意义上的角色,从其产生开始就不具备完全的独立性,只是随着社会结构整体的变化与调整而不断出现或消亡。

但是,现实生活中的每个角色,又以每个人各自的表现方式显示着其鲜明的独立性。他们并没有因为角色先天的依附性而形成一种依赖人格,相反,每个典型而有成效的职业角色都在努力地塑造着富有自身个体性的独立人格——拥有独立意识和自主精神。可见,原本无实体性、不确定性和被支配性的角色,在现实个体意义上,就具有了真实性、确定性和自主性;同样,仅仅反映社会结构节点写照的角色,在个体作用之下也在完整地表达着节点载体的丰富意义和特殊价值,让角色变得可观、可测、可改变,富有灵动性和塑造性。

总之,角色的产生既具有依附公共的一面,也具有独立个体的一面,从起点处显示着角色的公共性与个体性之双维特性。

二、角色的形式:文本与人本

角色以依附与独立两种方式产生之后,一般将会以文本与人本两种形式存在。在角色被借用到社会学领域之前,它就是剧本中由各种文字符号描绘出来的一个个人物角色,即它存在于剧本的文本形式之中。后来,随着角色在社会学中的广泛使用,角色的文本形式①大致发展为两种:一是对某种社会职业之基本规范映照到角色行为上时的具体要求,如涉及各行各业的法律、制度、行政文件等,它是以规范的文本形式存在的,具有限定性意义;二是对某种社会职业之典范的期望映照到角色形象上的整体刻画,如涉及教师职业的专业研究、舆论宣传、艺术塑造等,它们常以理想的统整的典范形象存在,具有引导性意义。

文本式角色并非角色存在的形式终点,在逻辑上,它是为了更好地促进人本角色形式的生成。人本的角色形式,本质上是个体对角色演绎之后形成的一个个真实可感的角色形象。从人本的角色生成来看,它是个体基于经验而对文本角色模仿、体验,再到基于联想和想象而突破、创造,最后基于文化自觉而成型并深入人心,直至生成角色意义和角色价值的成长过程。同一个文本角色,理论上可以由不同年代、不同个体进行不计次数的演绎和表现;同样,演绎角色的个体在陆续走进角色之后也会陆续消逝,但是,个体本色演绎和表现后富有个体性特点的角色形象,或是因产生共鸣而长久地留在人们心中,又或是因感同身受而被人们深刻铭记。此时,角色的人本形式就比文本形式更具感染力、传播力和影响力。

可以说,文本与人本是角色的两种基本存在形式,对于角色的存在与实现而言,二者缺一不可。总体来看,文本角色多以语言文字等符号形式呈

---

① 此"文本"并非指狭隘意义上的文学文本,而是泛指以法规、制度、文件等文本形式呈现出相关角色的规范、要求及期望等内容的文字材料。

现,具有完整和系统的公共性意义,它们具体以规范和期望的形式使文本角色更像是一个历久弥新的经典作品,指引着个体的角色实践和行为表现。而人本角色多以富有个体性特色的典型形象呈现,具有体验和感染的个体性意义,它们具体以践行、演绎和表现的形式使人本角色更像是一个时代的模范丰碑。

三、角色的主体:群体与个体

从角色建构和演绎的主体来看,它们则表现为群体与个体的关系。所谓群体主体,需从角色的公共预设和期望来审视,指向职业角色在群体规范层面上的主体建构,意味着职业角色将由群体或代表群体的公共部门来完成。所以,角色的主体因其以职业群体为根基和观照,就会表现出模糊性和抽象性的特征。譬如,社会职业中的医生、教师、律师等角色,在公共预设或期望层面,它们只能以群体形态呈现出来,至于具体的医生、教师、律师是谁,还只是群体概念上的主体认识,从而具有一定的模糊性和抽象性。

所谓个体主体,需从角色的个体担当和演绎来审视,指向职业角色在个人实践层面上的主体建构,意味着职业角色将由每个个体依靠自身职业素养来单独完成。在此,个体主体指涉两层蕴涵:一是社会结构节点落实到实践中时,其功能的发挥取决于个体的表现;二是个体是自身角色表现的全部,即如果说群体主体意义上的角色仅是社会结构网络中某一特定功能和要素的存在,那么个体主体意义上的角色,可能会影响个体的生活与生命质量,乃至个体的整个世界。换言之,个体主体的角色担当和演绎是纯然个体性的,不仅表现在客观地位上,更表现在个体主观精神价值的追求上。

因此,综观社会职业角色主体的群体与个体之特性可以发现,角色作为要素功能和生活意义的最终实现,是两类主体共同作用的结果,二者在相辅相成中显现出公共性与个体性之间既对立又统一的旨趣。

四、角色的价值:社会与个人

自角色产生伊始,便始终与价值实现问题相伴。从角色价值实现的指向看,社会与个人不仅是实现的主体,更是实现的目的。换言之,一种社会职业角色的价值实现,既包括角色作为社会结构构成要素之功能价值的实现,也包括角色作为生命个体之主体价值的实现。在社会价值上,不论是社会功能论,还是社会冲突论,甚至是社会互动论,角色都是其中作为社会结构构成节点落脚实践活动的关键一环。角色这一节点功能和作用的实现,就意味着其社会价值达成,也宣示着其社会使命告捷。

但是,角色这一社会价值的实现与个人价值实现息息相关。如前所述,个人是角色实践的第一主体,角色实践在某种意义上构筑了个人生活的全部。所以说,角色之社会价值的实现,始于个人对自身角色价值的看重及其努力实现,是个人基于自身素养努力践行角色职责乃至以奉献个人生命来塑造角色为前提,完成了角色的节点责任和职业使命。简言之,是个人在角色职责实现自身生命价值的基础上,实现了角色的社会价值,即社会与个人作为角色价值实现的一体两面,是在个体角色实践过程中实现的。当然,个人的角色付出在实现社会价值的同时,也发现和认识自己,是"社会塑造了心智与自我"[1],使个体的最高需求得到了满足,即潜能发挥与理想达成的自我价值实现。[2]

由此可见,在角色的价值实现层面上,社会与个人作为角色价值实现的两种指向,本质上发生于个体角色实现的同一过程之中,是角色价值实现的一体两面,以此显示着角色的公共性与个体性之双维旨趣。

五、角色的成长:规范与演绎

在社会结构节点促成角色产生之后,它还有一个历时性的成长问题,即如何使角色保持其效用,甚至优化其价值生产的效能。就社会职业角色而言,角色的成长主要表现为公共规范不断增强和个体演绎不断创新。从角色规范角度讲,任何一种社会职业角色都有其自身要求,对应一套完整的角色行为规范。角色主体的实践活动及其行为方式,都会受到严格而标准的规范限制。譬如,失范乱象——不论是道德层面还是技术层面,都会受到社会舆论的质疑,甚至法律的制裁。相反,规范标准的角色实践则会使个体角色多产生正向的社会效应,并受到职业群体同行和社会大众的信任与认可。这属于角色在公共意义上的规范性成长。

从角色成长的演绎角度讲,任何一种社会职业角色都需要由个体来独立担当,对应着一套完整的角色素养体系。同样,角色个体在给定的公共规

---

[1] 奚从清.角色论:个人与社会的互动[M].杭州:浙江大学出版社,2010:20.
[2] 根据美国著名心理学家马斯洛的需求层次理论,自我实现是人的最高层次需求。

范之中,会积极发现和培养自身的角色素养——激发创造潜能、养成角色德性。譬如,以角色公共规范为基础的个体性创造更易被认可和信任,尤其是发挥个体个性特长的角色表现,往往会突破角色规范的一般认知,重新树立角色规范和要求的高度。由此可见,角色成长的规范与演绎两种方式也是公共性与个体性旨趣的体现,二者彼此统一在职业角色的完整历时性维度之中,缺一不可。

从根本上讲,规范式的角色成长是科学理性思维的反映和结果,注重范式和体系的构建,为个体作为角色实践主体的践行与演绎奠定基础、搭好舞台、划定底线,而演绎性的角色成长是艺术感性思维的反映和结果,演绎了一个个鲜活的角色形象——可感、可评、可鉴,在看得见的角色成长中创新角色行为模式、树立角色形象标杆、突破角色认识局限。

六、公共性与个体性作为角色建构的双重维度

从角色的产生、形式、主体、价值及成长等五个方面的辩证阐释,可以清楚地发现公共性与个体性是社会职业角色存在的两种基本旨趣。而这两种基本旨趣在根本上反映的是角色作为节点"关系"存在和演绎"活动"存在的两种本质形式。进而反向视之,公共性与个体性在构成理解角色的基本旨趣的同时,也为探讨角色建构问题提供了视角和思路。这正是本书探究教师角色建构问题所采用的双重维度。具体而言,循着公共性与个体性作为角色建构的双重维度,探究教师作为社会角色之一的不可替代的独立特性,发掘教师角色的特殊意蕴和独立的角色实践方式,以期为教师专业发展和教师个体成长提供新视角、新思路。

那么,在此所谓的角色公共性与个体性到底是什么?它们是如何统一在现代角色理论发展体系中的?又有着怎样的角色论意义?这些问题的明确是深化角色理论认识的需要,更是探究教师角色双维建构问题的需要。

第三节　公共性与个体性的角色论意义

基于对角色含义及其双维旨趣的探析,公共性与个体性作为理解角色及其建构的一对概念被提出来,研究重心是厘清这对概念的基本内涵和关系,以及它们的现代角色论意义。所以本节将分别对公共性与个体性的概念内涵,以及它们之于角色建构的意义,进行角色论层面的探讨,以期形成较为系统的理论认识,为更好地阐释教师角色及其建构问题奠定基础。

公共性与个体性在许多研究领域已是一对较为成熟的概念[①],二者彼此依存,互释互构。为便于阐释和说明,本节首先阐述学界对公共性与个体性的基本概念认识,再基于已有认识并根据角色及其建构的特殊性,分析本书中的公共性与个体性之内涵意蕴,以及对于角色建构的特殊意义。

一、公共性概念的基本内涵

公共性作为一个成熟的概念术语,已被广泛讨论于政治学、传播学和哲学等领域。在这些领域中,公共性的内涵所指各有侧重。下面择要梳理公共性的起源及发展,在此基础上为本书中的公共性概念判明内涵。

(一)西方公共性的公共事务起源及其发展

从起源来看,西方公共性来自"公共",一般认为有两个源头:(1)源自古希腊语的"pubs"或者"maturity",它们的原意是表示一个人因身体和智力业已成熟,即面对自身利益时能够优先考虑他人利益,意味着他已具有公共意识,是一个人可以参加公共事务的成熟标志。(2)源自古希腊语"koinon",也就是后来英语中的"common",表示共同、关心的意思,指个人能够在工作和交往中相互关心和照顾的一种状态。

但是,当公共性发展到近现代而成为一个较成熟的概念时,古希腊城邦时期那种富于古典意味的公共性已尽失其本原。对此,哈贝马斯认为这是近现代以来功利思想、实用主义以及市场经济等趋利价值观作用的结果,那种纯正的"古典公共性正在丧失"。也就是说,原本那种"通过集体的方式寻求更大的善已被个人的计算、功利以及成本和利益所替代"。即使是代表集体的政府,它的行政目的也已经是"私有福利"(private well-being),而且,这些福利获取及其最终的功用,都依靠"官僚、技术、科学"等手段来作出决定。

作为公共性研究的重要参与者,哈贝马斯对公共性研究的贡献远不限于此。他针对近现代社会公共事务发展的特征,提出了"公共领域"概念。

---

① 在政治学、传播学以及哲学中,公共性与个体性作为一对范畴的称谓有所不同,如还有公共性与私人性、公共性与自利性、公共性与个人性等,都是依据论述问题的着眼点不同而各有侧重。本书以探讨角色实践主体为着眼点,倾向采用哲学伦理学领域概念,以更好地观照个体及其活动问题。

他指出，公共领域也是社会领域的一隅，只是这个领域仅为"像公共意见这样的事物能够形成"之目的。为了达成这一目的，公共领域的开放就会遵循一定原则：一是向所有公民开放，而且公民是作为一个集体来行动；二是由各种对话构成，而且对话主体是由"作为私人的人们来到一起"而形成的公众；三是非强制情况下对话普遍利益问题，各自"可以自由地表达和公开他们的意见"。① 不难看出，哈贝马斯的公共领域概念是在古典公共性意义基础上的近现代化发展，重提人和对话，在私人领域和公共权力之间，试图构建公共领域作为社会第三领域，以更好地解决社会大众普遍关心的利益问题。在哈贝马斯的话语中，公共性就等同于公共领域，偏指一种私人与公权之间的对话空间："它是一个向所有公民开放、由对话组成的、旨在形成公共舆论、体现公共理性精神的、以大众传媒为主要运作工具的批判空间。"② 可以说，哈贝马斯为公共性概念的近现代化意义阐释和发展作出了巨大贡献，充实了公共性概念面向现代社会特征的时代内涵。尤其是使公共性概念在解释个体与公共之关系问题上，更具直面当下社会现象、社会问题的批判力、解释力和建构力。

阿伦特是另一位深入探讨公共领域的思想家，她以"一张平等的桌子"隐喻现代公共领域的公共性问题，指出公共性来自人们的共同生活，它就像人们围坐在一张桌子周围。桌子在将人们联系起来的同时，也将人们分离开来。但是，一旦"桌子的世界"失去，一同失去的还有将人们联系起来和分离开来的力量。这种力量就是公共性，它的生存依托于"一张平等的桌子"形成的公共领域。桌子的消失意味着公共性的消失，此时人们仅剩孤立和分离的存在状态，不再被公共性的力量牵引并联系在一起。可见，在阿伦特的话语中，公共性之于社会个体具有存在论和本体论的意义，"人只有在公共空间中凭借语言与行动才能显现自身"③，确证和宣示自己的社会存在。

时至今日，公共性已经发展为西方现代公民社会的灵魂。而作为一个概念，它也被广泛应用到政治学、社会学、传播学等多个研究领域，用于解释和批判社会现实中发生在公共领域内的许多现象和问题。

---

① 哈贝马斯.公共领域[M]//汪晖,陈燕谷.文化与公共性.北京:生活·读书·新知三联书店,1998:125.
② 袁祖社."公共性"的价值信念及其文化理想[J].中国人民大学学报,2007(1):78-84.
③ 李武装.政治现象学:阿伦特公共性政治哲学思想论析[J].内蒙古社会科学(汉文版),2018(6):47-53.

(二)我国公共性崇尚天下为公的意义发展

公共性作为一个完整概念虽然发端于西方社会文化背景下,但是我国传统社会文化——尤其是儒家文化包含的公共性内涵及其特殊意义,对当下公共性概念内涵的把握不仅不可回避,而且具有重要的理论价值,也是当下强调优秀传统文化传承及发扬的题中之义。

我国儒家伦理文化传统主宰下的古代社会,以天下为公为典型社会特征,即"公"的观念是我国传统文化的重要内涵之一。这里的"公",还称不上一种学术概念,仅仅称为一种文化观念,多指伦理文化层面的规约性——主要以政府和个人为伦理规范对象。首先,从其产生和形式来看,作为一种观念,公与私对立而生——没有公就没有私,所谓公即无私、私即无公等。所以说,即使将"公"看作一个概念,那也是傍立式概念,因为它不能独自成立。其次,从其关系和内涵来看,公不由私而来,而是在分清私的东西之后,才能称其为公,所谓大公无私、公而忘私等。最后,从其功能和价值来看,天下为公倾向一种社会价值理想,是本固邦宁式的处理公私关系的基本标准,即在如舍己为人等原则或信条下处理公私关系,并相信公在私之上,甚至追求"为公"而倡导"无私"。

由此来看,以公至上的传统文化观念,完全不同于西方业已成熟的以个体性之私为基础的公共性概念。其实,自20世纪开始,国人就在不断反省,积极反思和批评自己缺乏公共意识,不懂公共生活,不会处理公共事务,只顾个人利益和行事方便。林语堂曾明确指出国人缺乏公共精神,而至于原因则直指中国传统历来根深蒂固的家庭制度,"它像收音机那样麻痹了我们的神经,发展了我们温和的脾性"[①]。可以说,传统社会甚至到20世纪初的中国,个人及其个体性一直处于消融和蛰伏的状态——消融和蛰伏在家国与家族作为唯一的"实在"之中。

对于这种传统文化下的公共性价值取向,现代学者进行了深刻反思和评判。主要集中在两个方面:一是缺乏现代西方意义上的公共生活基础,即传统的家族式生活不能产生公共生活。说到底,传统家族式生活方式缺乏民主的精神和独立的个体人格等公共性基础。二是儒家伦理文化多以自修为重,对参与公共生活持消极态度。美国传教士明恩溥曾在100多年前谈论中国人的这种"素质"问题时指出,孔子《论语》中的一句"不在其位,不谋其

---

① 林语堂.中国人[M].上海:学林出版社,1994:180.

政",在一定程度上表达了人们对待公共事务的态度,而这也可能就是中国人对不属于自己负责的事情不感兴趣的文化根源。

既没有公共生活的基础,也没有私人生活的空间,更是对他人的或公共的事务提不起兴趣,这些恰恰是千百年来儒家传统伦理社会等级秩序的基本特征写照。实际上,即使在中华人民共和国成立后,在一个相当长的时期之内,人们生活中也存在着两个越位:公共生活对私人生活的越位,国家生活对社会公共生活的越位。①

直至今天的市民社会,人们大多也是以自己为中心。但是,正如马克思指出的社会本质关系那样,在现代社会中如果不与他人形成一定关系,他自己的目的也难以全部实现。因此,以满足自己为目标顺带满足他人福利,社会普遍联系而形成公共生活基础,也就成为现代市民社会的基础。

时至今日,现代市民社会以个人为目的,个人之外的其他人或物都被看作手段甚至虚无。然而,个人又需同他人产生必要的关系,才能达到自身目的。在此意义上,他人也就获得了存在的普遍性形式,即个人只有在满足他人的过程中才能实现发展自己的目的。当然,人的这种颇具矛盾性的相互关系,也为自身遭遇社会冲突和现实困境埋下了隐患。

(三)马克思公共性的时代转向:人的共同发展

阿伦特和哈贝马斯等人的推动,使公共性成为重要的哲学范畴,尤其是在马克思主义哲学思想不断阐释与传播的助推下,公共性与个体"人的存在危机"表现出越来越多的亲近性。与传统的天下为公的观念不同,马克思的公共性思想有其自身独特的秉"公"立场——全人类的解放,并以此追求一种"自由人的联合体"的公共性状态,而在内涵上表现出"全面发展的人""丰富的公共生活""自由的发展个性"等多重主旨和内容。纵观公共性的历史发展脉络,从古希腊时期"个人对共同体直接认同的公共性",到马克思"自由人联合体的公共性",马克思是在一种更高社会位阶上"重新思考个人与共同体的统一"②关系问题,使公共性问题的关注点逐渐下移,由宏大的政治或舆论叙事转向观照人作为个体的社会关系,特别是共同体关系之公共性存在状态。

---

① 张茂聪.论教育公共性及其保障[D].济南:山东师范大学,2010:26.
② 陈飞.公共性观念的历史嬗变与马克思公共性观念的变革[J].江汉论坛,2019(4):28-33.

自从公共性被推及人的日常生活,因为"在人的实际生活中,并不存在公共性的有无问题,存在的只是公共性的多少和实现方式问题"①,所以针对个人日常生活所聚焦的各种公共性问题也较为广泛和突出。譬如,对公共性内涵的生活意义的理解,主要集中在人与共同体的正当关系及其由此产生的人与人之间交往的共享性等方面。另外,一些典型的公共领域所涉及的公共事务或者"公共人"等公共性问题,也受到了特别的关注,像对教育作为公共领域的公共性问题的关注,以及对教师作为知识分子的作用式微的聚焦。其实,跳出这些问题本身可以发现,日常生活层面的公共性问题,大多围绕个人作为实践主体而展开,即个体如何参与并展开公共生活,以形成恰当的公共行为。

因此,人的共同发展作为马克思公共性哲学的时代转向,在很大程度上是对人的存在危机的被动或自发回应——现代性背景下"人的存在"陷入了公共性缺失的困境和危机。而这种危机的直接结果就是个体很难在社会生活中实现自我。因此,才会有人指出"主体性的黄昏"之主体衰退迹象,也让公共性突显为一个时代问题。以我国著名学者郭湛教授为代表的许多学者,对主体性哲学的当下生命力持乐观态度,并不认为主体性已近黄昏;相反,它具有符合人类命运共同体和全球命运共同体背景下的崭新生命力——超越个体主体性而转向公共性哲学,以人的共同体存在方式探讨个体主体性的存在与超越之道,谋求人的共同发展。

鉴于上述认识,在此主要依据马克思关于人的共同发展之公共性,即在个人所处共同体的关系内定义和理解角色公共性。所以,在马克思关于人的本质"是一切社会关系的总和"的基本前提下,本书所谓的角色公共性是指社会个体的关系公共性。其中,"关系"非单指某种消费关系或血缘关系,而是特指社会个体所在共同体中的具体角色关系。换言之,角色的公共性就是指个体作为某一共同体成员,为维护其所在共同体的存在、稳固与发展,而展现或追求的公共事务活动的公共性、胸怀天下的公共性、超越个体主体性的公共性、谋求人的共同发展的公共性。因此,也可以说,共同体关系公共性,实质上就是其成员个体在角色实践关系中的"活动的公共性"。譬如,在学校育人语境内,"一个人的知性与文化是这个人所属共同体的知性与文化的一种表现,可以说,这个人的智慧成长是培育该共同体文化的实

---

① 晏辉.精神公共性危机及其重建[J].苏州大学学报,2013(2):21-30.

践的产物"①。故而,这也将是发掘、理解和阐释教师角色公共性意蕴及其建构的认识论基础。

二、个体性概念的基本内涵

作为一个概念,个体性几乎与公共性同时被关注和考察,只是视角和方法会随着社会历史的发展而略显差异。譬如,在古希腊时期,人们对个体的考察仅停留在生活经验与常识或者宗教信仰等层面,而到启蒙运动之后,人们便开始试图以自然科学的方法和思路研究人自身,这也正是人们一直在坚持和尝试"认识你自己"的思想魅力所在。

关注个体及其实践主体性,一直被一些学者认为是一种理想浪漫主义行为。因为纵观中西方思想史,个体多呈委身姿态而无须个体性与主体性。表现在我国传统思想中,天下为公使个体成为构成社会公共形态不可或缺的成分,个体只有通过集体的"共同性"才能产生作用。而且,在封建专制的阶级社会里,权力集中才是天下为公的本质,而个体的人只能在社会"金字塔形控制结构"中起到手段的作用。直至现代社会以工业为基础的生活构建起来,特别是当前信息化突飞猛进,社会结构网络中每个节点都异常活跃而重要,随之而来的才是人的至关重要性被突显出来,不断强调诸如"人只能是目的而不是手段"等价值原则来构建个体的日常生活。在此背景下,个体关于自身行为规范、交往规则、活动约束等富有个体性特征的理性要求也被陆续提及、重视和考察。

(一)西方个体性的产生及其自我内涵

哲学作为理论研究及其概念辨明的母体,首先以自我为核心显明个体性的独特内涵。特别是近代以来,个人是西方哲学的重要主题之一,即以理性视角确立个体性的阐释视野。倡导以理性认识人的个体性问题,尤其是将个人作为理性主体,端始于笛卡尔。他强调个人是思维的东西:"一个在怀疑,在领会,在肯定,在否定,在愿意,在不愿意,也在想象,在感觉的东西。"②在斯宾诺莎的哲学体系中,个人是一种拥有个体自由的实体,有着神圣不可侵犯的自然权利。他指出每个人都不可避免地进入社会成为社会人——成为接受理性的指导的社会人,"以理性作指针而寻求自己的利益的

---

① 佐藤学.课程与教师[M].钟启泉,译.北京:教育科学出版社,2003:80.
② 笛卡尔.第一哲学沉思集:反驳和答辩[M].庞景仁,译.北京:商务印书馆,1986:27.

人,他们所追求的东西,也即是他们为别人而追求的东西"①。可见,他虽然强调人的实体性,但也没有忽视人与人之间的社会互助性。所以说,实体的主体性原则是其单子论的前提和基础,而要素式的单子实体,则以精神上相异、封闭而独立为主要特征,强调人之个体性的理性灵魂和清晰的自我意识。总而言之,他们对个人的理性认识的积极意义,启发了人们对个体性的觉醒与高扬,更可贵的是,围绕"自我和谐"来发现和阐释人的个体性特征,为人类认识自己奠定了坚实的基础。

现在来看,不论从哲学自身的创新和发展,还是从整个思想理论界的不断提升与进步,敢于将自我从代表"我"的"我们"中拈出并进行自我反思和认识,才是真正创新的开始。受深刻的社会传统"群体本位"之历史文化影响,从思想意识到学术道统,人们历来很少"把理论观点、理论创造、理论发现与普通的、个体性的理论思考者和表达者联系起来"②。显然,这种传统观念默认为只有神圣人物才具有资格和能力(甚至权力)进行思考和创造,而以普通群众为代表的每个个体只需要聆听和遵从。在此潜规则下,"我"被自然地湮没和隐匿到"我们"的背后,湮没和隐匿之下的"我"也就没有思考,没有声音,更没有自我;相反,"我们"此时成为一种保护伞,而这在一定程度上也让个体获得了自我沉默带来的回报,即安全感。

然而,现代意义上的任何思想和理论发展都离不开健康的个体自我,即每个人都能平等地对话、自由地交往。此时健康的"我们"生活在一个共同的世界里,它"乃是一切人的共同会聚之地,但那些在场的人却是处在不同位置上的,一个人所处的位置不可能与另一个人所处的位置正好一样,如同两个物体不可能处在同一个位置上一样。被他人看见和听见的意义在于,每个人都是站在一个不同的位置上来看和听的"③。所以,哲学所要显明的个体性自我应是允许带有价值偏好的个体自我,就像没有绝对相同的两片树叶那样,作为世界上最丰富的东西——个体精神确实不能只有一种存在形式。由此可见,自觉显明"我们"背后的个体性自我意识,是形成良好公共秩序进而生成健康公共生活的基本前提和条件。

另外,生物哲学对个体性的内涵发展也作出了特殊贡献。其特殊之处

---

① 斯宾诺莎.伦理学[M].贺麟,译.北京:商务印书馆,1995:184.
② 贺来.个体性"哲学自我"的显明[J].江海学刊,2012(5):37-42.
③ 阿伦特.公共生活和私人生活//汪晖.文化与公共性[M].北京:生活·读书·新知三联书店,1998:88.

在于:首先,生物哲学肯定人的生物性,将人看作独立的生物个体存在;其次,重视人与周围生物环境的密切关系,将环境参与个体实践的地位提高到影响甚至改变个体生命意义的高度。在生物哲学话语中,共生个体性与免疫个体性是界定生物个体性的两个重要维度。不同物种之间的共生关系,是表征生物个体性的重要标志。同时,生物个体会对大量"非我"物种进行免疫,并且会根据自身偏好有选择性地对部分有机体产生机体合作关系,而对另外一些物质实行排斥和对抗,以此形成生物个体性区别于他者的边界。

由此可见,生物哲学肯定并坚持着以生命作为思考个体性的核心地位,反对以机械技术和政治隐喻理解人的个体性:第一,个体应被看作整体中的独立个体;第二,对个体的认识应建立在关系范畴而不是实体范畴之上,即"个体不是一个存在者而是一种关系"[①];第三,对个体的本体论认识应服从于一种生命价值观。

(二)我国个体性的文化与伦理内涵

我国传统意义上的个体性与公共性一样,是观念的而非概念的,其在内涵上表现出文化与伦理的内涵特质。

首先,我国个体性有丰富的文化内涵。在我国传统文化中,道家是儒家之外的另一重要文化派别,其创始者老子被认为是道家高扬"人"的地位的第一人。之后,在杨朱和庄子等人的推动下,凝练成了个体性至上的道家文化传统。老子在把道区别为天道和人道的过程中突出人的至高地位——人立于天地之间。他关怀人的观念及主要方式是以"无为"的方式做一个复归朴素的人,即主张人应该以自然的方式生存于宇宙之间,不受外物挟制而失去自我。杨朱在此基础上探讨了人如何自养的问题。在他看来,一切外在的"人为之物"都会对自我的本性造成毁坏。在个体与群体的关系上,他更看重"贵己"和"为我",这与墨子的为天下而牺牲自我形成了鲜明的对比,即杨朱更看重生命的个体性。当然,他的"贵己"和"为我"并非局限于自私的领域,而是扩展到整个天下,与天下结合起来,追求实现天下自然大治。庄子作为其中的集大成者,指出生命个体是一个形神兼备、身心俱在的精神主体"人"。总之,以道家为代表的传统文化个体性,在天、地、人关系建立的宇宙观和儒道互通关系的社会观中,确立了生命个体、自然个体的主张,这也

---

① 王萍.个体性问题与康吉莱姆的生物哲学启示[J].东北大学学报(社会科学版),2020(1):16-21.

是有机哲学和整体论的形而上认识。

其次,我国个体性具有的伦理内涵及其现代发展。传统社会伦理秩序受到现代化发展的冲击而面临现代性危机,所以需要围绕个体性的时代意义来重构现代社会伦理秩序。此时,个体性被推向社会理论前沿,并被希冀拥有与社会性同等地位的现代待遇,即个体性伦理被纳入后现代社会伦理规划,而这恰恰是"建构现代社会伦理规范的必然要求"[①]。可以说,个体性概念在现代社会伦理学研究中的重要作用,也从侧面反映出个体在社会实践层面的重要地位。

(三)现实个体性作为现代社会的秘密

个体性的高扬在某种程度上被认为是人文浪漫主义的行为和结果,实际上,它是社会历史发展的结果。就我国而言,社会主义市场经济不断健全、发展和变革,打破了几千年来"束缚人身的自然纽带和人身依附关系,个人获得了空前的独立和自主"[②]。与此同时,传统文化和思想观念中被污名化的个人及其自我主体、意志自由、独立人格等,首先在思想层面受到重视并被重新理解和估价,个体性在此过程中逐渐获得了合法地位和社会支持。

直至现代化时期,个体具有不同寻常的特殊地位,因为个体已是现代社会的基本特征。个体成为现代社会生活的出发点,并与社会整体间的关系发生了转换,被视为现代社会的秘密。很难想象,其实在德语的古代词源中"个体"还具有贬义的成分,与低级、边缘、未开化、自我封闭等相关。只是在启蒙运动之后,随着"人的诞生"被持续确证,活生生的个体才被郑重地表达出来。个体不再是理论思辨的抽象个体,也不再是销匿在社会群体背后的大众符号,更不再是充斥于虚假而无机的共同体中的孤立原子,它摆脱了种种大公名义的束缚与牵制,跳出种种人身依附的控制与桎梏,正走在自主、自由、个性等积极因素构筑的主体性道路之上。

鉴于上述认识,中西方思想史中的个体性内涵兼以现代性视域中的个体性理解和阐释,为我们定义角色个体性提供了基本理论依据。所以,本书所谓的个体性,即角色的个体性,包括对教师角色的个体性探讨,是与角色公共性对应而立的概念,其内涵也主要是在共同体关系形成的成员个体"活

---

① 王益仁.个体性与社会性:现代社会伦理建构的双重向度[J].苏州大学学报(哲学社会科学版),2020(6):10-16.

② 贺来.重建个体性:个体的"自反性"与人的"自由个性"[J].探索与争鸣,2017(5):40-43.

动的公共性"范畴内进行认识和把握,它重在探究和厘清能够有效促进角色公共性实现的个体要素功能和活动素养。简言之,角色个体性就是指某一共同体成员个体在维护和促动其所在共同体关系公共性时所展现出的作为成员个体的角色素养,包括个体的意识观念、行动方式、德性品质等。

三、公共性与个体性在角色论中的辩证关系

一般认为,所谓角色论是指以角色作为理解个人社会行为的理论,也称角色理论。角色论主要从社会层面的公共意识和行为要求等方面,研究个体的职业角色本质,揭示其角色实践活动规律。反过来说,就是研究个体在社会互动交往过程中进行角色扮演的活动规律及行为规范。角色论话语中的公共性与个体性,是对一般意义上的公共性与个体性在具体社会职业角色之实践层面的特殊考察。公共性与个体性不仅是理论层面的形而上抽象,更应是直面现实中各种公共性实践问题的批判性手段和建构性工具。

(一)公共性的角色论意义

1. 角色公共性的"关系"特质

现代角色论语境中的公共性,不同于政治学、伦理学、传播学等语境中的公共性,它有自身的公共性特质,即从社会结构关系层面界定和考察角色的公共性意蕴。这种特质主要来自社会学和主体性哲学的阐释、建构,包括符号互动理论、主体交往理论以及马克思主义哲学关于自由人联合体的理论。

具体而言,角色公共性表征为一定共同体的关系。作为关系,它既不是政治学中的利益互诉关系,也不是传播学中的话语权力制衡关系或监督关系,更不是自然个体或社会实体间的无机群体关系;从根本上说,它是一定社会结构统摄下的各层共同体构筑的关系,即在一定社会结构构成国家共同体的统摄下,根据社会职业分工不同而产生系列指向各种职业实践群体的共同体,每层职业共同体中都需处理与之相应的共同体及个体成员间的关系。在这些"关系"处理中,各职业角色公共性也就被不断地表征出来,成为需要进行伦理范式阐释、建构甚至批判的对象。

与此同时,角色公共性将以一种价值关系的实现为旨归。关系作为角色公共性考察的核心词,其最终指向的是一种价值关系的实现——个体价值与公共价值的统一性,即个体价值是公共价值实现的基础,公共价值是个体价值实现的本义。这种价值关系的实现,是对基于血缘关系或地缘关系

之个体与共同体关系的突破和超越,寻求的是"个体—社会—国家—共同体"等多重价值关系的统一。当然,随着时代的发展及其诉求的变化,人类命运共同体、自然生命共同体等也被陆续提出,并介入人与自身、人与自然、人与社会等价值关系的理解。

2. 角色公共性的"关系"内涵、建构及形态

(1)角色公共性的内涵。基于角色公共性的关系特质,角色公共性的内涵就取决于共同体的基本内涵。马克思主义哲学认为:"人的本质是共同体;共同体的本质是人的多维度和谐关系。"①换言之,共同体的本质内涵,就是以物质与精神、自然与社会等为关系纽带,使个体与他人、社会及自然等多重关系得到和谐相处、维持与发展。与此同时,共同体的这种本质内涵也就决定了以共同体关系为表征的角色公共性的内涵。只是,由于职业共同体的各种不同独立特性,角色公共性内涵有所差别,但本质上都是围绕"关系"而建构——主要涉及关系的建立、维持、促动以及优化等。

(2)角色公共性的建构。在共同体视域内,社会本质上是共同体社会,即由许多具体的现实共同体构成。所以,从社会职业分工来看,所谓角色公共性的建构,就是职业共同体关系的建立、维持和优化。在现代职业社会,职业共同体就是"个人与社会的结合域",而在此意义上,职业共同体呈现出的关系内涵与边界,也就等同于职业角色公共性需要建构的整体。

(3)角色公共性的形态。根据职业角色所处共同体的层级差异,角色公共性表现出多种关系形态,主要包括政治关系的公共性、伦理关系的公共性、活动关系的公共性等。一般情况下,它们又会进一步包装为文化传统或价值观念等具体的关系形态,更利于共同体及其成员个体间的关系建构与维持。

3. 角色公共性与社会性、共性的区别和联系

在术语的日常使用中,与角色公共性相近且易混淆的有社会性和共性。在此简要对比,以理解它们的区别与联系,更好地认识角色公共性的基本意义。

其一,角色公共性与社会性的联系与区别。就联系而言,角色公共性来自人的社会性,它是人的社会性的下位概念,受人的社会性本质"人是一切

---

① 李晓元."共同体人论":马克思人的本质理论的新视域[J].社会科学辑刊,2006(4):28-32.

社会关系的总和"的统摄。同时,在区别上,角色公共性是对人的本质属性的细化。在现代社会,人越来越显示出"共同体人"的特征,尤其是职业共同体下的职业人能更细致地描绘出人的社会本质属性,即"一切社会关系总和"是对人的社会本质的一般描述,而角色公共性则是对人的具体社会关系的进一步考察,它更加聚焦职业共同体关系内成员个体的生命成色——主体地位、生命价值、人生意义等,而这些贴近个体意义上的"人民日益增长的美好生活需要"。

其二,角色公共性与共性的区别与联系。在区别上,若要更好地把握共性,需借助"个别"来比照。个别与共性是一对矛盾统一范畴,它们都隶属于秩序世界。其中,共性具有"一般"的意义,无确定界限。但是,无论一般、个别还是共性,都仅是空洞的名词集合。当然,人们经由它们可以更好地了解和认识个体性及其公共性。角色公共性来自共同体实体,与个体及其个体性一起,多与人直接相关,表征个体间既不同又关联的状态。概言之,一般、共性可以统摄个别、个性,但无法统摄个体,因为它不具有实在性。前者共性属于概念世界,后者公共性属于实在世界。在联系上,共性可以视为公共性的基础,同时公共性的内涵中也有共性的一面,它们都有助于理解共同体及其成员个体间的关系。

(二)个体性的角色论意义

角色个体及其个体性也是社会结构关系中的个体性,即在一定共同体语境内对个体性的角色论意义进行探讨。如果说角色公共性是在角色关系搭建、维系和优化上进行建构,那么角色个体性则是对搭建的角色关系的"实践"。换言之,角色个体性考察的是角色关系的实践层面,其核心是个体如何进行角色实践,既包括角色实践过程如何改变和塑造个体性,也包括如何体现和完成角色的地位与功能,即角色公共性与个体性的实践统一。所以实践活动将是探讨角色个体性特质的关键词,并由此形成角色个体性的内涵、建构等基本意涵。

1. 角色个体性的"实践"特质

个体首先是一般性与特殊性的统一,是人存在的基本单位,同时也是独立性与协同性的统一,是人存在的现实生活状态,它肯定和强调人的特殊性与现实性。而这一切都取决于个体的角色实践,即角色个体性包容在富于个体性的角色实践之中,在角色实践中标识和确证每个职业角色个体的独立特性。具体来说,个体的角色实践具有走向公共、基于自我、为了价值等特质。

首先,角色个体性是走向公共的实践。彰显个体性的角色实践是以社会结构关系为背景的,即这种个体性不是个体自然或生理意义上的个体性,而是践行一定社会关系时表现出来的个体性,是个体力行在角色关系中不断耕耘而被形塑的个体性,即它是走向公共实践的个体性。走向公共的角色实践也被称为角色扮演,它在完成职业角色的社会功能和作用的同时,也确证着个体的角色行为价值和交往合作行为价值。而这也使得基于角色扮演或角色实践的个体角色行为与合作交往形式具有了价值意义。

其次,角色个体性是基于自我的实践。走向公共的个体角色实践,以个体自我为基础。角色实践在根本上是个体的角色实践,而个体又是各不相同、各具个性的,即每个个体都有自我特征。此个体自我既包括遗传意义上的天生自我素质与兴趣倾向等,也包括习得意义上的后天自我素养与习惯爱好等,这种个体自我的差异就会导致同一职业角色实践规范或期待下的不同实践过程和结果。所以,就会有关于角色个体素质与素养的学习、选拔、培训、评价等相应活动。反之,走向公共的角色实践也是形塑个体自我尤其是社会公共自我的主要途径,它是个体寻求自我价值实现的一个重大人生问题。从某种意义上说,一定社会角色的个体性越显著,其角色个体的自我意识就越强烈,自我行为及其自觉革新就越彻底。同时,这些强烈的意识和彻底的革新都以不断地走向公共性为旨归、原则和方法。

最后,角色个体性是为了价值的实践。走向公共和基于自我的个体角色实践,最终以个体与公共的双重价值实现为目的。个体在走向公共的角色实践中不仅为了标识和确证富于个体性的自我,也是为了最终将自身素质、素养在付诸角色实践的过程中表现出自身价值——人生意义获得感与生命价值满足感。而在根本上,这种价值意义只能在公共的价值范畴中得以实现,即个体价值实现以角色公共价值实现为前提、基础和目标。概言之,角色个体的价值实现是个体与公共双重价值的叠加。从社会职业角度看,个体生存及其价值实现总是在以群体为中介的社会结构单元中。这就形成了一种辩证关系,一个人的发展特别是职业发展取决于他所直接或间接交往互动着的其他一切人(尤其是共同体)的发展。实质上,学校育人也正是这种共同体意义的彰显,所谓"一个人的知性与文化是这个人所属共同体的知性与文化的一种表现,可以说,这个人的智慧成长是培育该共同体文化的实践的产物"①。

总而言之,角色个体性生发于角色实践,具有典型的实践扮演、演绎、表现等特质。而且,角色实践过程中充满个体性的角色创造,是角色个体能够进行角色行为创新和实践结果创新的根本所在。

2. 角色个体性的"实践"内涵、方式及建构

不同的社会职业角色各有其角色实践内涵和实践方式,所以对角色个体性的建构相应地也会有各自要求和原则。

首先,角色个体性的实践内涵,主要涉及以下四个方面。一是角色个体依靠什么来展开实践,即个体职业角色实践素养问题。毫无疑问,在现代社会职业分工越发细密的背景下,不同职业对其相应地位和功能的角色发挥需要差别较大的职业素养,而它们主要由角色个体提供支撑。譬如教师,当前教师队伍建设的一个重要论题就是形成什么样的教师核心素养以及如何培养教师角色实践的核心素养。二是角色个体为谁实践,即个体角色实践对象问题。从现代角色概念可知,角色的一个基本要义是服务,拥有一定的专业技能和专业道德去服务明确的对象。所以说,角色个体性的一个重要实践内涵就是明确对象是谁。譬如,教师进行角色实践的直接对象是学生,间接对象则是隐蔽在学生背后的国家和社会,服务培育社会主义事业的接班人,更是直接回答新时代教师队伍建设主题之为党育人、为国育才的根本性问题。这是界定教师角色个体性内涵演绎到何种程度的一个重要参考系。三是角色个体凭借什么实践,即个体角色实践载体问题。实践载体也是影响角色个体性的重要因素之一,从纯技术平台载体到纯文化意识形态载体,其间表现出多少种职业角色实践载体的差异,也就间隔着多少层职业角色个体性之实践内涵的区别。四是角色个体为什么实践,即个体角色实践目标的问题。在天下为公或大公无私的历史时期,这可能不是个问题,因为个体性被隐蔽在"大公"背后,但是在现代性盛行的当下,个体性被无限激活和发掘,随之而起的个体实践目的也呈个体化特征。虽然这对于以消费为目的的职业角色影响不大,但是对于像教师这样被期盼公共使命和公共属性的职业角色,则需要慎重考察其角色实践目的问题,以进一步探讨和探明其角色个体性的实践内涵。

其次,角色个体性的实践方式。一是技术实践,偏向个体活动与行为操

---

① 佐藤学.课程与教师[M].钟启泉,译.北京:教育科学出版社,2003:80.

作层面的实践。实践活动不仅是理解历史和现实的出发点,更是理解和认识现实的人——个体的出发点,它在某种意义上是理解人与技术内在本质统一的重要基点。特别是技术实践,因其在促进人类社会发展和文明进步中发挥着首要功能,而被视为现今从自然至社会各个方面的根本动力和构建基础,而且是取之不尽、用之不竭的能源。职业角色的个体实践也不例外,包括教师在内的角色实践,更多时候关注的就是如何在技术实践层面上进行学习、模仿和创新,并以此为核心检视教师成长的典型经验,进而加以理解和阐释。就当前来看,教育技术参与教师角色实践的力度最大,有人将其视为教师学习力构建的关键驱动和能力结构的重要构成。[①] 二是伦理实践,偏向个体道德与情操层面的实践。从技术实践进一步上升到伦理实践,包括技术伦理、专业伦理、生态伦理等在内几乎所有人的实践活动都以一定的伦理道德为秩序和原则,即伦理实践也是个体职业角色的重要实践方式之一。特别是对个体角色实践过程中表现出的个体德性、规范执行、关系处理、秩序维护、美德追求等各个方面,都会涉及伦理品质、伦理价值、伦理阐释、伦理范式等多种伦理问题,均需要关注、考察和解决。三是精神实践,偏向个体自我精神与思维层面的实践。个体在职业角色实践过程中,有时会因技术实践的偏重化被误读为工具性存在,有时也会因伦理实践的偏重化而被误读为要素性存在,但是在马克思实践哲学看来,实践是主体的实践,即个体作为实践者应以主体身份立于实践场域,有其自身独立的精神生活。在此意义上,作为实践主体的个体还有一种实践方式,即精神实践。特别是对于像教师等文化职业者,精神实践的角色属性更为明显,他们多以自身精神主体存在之维,影响和助力学生作为学习主体在精神和思维实践中的成长。而且,他们的精神内化和精神创造对推动社会进步和文明传承具有不可替代的基础地位。四是综合实践。在现实中,职业角色实践很少单纯遵循某种技术或伦理实践方式,多是以一种综合实践的方式呈现出来,同时,会在某一职业角色实践的某一过程阶段表现出以某种实践方式为主的特点。

最后,角色个体性的实践建构。基于对角色个体性的实践特质、内涵及实践方式的认识,个体性维度的角色建构只能从聚焦实践开始。对于角色实践个体而言,提升和增强个体实践主体性是建构的主要抓手,因为实践是

---

① 沈书生,杨欢.构建学习力:教育技术实践新视角[J].电化教育研究,2009(6):13-16.

主体的实践,而主体则是实践的主体。第一,个体性维度的角色建构要考虑个体主体性"自我"的内涵结构——个体主体之自觉、自主和自为的基本构成,并给予相应的鼓励和支持。第二,围绕主体性的提升,为主体实践提供和构建恰当的时间空间,尤其是公共实践空间。个体角色实践需要的一定空间主要有:物理空间(自然空间)、文化空间(社会空间)和精神空间(心理空间)等。第三,提供过程性支持,个体实践需要一定的过程性支撑,包括技术支持、素养培训与提升支持、心理健康和建设支持等,是个体角色实践过程不可或缺的基本建构内容。总体来看,以创造性和创新性为特征的个体角色实践,需要建构一个宽松的文化框架,使人们能彼此互动、相互合作。当然,与对个体主体性的直接宽容和鼓励相比,后者几项属于外在的保障体系建设,它们在增强角色个体性的同时推进角色实践过程,突显角色地位与功能,最终实现角色价值。

3.角色个体性与个人及个性的区别和联系

同样,在术语的日常使用中,与角色个体及其个体性相近且易混淆的有个人和个性。在此简要对比,了解它们之间的区别与联系。

其一,角色个体性同个人的区别与联系。在根本区别上,社会中没有抽象的个人,只有"现实的个人",即他们因承担各种社会角色而是真实的个人,而且个人是针对群众提出的概念。具体来说,个人是社会系统中以一定方式集合起来活动而具有独立个性和人格的人。同时,个体及个体性则是抽象的,是对许多个人的理论抽象和哲学把握。哲学中的个体指在一定社会关系中拥有一定社会地位、权利、作用的生命个体。在联系上,个人与个体不能完全分开。因为个人一定是类或群中的某个特定个体,而且在英语语境中,个人(person)常等于个体(the individual)。角色个体性是对社会中扮演一定角色的个人的一般性把握,它来自具体又典型的个人,同时又高于对单个人的局限认识,走向问题的一般性认识。

其二,角色个体性同个性的联系与区别。在联系上,个性也称个别性,与共性相对,是个体性的核心表征。每个人都是独立而特别的个体,有自己的独特个性。从根本上看,个性因个体独特的生理基础而铸就和陶冶了比较稳定的个性心理特征总和,是个体自我人格独立之"主我"的集中表现。在区别上,个性虽然是个体性的核心构成,但是个体性在整体上不仅是个体心理素质的一面,还包含与他人互动交往所生成的物质、精神等层面的内容,即个体性自我还有"客我"的社会理智与情意的一面。①

总之,个体性是对人的最一般意义上的哲学和社会学考察,不仅包括社会心理学意义上的个性,也包括社会伦理学意义上的人性,还包括社会行为学意义上的人格。角色个体性是对社会个人进行的一般性、整体性的角色论认识和把握。

(三)角色公共性与个体性的矛盾统一

角色的公共性与个体性是个体存在的两种基本形态,二者互为依存,不可分离。从其本质关系来看,角色公共性是个体性让渡的结果,而角色个体性则是个体基于角色实践不断走向公共性的过程,二者分别以过程与结果构成一个角色整体,互释互构着社会职业角色的完整性。

首先,角色公共性是个体性让渡的结果。在马克思主义哲学意义上,个体在群体(共同体)合作中,让渡出去的部分,称之为公共性。② 可见,公共性与个体性在本质上并非对立的两种利益和两种属性,而是具有内在统一性。个体性既源自人的生理本性,又是人实现自身的基本需要;公共性源自人的社会本性,也是人实现自身的价值需要,即角色公共性最终也会内化在个体的角色实践之中,成为角色个体性的独立特性。当然,个体性的让渡会产生和维持公共性,同时个体性的超越、膨胀也会侵蚀公共性。而且,仅凭个体性或公共性都不能生成文明,只有在它们作为对立统一的共在和共生模式中,才能产生真实而完整的角色意义。

其次,角色个体性是个体基于角色实践不断走向公共性的过程。如上所述,自我是个体及其角色个体性的核心表征。就角色个体自我的确证、标识和实现而言,需要一个基本前提,即成就他我和共我。此所谓成就他我和共我,也就是"为他者"或"为他"。进一步说,角色个体在确证自我过程中的"为他"属性,实际上就是个体让渡后的公共性,也即为人的公共性。反过来看,由这种个体让渡而来的公共性,也就成为角色个体性自我实现的一个不可或缺的条件。如此,最终实现了对角色个体性的一种反证,即它是个体基于职业角色实践不断走向公共性的过程,这种"过程"停止则角色个体性也会消失,变成具有典型"结果"意义的公共性状态。

---

① 米德对个体"自我"进行了"主我"与"客我"的详细划分和阐述。具体可见米德的代表著作《心灵、自我与社会》一书。

② 也有人主要从经济价值与利益的角度,以"合作剩余"为概念来考察市场分配、主体合作及竞争等更广泛的社会学问题。

最后,角色公共性与个体性根本上是一种互释互构的矛盾统一关系。现代社会职业角色实践中,不缺乏人的个体性与公共性分离、独立性与依赖性冲突、自我与他人隔阂等现实问题。然而,它们之间的应然状态绝非分离、冲突或隔阂的关系。尤其是在现代性推崇个体化趋势的大潮中,一个人要成为真正独立自由的个体,并不等于摆脱和斩断与他人的相互联系,而是应在一个更高层面和更广泛范围扩大并升华这种社会联系。① 那么,如何"扩大并升华这种社会联系"? 社会职业角色个体之间何以解决这一问题? 又如何实现它们的理想状态以达到成为真正自由个体的目的? 诸多问题启发我们思考角色公共性与个体性间的微妙关系。

总而言之,不论是对角色进行形而上的综合与分析,还是对角色现实问题的聚焦与考察,"个体如何'扮演'好其职业角色"总是首要考虑的根本问题,即对职业角色在个体实践层面的考察和阐述,将是考察社会职业角色意义和价值的重心,因为它是职业角色公共性与个体性互释互构、起承转合、宽容让渡等关系的真实发生地,呈现着角色公共性与个体性之矛盾统一关系的真实情况,包括融合程度、实际状态以及存在的具体问题等。这些认识将为教师角色的公共性与个体性之双维确立、蕴涵理解及建构分析等奠定理论基础。

---

① 贺来.重建个体性:个体的"自反性"与人的"自由个性"[J].探索与争鸣,2017(5):40-43.

第二章　教师角色的双维确立依据与建构思路

在当前的教育学研究话语体系中，教师可以是一种身份，所以有时会被当作一种身份来考察，如教师身份的认同与危机等；教师也可以是一种形象，所以有时也会被视为一种形象来考察，如教师形象的塑造与阐释等。当然，教师也会是一种角色，本书就是在社会职业角色视野中考察教师，探讨教师角色的双维蕴涵及其建构问题。在此，教师被视作一种角色——一种特殊的社会职业角色，或者说，教师等同于教师角色。只是当以角色理论来审视教师相关问题时，就需要以教师概念的"角色理解"来把握它的所指及含义，如此才能更恰当地呈现具体问题并给予相应的分析、评判和建议。

本章主要有三个任务：一是厘清教师角色的基本概念。教师是社会职业之一，有其职业特殊性，这需要从对教师角色之理解与认识开始。二是判定教师角色双维——公共性与个体性的确立依据。从一般意义上看，任何一种社会职业角色都具有公共性和个体性的特征。但是，它们又各有自身职业角色的特殊性、唯一性、独立性以及不可替代性。所以，就考察教师角色双维而言，也需要首先找准并判定其双维的确立依据。三是阐明教师角色的双维建构思路。阐明教师角色双维建构的基本思路，为进一步探究教师角色双维意蕴及其建构分析奠定基础、提供条件。

第一节　教师作为一种角色的基本认识

对教师作为一种角色的基本认识，主要包括以下几个方面：一是对教师角色的概念术语提出、发展及其不断重构过程的认识，进而把握教师概念的角色理解。二是对教师角色与教师身份、教师形象之间的对比认识,以期在比较中清晰地理解和认识教师角色的概念含义及基本语用。三是对教师角色在课程与教学论领域之地位与意义的认识,重点探讨教师在当前基础教育课程变革中的角色转换、课程与教学实施中的角色担当、教师专业发展中的角色认识等基本含义、具体地位以及所发挥的重要作用。

一、教师角色概念的内涵解析

"教师是谁"是探讨教师相关问题所绕不开的首要问题,而通过教师的角色担当来审视这一问题,则是历来形成教师概念认识的基本视角。本书将沿着教师角色担当的历史发展轨迹,审视教师概念的不断重建过程,以理解和把握教师角色的基本内涵。也就是说,教师角色在成为现代学术研究的概念之前,是以一种观念的形式存在于古代教育思想阐发中。之后,随着现代教育学科不断成熟,教师角色作为一个学术概念得以形成并不断重建,其内涵也逐渐丰富。

(一)教师角色作为一种观念

教师在古代教育思想中多以观念的形态呈现,并未形成现代学术研究意义上的确切的概念内涵。但是,它却是古代教育思想的核心组成部分,回答着教师是什么、为什么以及怎么样等基本问题,也反映出教育思想者对教师角色的地位、职能、价值以及所需的素质、能力、修养等的全部思考和系统阐释。当然,一些教育相关的制度、政策以及管理条文中多有教师观念的外化反映,它们也有助于我们理解和把握古代的教师观念。总体来看,作为一种职业观念的古代教师观之意涵主要关涉重道、师表、善教、安贫等多个方面。

第一,教师多以儒家道统之化身的形象出现,强调尊师重道,能与君同位。其实,从文化源头上看,教师并未天生与儒家道统或尊师重道连为一体。字源上的"师"被汉代经学家郑玄注为"教人以道者之称"。可见,师与教、道有着天然的联系。就"教"而言,它与师的天然联系可追溯到远古神话传说,燧人氏教人取火、神农氏教人劳作等。在此,领袖族长亦兼有教育职责,扮演着最初的教师角色。所以《尚书·泰誓》中有"天佑下民",则作之以"师"①的论断。这些传统文化源头上的教师文化,为儒家教育思想家奠定了

---

① 《尚书·泰誓》原文为"天佑下民,作之君,作之师"。

理解和阐发教师观念的基本论调——师为道统化身,宣扬尊师重道。孔子作为儒家创始人和代表者,曾不断言说和践行师道尊严的信条,故而被后来人尊称为至圣先师。但是,实际上正式提出"尊师"和"隆师"的是荀子,其所谓"上事天,下事地,尊先祖而隆君师,是礼之三本也"。这种教师角色观念在《学记》中也得到了印证:"能为师,然后能为长;能为长,然后能为君。故师也者所以学为君也。"儒家哲学之所以一开始就将教师置于道统之化身的崇高地位,根本上在于追求以教师的正道典范和完美的伦理形象,肩负起社会公共使命与公共责任——"善教之得民",教师的角色地位不仅关乎个人的发展,而且攸关国家社稷之安危。所以说,古代教师有着崇高的社会地位,在于它与传统文化尤其是儒家浓厚的尊师重道和尊师重教之传统风气相得益彰,也因此孕育出了"儒家哲学是教育家的哲学"①的历史印象。

第二,道统之下,教师有着清晰而严正的规范和要求,即重垂范、严师表。表现在师者角色规范上,就是明确教师角色担当着传道、受业、解惑的公共责任和公共使命,即作为道、德、礼的化身,教师要以身垂范、行为师表,所以孔子说:"不能正其身,如正人何!"儒家后继者孟子也强调教师必先正其自身。这些教师角色观念反映的是古代师者对道统内化的基本要求,教师的表率作用要体现在思想、行为和道德的各个方面,既要符合"礼"的要求又能示人起到"范"的作用——垂范和模范。所以,古代对师者角色的这些要求和规范已然变成教师角色的基本要义——修身养性、德智双修,以社会伦理道德主体的身份垂范学习者,以身为正仪的姿态感召整个社会,在教书育人中成就人师之典范。

第三,师道尊严并未让古代师者仅靠威严来施教,相反,他们更注重博学善教。教师与学生的区别仅在于"闻道有先后",学识的差别也仅在于"术业有专攻"。所以说,师者的善教内涵较为丰富:既有为师者的低姿态,抱持勤奋好学的态度而"学而不厌",又有在教学中反身自省的智慧而"教学相长",还有孜孜不倦地教诲弟子而"诲人不倦"。《学记》中也强调择师不可不慎重,因为"记问之学"并不足以成为教师,也就谈不上善教。实际上,古代这种对师者角色的高要求历来没有消减过,汉代王充也曾提出教师应是"通人"的标准——通古今之事、通百家之言,做到博学、博识、博见,如此才能为

---

① 张岱年.儒家哲学是教育家的哲学[J].华东师范大学学报(教育科学版),1989(1):13-14.

国育才养士。当然,儒师的善教追求并非只在口头上,他们在教育实践活动中也发挥得淋漓尽致,典型如孔子的循循善诱,其弟子颜渊赞叹道:"夫子循循然善诱人,博我以文,约我以礼,欲罢不能。"《学记》更是以"教"定"师",突出善教乃是为师的基本要求,即"君子既知教之所由兴,又知教之所由废,然后可以为人师也"。师者善教,为教师道统化身的角色实践提供了扎实的行动与技术支持,由此产生的教育思想、教学智慧也使我国形成了源远流长的教学文化。

第四,古代师者角色的另一个重要内涵是安贫且乐道、乐教。这是孔子所说"忧道不忧贫"的另一种表现,颜回是安贫的典范。从实质上看,安贫并非为古代教师特别强调的根本落脚点,而是以教师能够安贫来反衬师者之崇道、遵道、示道、乐道等至高形象的教育决心,以反"世俗之乐"的安贫来映照教师对黎民、社会、国家的大爱与责任,其深意指向的正是"仁者,爱人"。纵观师者角色思想和实践的历史长河,安贫与乐道、乐教一直是古代教师角色观念的核心意涵,"清贫与克己"俨然成为教师"砺道"的基本修养方式,成为中华优秀传统文化的精神内涵,成为教师个体成就其人生价值和社会价值不可或缺的基本修养。

总体来看,我国古代教师观念的形成大致有两种路径:(1)由上而下的社会公共规范与要求;(2)由下而上的师者个体实践与演绎。基于此两种路径,形成了深厚的教师角色传统文化,为我们理解现代教师角色概念并把握其公共性与个体性之蕴涵提供了开阔的审视视野和丰富的文化资源。

(二)教师角色概念的现代形成与重建

教师作为一个学术概念的形成与不断重建,主要是在西方教育思想体系中,受到西方教育学、哲学、社会学等基本话语体系的一般规约,并慢慢变得成熟而自成体系。

其一,教师概念的现代形成。教师作为一个学术概念术语,同步于现代教育学体系的构建与发展,包括教育科学化的发展、义务教育的普及、师范教育的兴起、教学实践的推进等。教师概念提出于欧洲文艺复兴时期教育学体系的最初构建,标志是夸美纽斯《大教学论》的问世,包括在泛智教育思想基础上形成了统一学制、班级授课、明确的教学原则等一套现代教育体系的雏形。与此同时,教师被认为是教育体系中一个重要的职位。总体来看,教师概念的形成主要由以下几个方面来界定。一是师生关系,或者称作教育者与青年之间的关系。在教师概念的形成初期,教师被认为应在与学生的关系中处于主导和权威的地位。科学教育学的奠基人赫尔巴特就是典型代表,他认为:"人心屈服于权威。"①如此,教师要有极大的威信,以使学生对教师保持一种被动的状态。二是教师拥有教育学、心理学等专业知识。教师要有教育学相关的专业知识,且教育学被认为是"教师本人所需要的一种科学"②,教师还要掌握教学艺术,不断自我提高,因为"谁要是自己还没有发展、培养和教育好,他就不能发展、培养和教育别人"③。三是教师要具有良好的教育教学德性。德国教育家第斯多惠向来强调教师德性的重要性,于是"他选择了培养和教育的事业作为自己一生的使命"④。教师甚至被认为要奉献出"自己的整个心灵",其中教学是教师的"生命"和"养料"。四是教师要有育人机智。教师不论怎样研究教育理论、占有多少专业知识,如果他不能很好地做学生与文化之间的中介人,也就没有多少教育实践活动中的教育机智。

其二,教师概念的不断重建。教师概念内涵有一个不断革新与重建的发展过程,在17—18世纪现代教师概念形成的基础上,到19—20世纪,教师概念迎来了第一次较为深刻的重建过程。如前所述,教师概念的重建实质上是教育学思想观念变革和重构的表征,受到教育理论发展和实践探索从"传统教育"转向"现代教育"⑤的直接影响。其中,赫尔巴特的传统教育以教师、学科、固定班级为三中心;对应地,杜威的现代教育则以儿童、兴趣、直接经验为三中心。在此影响下,教师概念的重建涉及以下几个方面。一是师生关系的重心位移,由教师中心移向学生中心,教师在其中的角色作用就是观察、帮助、引导、激励等。蒙台梭利指出,教师应该放弃过去那些被认定的"特权",在教学过程中将精力放在营造适宜的教育环境上,并把主动权交还给学生,发挥自己的间接引导作用。除此之外,教师角色实践中还要充满"教育爱"。在罗素看来,没有爱的教育惨淡无光,而且"教育爱"既包括爱学生,也包括爱知识。二是教学过程认识上由灌输移向对话。与学生中心相适应,教学过程和教学方法也重建着教师的角色内涵,强调教育教学过程是师生能够真正共同参与、相互合作的对话过程,而不是教师依靠权威将知识

---

① 张焕庭.西方资产阶级教育论著选[M].北京:人民教育出版社,1979:270.
② 张焕庭.西方资产阶级教育论著选[M].北京:人民教育出版社,1979:267.
③ 张焕庭.西方资产阶级教育论著选[M].北京:人民教育出版社,1979:350.
④ 张焕庭.西方资产阶级教育论著选[M].北京:人民教育出版社,1979:350.
⑤ 这里的"传统教育"与"现代教育"由杜威对赫尔巴特教育思想的批判而来。

硬塞给学生的灌输过程。三是课程乃至社会变革升格为理解和建构教师概念的重要维度。对此,联合国教科文组织指出:"这意味着我们对教师期待更高,要求更严,因为这一设想的实现在很大程度上取决于他们。"① 至此,教师角色的概念内涵中已经有了作为社会和课程变革要素的成分在内,而且是起着决定性作用的关键因素。

　　受传统教师观念与西方教师概念发展的双重影响,我国对教师概念的认识作为后来者,过去一个世纪的发展大致呈现出在时间上起步晚、在方式上以借鉴为主、在内涵上逐步转向彰显社会主义特色等特点。特别是 21 世纪以来,我国教育学界对教师角色概念内涵的认识与发展总体上表现出世俗化、民主化、专业化等几大倾向:一是世俗化倾向。随着现代社会经济与文化快速发展,教师逐渐从圣者权威走向世俗生活。教师世俗化有一定的社会基础,包括开始注重物质生活水平的提高,不再单纯以精神形象来理想化教师,经济发展促生的市场化和消费化潮流等也助推了教师世俗化的倾向。二是民主化倾向。教师从权威化走向民主化并不轻松,特别是我国有着千余年的教师权威传统。然而,教师角色民主化是教育现代化发展的重要特征和核心要义,联合国教科文组织曾特意强调这一趋势到来的迫切性,指出教师"将越来越成为一位顾问,一位交换意见的参加者,一位帮助发现矛盾论点而不是拿出现成真理的人。他必须集中更多的时间和精力去从事那些有效果的和有创造性的活动:互相影响、讨论、激励、了解、鼓舞。如果教师与学生之间的关系不按照这个样子发展,它就不是真正民主的教育"②。这种趋势下的教师角色被称为"平等中的首席",他是传统权威被解构后的教师角色定位,致力于促进群体中的学生个体在共同探究有关课题的过程中相互影响。三是专业化倾向。教师专业化发展是近年来教育学界一直探讨和追问的基本主题,强调教师角色实践应是一种专门的学问,有其专业性,包括师范性、示范性、学术性等。同时,教师个体被看作是教师专业化发展的第一主体,需要不断审视和反思自己的教育教学实践活动,从经验积累中实现自身专业水平的提升,在行动研究和共同体③合作中提升自身专业能

---

　　① 教育:财富蕴藏其中[M].联合国教科文组织总部中文科,译.北京:教育科学出版社,1996:134.
　　② 联合国教科文组织国际教育发展委员会.学会生存:教育世界的今天和明天[M].华东师范大学比较教育研究所,译.北京:教育科学出版社,1996:108.
　　③ 如教师学习共同体、名师工作室带动下的专业成长共同体等。

力。在人本主义思潮影响下，教师个体的生命质量、生活水平以及生理需要等也被不断关注，专业精神、教育情怀、人格魅力等教育者主体形象内涵，也在被不断地进行专业化的新理解与新阐释。

（三）教师角色概念的基本内涵

何谓教师角色？简单说，教师角色就是"教师在教育这种特殊社会活动中，在不同时间、空间里，与学生、教育内容以及各种教育环境之间构成不同的关系，表现出不同的行为，从而扮演着不同的角色"[①]。与一般社会职业角色一样，"关系"与"行为"也是探讨教师角色及其实践意义的关键词，但是又与一般社会职业角色存有差别，教师角色的独立特性只能显示在"哪些关系""如何关系""什么行为""怎样活动"，以及与教师角色实践方式密切相关的一系列具体问题之中。

教师角色有显示其独立特性的特殊实践方式，构成了教师发展之本。所以说，"教师角色塑造及其不断重塑"将是"教师发展之本"。而且，自社会心理学家米德将角色引入社会学领域说明个体的社会活动与行为之初，"'教师角色'就被用来解释教师行为、教师的社会地位及社会对教师的期望等"[②]。因此，以现代角色理论来理解和阐释教师概念，具有符合我国教育现代化发展需要的学术价值和时代意义。

那么，进一步追问就会关涉教师角色塑造的两个主要问题：第一，谁来塑造是教师角色塑造"主体是谁"的问题。如本书绪论部分所述，教师个体作为教师角色实践的主体，应被看作教师角色塑造的主体，这已是基本共识。第二，怎样塑造的问题。本质上取决于对学生观的认识，即学生主体地位的确立，召唤着教师角色主体的入场及其实践主体性地位的确立，如此才能构建教学本质意义上的主体交往对话以及相应的师生关系。而单就教师角色实现而言，这里涉及一种内在的根本变化在于从"教师是谁"的客观描述和他者塑造，到"我应是谁"的教师自我反省和个体建构。过往，"教师应该如何""如何做一名合格教师"等他者话语构建的塑造体系往往使教师处于他律与他塑的压力之中。现今，作为教师"我应是谁""我该如何做"等个体自省话语的建构体系则转换了思考的主体和视野，直接回应着教师个体

---

① 黄甫全.新课程中的教师角色与教师培训[M].北京：人民教育出版社，2003：10.
② 申继亮.新世纪教师角色重塑：教师发展之本[M].北京：北京师范大学出版社，2006：1.

的自我尊重之渴望与需求,以及教师个体对教师职业角色价值的认同,继而进入教师个体基于自身教育教学实践方式与个性生活经验的自我建构。故而,从过去"我们不可能指望对自己职业和事业充满疑虑、自卑和迷茫的教师,去理直气壮、时不我待地投身和推动教育的改革与创新"[①],转而期望教师个体的主体性能够被激活,并在具体的角色实践活动中实现教师个体主体性的丰富,提升教师职业的角色价值。

教师角色本质上是一种社会职业角色,教师职业的专业化是认识教师角色之节点关系以及独立特性的基本背景,即对"职业"及其专业化的理解,决定着教师角色的内涵把握。在此意义上,职业就是角色的另一种说法和表达,二者拥有几乎相同的含义范畴,特别是对个体的节点地位和活动实践的强调,更加突出了职业角色有着公共性与个体性的双维旨趣。从职业的"专业化"来看,专业这种服务的理念和特性被继续传承并保留,如布朗德士认为:"专业主要供人从事于为他人服务而不是从业者单纯的谋生工具,因此,从业者获得经济回报不是衡量他(她)职业成功的主要标准。"[②]日本学者石村善助对专业有更细致的说明:"通过特殊的教育或训练掌握了业经证实的认识(科学或高深的知识),具有一定的基础理论的特殊技能,从而按照来自非特定的大多数公民自发表达出来的每个委托者的具体要求,从事具体的服务工作,借以为全社会利益效力的职业。"[③]实际上,他的定义就是对教师角色理解作出的具体阐明——在教育教学训练中,获得知识和技能,以服务性工作满足社会的公共要求,指向国家和社会利益的整体增长。

总而言之,根据现代角色理论,教师角色是现代社会结构关系整体中的基本节点之一,是社会职业分工体系的重要构成部分,有其独立性和不可替代性。其中,教师角色是以作为实践主体的身份出现的,它在具体含义上,既包括指向公共主体性的社会层面对教师之职业地位、权责关系以及实践方式的期待、规范与规定,也包括指向个体主体性的实践层面对教师地位、活动关系和行为方式的个性化扮演、践行与演绎。因此,对教师角色进行公共性与个体性的双维建构研究,旨在把握教师作为社会职业角色及其实践

---

① 阮成武.主体性教师学[M].合肥:安徽大学出版社,2005:4.
② 赵康.专业、专业属性及判断成熟专业的六条标准:一个社会学角度的分析[J].社会学研究,2000(5):30-39.
③ 筑波大学教育学研究会.现代教育学基础[M].钟启泉,译.上海:上海教育出版社,1986:441.

方式的独立特性,以及它之于教师专业发展的特殊价值和意义。

二、教师角色与教师身份、教师形象的关系

为更好地廓清教师角色的基本内涵,理解和把握教师角色双维之确立与建构,有必要探讨教师角色与教师身份、教师形象的术语关系。

(一)教师角色与教师身份的区别与联系

教师角色与教师身份既有明显区别又有密切联系。其一,教师角色与教师身份有着明显的区别。在教师专业发展语境内,教师身份是探讨教师专业发展的逻辑起点。作为起点,教师身份为教师进入社会结构形成关系节点和参与社会生活提供了基本资格,但这种资格仅具有将个体纳入某种义务的标签性作用,它对现实而具体的社会实践活动来说不具有强制性,没有实质性的影响。譬如,拥有教师资格证的社会个体仅表明他具有被纳入教育职业体系的资格和可能,至于如何在教育教学实践中切实履行义务和享有权利,则需要有具体学校接纳他并进行合适的育人实践活动。所以从教师身份的存在形态来看,它只是由教师法律法规、教师队伍制度、教师发展政策等文本规定的静态存在。其二,教师角色与教师身份也有密切的联系,二者统一在教师主体的职业实践活动之中。教师角色是教师身份作为逻辑起点之后的逻辑顺承,它表征着教师秉持身份资格进入社会结构后的具体节点位置,需要展示其职业生活资格相应的角色行动和角色行为。而且,教师角色依存于各类学校形成的具体组织之中,与责任、分配、表现、演绎等联系在一起,是一种动态的存在。教师的教育教学活动均以角色实践的形式出现,教师因具体角色扮演而具有实质上的实践主体性。也可以说,教师身份意味着言说,教师角色意味着行动,是角色行动让角色言说具有实际的意义,也即它们共同构成了"作为教师的人"的价值实现途径。

回溯我国教师发展的历史,教师身份与教师角色都是重要的教师标识,二者之间是矛盾统一的关系。总体来看,我国教师身份有一个历时性的纵向变迁过程,即经由历史文化上儒家伦理"道统"身份标识——人道共在的状态,慢慢地转变为现代社会中契约伦理"职业"身份标识——人职分离的状态。这种历史纵向变迁表现在以下方面:前者重身份轻角色,突出人与道的完整性和统一性,后者身份与角色明显分化,既有身份认同问题也有角色规范和角色扮演等问题;前者具有相对的稳定性和永久性,后者则具有一定的组织性和流动性。它们的根本变化在于教师的关系节点设置由"阶级关

系"转为"职业关系",其中职业关系不再是非此即彼的阶级斗争或道德批判,而是强调职业的联合合作与共生共在,教师在其中多以"作为人的教师"的状态存在,突出和强调一个社会个体的基本的物质与精神需求。因此,为适应教师"作为人"的个体性新需求,在全球化、后工业化及信息化时代的今天,需要构建一种新的合作型伦理关系来作为教师角色实践的道德支撑,为其提供合作行动:"合作行动成为主要的人际标识,在具体治理场境中的每一个人都是合作行动体系中自觉的行动者,通过具体的合作行动来定义自己并证明自己的角色扮演。"①

所以说,教师身份与教师角色间的关系融洽有利于教师教育生活的展开,使教师有专业发展的获得感和幸福感,但如果关系常处于矛盾或冲突状态,则会成为教师专业发展的障碍。特别是随着人职分离状态愈显严重,教师身份认同与角色扮演过程中流露出了诸多难题。加之,工具化价值的过度膨胀引发教师主体性价值的异化和衰落,市场化与消费化的社会追求引发教师个体自主性消减,无心于教育公共生活建设,渐成教师人格与育人实践相分离的状态而不能使其成为完整的人。相反,当教师能够基于合作型伦理自主地抉择角色合作行动时,他就能更加充分地诠释师者的角色内涵并将其展现得活灵活现,即教师不应仅仅是学校组织分配下的角色——只按照规则和要求被动地承担角色,将教育教学当作应付差事的工作。正是在此意义上,教师角色以具体行动为内涵,将制度赋予的教师身份资格加以诠释、演绎和表现,使二者交相统一,只有教师在教育实践活动中履行并行使育人角色相关的义务和权利时,教师身份相关的制度才能在实际生活中展现自身。

(二)教师角色同教师形象的区别与联系

教师角色与教师形象具有紧密的关系:教师以丰富多样的角色实践活动构成鲜明的教师形象,教师形象则是对教师角色实践、演绎、表现等的整体呈现,所以在有些研究中也会表述为"教师角色形象"。在教师专业发展的逻辑上,教师形象可视为承接教师角色实践之后的逻辑终点。但是,它们在具体的内涵所指上又有细微的差别:比较而言,教师角色一般有着明确的所指,如多指教师教育教学实践层面的规范、活动、行为等,与每个教师具体

---

① 龙啸天.社会治理中人际标识的伦理解读:身份、角色与行动[J].伦理学研究,2018(6):102-107.

的教育教学生活方式直接关联;教师形象则多有丰富的蕴涵,一般是较为宽泛的界定和所指,常指教师教育教学生活中,教师的特点、姿态和风貌等特征,多以教师的整体印象显现,包括作为教师的外在形态如面貌以及内在形态如人格等整体印象。当然,教师形象可以来自个体印象,也可以是群体印象。所以表现在性质上,教师角色是一种现实的、客观的实践建构,而教师形象则多是一种理想的、主观的理念塑造,能够折射出时代和社会的主流价值期待与教育理念特点。与此同时,期望的、理想的教师形象塑造,反过来也会对教师的角色定位、角色实践以及教师个体的人格修养、价值观念建立等,具有"统整性"[①]的引领作用。

从教师形象的变迁历史看,因审视教师形象的视角不同,往往会描绘出各异的教师形象。譬如,从教师的角色实践对象来看,教师形象经历了从传统依存师道尊严的权威者形象过渡到现代依存师生交往对话关系的"平等中的首席"(first among the equals)形象。从教师的角色扮演期望来看,仅新中国成立以来就经历了蜡烛形象、园丁形象、工程师形象以及现在的专业人形象等。总体来看,当前对教师形象的理解和把握都是从作为一名"好教师"的典范意义入手,以发挥它的统整性概念之引领意义。也就是说,当前对教师形象的塑造研究坚持的是价值观念先行的原则,即在一定的价值观念框架中塑造一种理想期望的教师形象,达到示范和引领的舆论意义与模仿意义,譬如熟知的蜡烛、春蚕、园丁等完美职业形象以及当下渐趋成熟完整的各种专业形象等。但是,这些示范性的完美人格形象仅仅是依托价值观念构想或隐喻出来,它存在脱离教师个体真实教育生活的可能而使具体的角色实践方式和实践样态难以调和。其实,近年来,社会中陆续出现教师"反完美"形象的事件,已经透露出这种矛盾和冲突的风险程度。从根本上看,这些完美人格的教师形象多由抹杀个体需要、以笼统替代具体等原因造成。

因此,无论从何种视角(课程观念的、社会期望的或学生喜欢的好教师等)来审视和塑造教师形象,教师角色及其具体实践状态一定是首要的基本考察前提。脱离了教师角色的真实教育生活和具体实践状态,就是脱离了"好教师"形象理解和塑造之本,教师形象成为无源之水、无本之木,虽有价值观念上的完美形象,却难以发挥广泛的示范性和引领性之实际功用。

---

① 阮成武.专业化视野中教师形象的提升与统整[J].教育研究,2003(3):61-66.

（三）名·实·形：教师身份、教师角色、教师形象的整体关系

基于上述比较，教师角色与教师身份、教师形象都是考察教师相关问题的重要学术概念，它们三者之间有着内在"名、实、形"辩证的整体关系。

教师角色与教师身份、教师形象共同构成了考察教师专业发展问题的逻辑整体。教师身份是逻辑起点，作为一种制度赋予的标签式资格，它是教师展开教育教学实践的必要条件，正如孔子所谓"名不正则言不顺"之"名"。也可以说，教师身份是在以国家法规和社会制度为代表的公共意义上，对教师赋予的公共使命之名。教师角色作为教师身份的逻辑顺承，重点在于以育人角色实践活动之"实"来标识教师概念，具体展现教师公共使命之名的活动意义和行为表现，促进名与实的实践融合，达到名实相符的最佳状态，彰显教师劳动的价值和教师人格的魅力。所以说，教师角色既含有身份带来的公共使命之意，也含有教师个体以独具个体化的教育教学实践活动对这份公共使命的践行和演绎，具有公共性之名与个体性之实的双维特征。教师形象作为逻辑终点，它以统整性印象的形式反映教师名与实的最终融合形态。所以说，教师形象作为教师经典之"形"，既是主观的又是客观的。就其主观而言，"教师形象"①是基于教师身份之名与教师角色之实的理想刻画，譬如媒介、影视及教科书中的理想教师形象塑造和宣传，它们虽具有一定真实基础，但在最终呈现上更多的是一种理想的典范构造，目的是发挥其榜样、示范、引领的作用。就其客观而言，教师形象在来源和指向上都是客观的——来自客观的教师教学实践活动，反映真实的教师教育生活；同时，又指向客观的社会结构需要，反映真实的时代发展诉求。

总而言之，某种典型的教师形象的生成必以一定的教师身份与教师角色为客观现实基础，同时，典型教师形象的成功塑造，又能反过来以榜样的形式引起教师身份认同的反思和教师角色实践的借鉴学习。所以说，在教师专业发展的意义上，教师角色建构既是向前对教师身份作为逻辑起点的公共之"名"的建构，也是向后对教师形象作为逻辑终点的公共之"形"的建构，更是向内对教师角色作为逻辑顺承基点的个体实践之"实"的建构。

三、教师角色的课程与教学论意义

基于对教师作为一种职业角色观念和概念的认识，以及同教师身份和

---

① 在此，教师形象默认为正面的和可以借鉴学习的典型形象，即遵从学界关于教师形象探讨的基本价值取向，不包括"反面的"或"无益的"教师形象。

教师形象的比较分析,要对教师角色及其独立特性进行整全的理解和把握,则需要进一步聚焦视野,探讨其在当下课程与教学论学术话语体系中的具体意义。总体来看,根据课程论、教学论以及教师专业发展三种学术话语体系构成①,教师具有在课程变革中进行角色转换、在教学实践中进行角色担当、在专业发展中进行角色认识的课程与教学论意义。

(一)角色转换:课程变革中的教师角色

我国基础教育课程变革是理解和认识教师角色内涵的第一背景。在课程变革背景下,教师以角色转换为基本要义——以对教师角色进行重新画像来推动课程变革的深化。起端于21世纪初的基础教育新课程改革,承载着我国基础教育从双基时代迈向三维目标时代的历史使命。对于这一重要使命的达成,叶澜教授指出教师角色转换是关键。其实早在20世纪末,就有国外学者认识到教师角色转换的重要意义——教师是变革的动力,有责任不断拓展自己的能力,以学校为基地并深入社区,帮助年轻人脱离冲突和偏见之困境。可见,这里教师的角色转换内涵已不仅指向教师的角色行为,还代表其身后的学校乃至整个社会,即教师角色内含着学校教育的基本意义:"培育社区里的多元的知性共同体,并成为联结这些共同体的据点。"②因此,所谓教师角色转换也就"不仅意味着学校功能的变化,而且也意味着公认的关于教师的角色功能的某种概念的现实存在"③。教师角色在转换的课程变革背景下,被重新定义并给出了更大意义上的内涵。直至当前,人们已经普遍认识到若要"进行名副其实的、可以控制的变革,教师需要站在变革的前列以重新界定自己的角色"④。

所以说,当我国基础教育课程变革继续向前而进入核心素养时代时,教师角色将面临再一次的重新画像——必要的角色转换将是其中的重要内容,而这种转换也是以公共性与个体性双维考察教师角色建构的重要考量之一。如此,方能成就教师作为课程与教学革新的关键动力,发挥其应有的

---

① 根据日本学者佐藤学关于"把教育视为话语实践的立场",教育学术话语体系既属于教育研究的一套系统,也指向教育实践及其经验的反映与研究。
② 佐藤学.课程与教师[M].钟启泉,译.北京:教育科学出版社,2003:81.
③ N.戈培尔,J.波特.教师的角色转换[M].万喜生,译.长沙:湖南教育出版社,1991:9.
④ N.戈培尔,J.波特.教师的角色转换[M].万喜生,译.长沙:湖南教育出版社,1991:12.

角色意义。

(二)角色担当:教学实践中的教师角色

课程变革须以教学实践为基础,表现为教师要从画像层面的角色转换位移到教学实践层面的角色担当。教学的内容决定了教师角色在实践层面的担当内涵:在课堂教学上,教师首先担当的是教研角色,以学生为中心,依据教育教学目标,传递科学文化知识、树立正确价值观念、提高学生的学科能力水平;在课程建设上,教师还担当着课程领导者角色,对国家、地方、学校等各个层面以及学科、活动、社区等各种类型的具体课程加以教学整合,领导教育教学的基本课程建设;在师生关系上,教师还担当着学生朋友、心理保健者等角色,而在校园生活中教师始终担当着榜样者的角色。所以说,教师角色在教学实践层面是丰富多样的担当,依据教学内容的不同而时有侧重。

随着时代的发展和具体教育场域的变化,教师角色担当随时会被赋予新的内涵。譬如,有学者对教师走出校园主动影响乡村公共生活进行研究,认为在新时代乡村振兴背景下,乡村教师应担当"乡贤"角色,走出校园来引领乡村生活,建设乡村文化。[①] 也有学者突破了单纯依赖知识来认识教师角色的局限,从培养社会合格公民的公民教育视角看,教师应以"转化性知识分子"身份担当学生"公民品格及批判精神培育者"的角色——超越既定课程知识和价值设定的藩篱,从单纯的知识传授者之矮化姿态努力转变为有良知、有批判、有关怀,以公民榜样的姿态,"引导学生的公民品质和公共精神的发展"[②]。

但是,无论教师作何种层面的角色担当,总离不开教师个体自身的过硬素质。在掌握渊博的静态知识的基础上,更要在教学实践中拥有活动自主性,依据具体教学目标和教学对象设计并展开教学任务和教学过程;有创造性、因材施教或有教无类等理念提醒教师要时刻关注学生的特殊性,同时教师个体要对自己的优势与不足了然于心。此外,多样性、发展性、人格化等

[①] 如有学者研究了乡村教师角色担当问题,指出乡村教师要走出常规的课堂视域,在乡村振兴和乡村生活建设的立场上,探讨教师角色的"乡贤"担当问题、可能及策略等。具体可见:肖正德.乡村振兴战略中乡村教师新乡贤角色担当意愿的相关影响因素分析[J].华东师范大学学报(教育科学版),2021(7):92-106.

[②] 叶飞."转化性知识分子":教师在公民教育中的角色担当[J].南京社会科学,2014(9):102-108.

也被期许能在教师角色担当中赋予新的、具体的教学含义。

(三)角色认识:专业发展中的教师角色

课程改革的最大动力是教师,最大阻力也是教师;课程改革的重要工作之一就是将教师从阻力状态转变为动力状态。这里对教师两种状态的转变,指的其实就是教师专业发展的主要内容,而教师对自身的角色认识(亦称"角色意识")则是其中的关键。不论是课程变革中的角色转换还是教学实践中的角色担当,重要的就是教师在个体认知层面能够"认识"到位,包括从目的到身份再到行为的各个角色意识层面。反过来,教师也只有在角色转换和角色担当中才能实现对角色的认识,从而达到自身专业发展的目标。也就是说,教师将在新课程的实施中实现自身专业化的发展,教师专业化的发展又将构成新课程实施的必要条件。

所以说,教师角色应是一个公共性与个体性相复合的结构,是"作为教师的人"与"作为人的教师"两类角色的交错、冲突而又协调共存的统一体。其中,"作为教师的人"突出教师角色公共性诉求的一面:教师是一种职业,有其作为从业者的社会结构关系网络节点之角色期待、行为规范和价值定位,反映着一定社会地位及其整体的职业状态特征。而"作为人的教师"突出的是教师角色个体性演绎的一面:教师是一个个进行具体教学实践活动的个体人,既有其个体性的职业素质和角色能力,又有个体性的物质和精神等基本需求。在此意义上,教师角色就不再是概念式的、单面向的,而应既是由教师的教育形象与职业形象及其内部的不同层面构成的一个具体的、多层的整体结构,又是一个教师主体与其专业生活环境互动,并促进教师专业化不断形成和发展的主动过程。既能认识到教师作为一种职业的公共性角色期待,又能认识到教师作为个人事业的个体性角色演绎,就成为教师个体实现角色认识的基本要求。

第二节 教师角色的双维确立依据

教师角色作为一种特殊的社会职业角色,具有显示自身独立特性的双重维度和内涵。那么,从哪里以及如何获得教师角色的双维及其内涵?这里涉及的是教师角色的双维确立依据问题。在此,基于绪论部分的文献综述评析,遵循先破后立的基本原则,寻求突破当前已有研究关于教师角色公共性与个体性确立依据的有限性,试图系统而完整地分析教师角色的双维确立依据。具体而言,将主要从"是什么"之教育本质的规定、"哪里来"之文化传统的书写、"到哪去"之时代追求的描绘三个方面,即从理论依据、历史依据和现实依据三个方面,梳理和探析教师角色双维何以确立的问题。

一、教育本质对教师角色的规定

教师角色的双维确立首先是一个"是其所是"的教育本质问题,即教育本质对教师角色的规定,应是确立教师角色双维及其内涵的第一项依据。因为教师作为教育教学实践主体,既是教育学话语体系的核心构成,也是具体教育理念的理解者,更是教育理念见之于教育实践的探索者和研究者,代表着教育本质之实践形态的同时,也表征着教育理念的本质规定。换言之,明晰教育的本质规定,在某种意义上就是对教师角色内涵及其建构的一般阐释与认识——教师角色是联系教育理念与教育实践的基本纽带,也是考察教育实践和反思教育理念的对象与主体。总体来看,教育的"关系"与"实践"之本质规定,构成了当前理解和把握教师角色及其双维确立的结构性和逻辑性依据。

(一)教育"关系"本质对教师角色的规定

"教育是一种超越任何利益集团的由公共价值导向的以扩大公共利益为目的的实践。"[①]换言之,教育是现代社会的重要公共领域之一[②],其本质首先诠释于社会结构"关系"之中。所以教师作为教育公共领域中的关键节点,有其自身的公共使命。在教育社会学视域中,教育是社会结构整体关系中的特殊"设置",而且已被看作现代社会中最大的控制力量之一。围绕教育的设置与节点等关联主体及其形成的基本"关系",构成了对教师角色之

---

① 金生鈜.保卫教育的公共性[J].教育研究与实验,2007(3):7-13.
② 教育作为社会公共领域,以及教育具有公共性,是一个历史发展的过程。尤其是在西方,教育公共性彰显是社会经济发展的结果:最初以家庭组织和单位经济活动形成家族式的封闭教育,具有封闭性、私密性等特点;社会工业化之后,家庭组织和单位消失,随之而来的是工业协作生产背景下的公共教育,大批儿童受教育的问题成为理解教育属性的关键,即教育公共性开始初显,公共教育体制的建立成为社会发展的必然,也即教师与社会发生着越来越密切的关系,并不断催生和优化着学校教育中的具体关系构成。

公共使命的教育本质规定。总体来看,教育关系本质对教师角色的规定,主要表现在社会、学校、课堂等三种结构关系内。

其一,在现代角色理论语境中,作为社会职业角色之一的教师,与社会有着先天的密切关系。也就是说,教师作为社会结构关系中的重要节点,是教育参与社会分层和职业分工等体系后的直接产物。在此,社会包含两个不可分割的基本主体——国家和社会[①],它们都对教师角色施以紧密关系,期待着丰富的公共使命,包括建设公共秩序、延续公共传统、培育公共力量、开展公共生活、养成公共精神等。这些公共使命蕴涵表现在教育教学和教师的角色实践中,就会涉及教育学范畴之作为载体的文化知识、作为对象的青少年学生、作为场域的学校和课堂以及作为育人实践方式的"育人以育己"的实践逻辑等。换言之,若以教师为中心审视,教师与社会的一般关系,就是教育学话语中教师与文化知识、学校课堂以及学生群体等产生的具体的角色互动关系,它们之间的这些关系互动又会催生教师的各种角色实践及其特殊的实践方式和实践逻辑。

特别是随着世界各国对公共教育的不断重视,教师与社会的一般关系越发密切,教师与教育领域各主体和对象之间的关系也越发具体且明晰。譬如,现代社会工业文明的逐渐发达需要储备大量后备人才,所以政府大力推行公共教育促使教师脱离纯伦理的"习作"或纯理性的思辨,转而面向自然科学知识、共同的社会道德体系、主流文化价值观念及其相关理念的认同等。教育在承担起了这些价值功能之后,也就不断地深化它的公共性品质,并表现出公益事业、经济产业以及个体职业等综合属性。实践场域中的教师个体,也随之形成了丰富多样的教育教学"角色"关系,彰显出指向社会发展、文化传承、知识学习、学生发展乃至自我成长等多个方面的角色价值,表

---

① 以马克思主义哲学的一般认识,严格意义上的国家与社会是两个不同的概念,但是二者又互为基础和前提,不能完全分开。而表现在教师角色设定和扮演上,也是有细微差别的,譬如吴康宁教授等人就曾对教师社会角色进行过详细论述,认为教师是社会代表者,细化起来说教师既是国家支配阶层的代言人,也是公共社会的代言人——知识人。不论在应然层面还是实然层面,教师的社会代表者角色有其自身矛盾和困难难以纾解,只能以"半支配阶层代言人半公共知识分子"来暂时认定和描述。具体可见:吴康宁.教师是"社会代表者"吗:作为教师的"我"的困惑[J].教育研究与实验,2002(2):7-10;郭兴举.论教师作为社会代表者:与吴康宁教授商榷[J].教育研究与实验,2003(1):6-8;吴康宁.教师:一种悖论性的社会角色:兼答郭兴举同志的"商榷"[J].教育研究与实验,2003(4):1-8.

征着教师职业独立特性的教师角色实践方式。

其二,学校是教师角色之公共使命担当与追求的现实组织形态。学校教育作为现代社会公共领域的基石,是具体而典型的公共机构,它的"本质与公民教育密切相连","是培养公民的场所,也就是具有爱、社群意识和民主特征的共同体"。① 而其主要成员正是教师,即学校共同体中的教师群体成员之间构成了育人行动意义上的合作与协同关系,充当着显现教师公共使命之角色行动层面的确立依据。这所反映的建构意义是"作为专业集团的互动成长的'同事关系'(collegiality)的形成,是创造学习共同体的学校不可或缺的课题"②。

具体来说,原因在于作为教师直接影响学生成长的公共场所,学校有其自身发展的倾向,特别是在 21 世纪,学校教育的主要目标之一就是促进人们积极的民主参与,"使学校成为民主实践的典范",其主要内容就是让孩子们能够在学校内"结合具体问题了解自己有哪些权利和义务,以及自己的自由怎样受到他人行使权利和自由的限制"。③ 换言之,学校提供的校园生活本质上是一种公共生活,公民教育是学校教育的重要内容之一。从学校中教师的群体性存在以及教师角色在师生关系中的引导性与示范性意义来看,学校共同体内围绕教师而产生的丰富的群体关系,也就成为确立学校教育中教师角色公共性特质的另一项重要依据。

其三,课堂是教师角色之公共生活建设的核心构成。不论是传统的授受课堂,还是现代的翻转课堂或智慧课堂,它们在本质上是一种基于师生间对话关系的教育教学生活,即教师与学生间双主体构成的教与学之交往关系。④ 围绕这组本质关系的内核,展开、建构并形成了诸多学科视角的不同理解。同时,随着现代经济与科学技术的发展,课堂及其教学过程理解的厚度和深度也不断丰富起来。单单课堂中的教师与学生关系,就经历了一些

---

① 蔡迎旗,唐克军.学校的本质与公民教育[J].教育学报,2013(4):10-15.
② 佐藤学.课程与教师[M].钟启泉,译.北京:教育科学出版社,2003:80.
③ 教育:财富蕴藏其中[M].联合国教科文组织总部中文科,译.北京:教育科学出版社,1996:47-48.
④ 在理论研究中,师生与教学是被当作两对概念范畴来分开认识和研究的,它们之间较少形成直接关联,往往在研究中以默认条件的形式存在,因为大多时候师生关系被置于伦理学研究领域进行师德方面的研究,而教学关系则被置于科学或艺术的领域进行教师技能或教学智慧的考察。但是,在教育实践中,二者不可能完全独立和分开,而是融为一体,师生两大主体间的相互关系难以产生哪怕一刻的分离。

重要的变化:从传统课堂的教师权威与学生从属关系,到现代的教师主导与学生主体关系。其中,单纯的知识获得和能力提升已无法满足学生成长的需要。特别是随着教育现代化和核心素养时代的到来,课堂已不再是一个封闭的师生内循环系统,而是一个开放的外向系统——走进社区、面向社会,甚至着眼世界和人类未来。学生的学习生活也不是仅仅识记知识、训练技能,而是着力于一种积极参与公共生活的批评能力,即"培养一种有助于自由思考和自主行动的批判能力"①。

具体来说,课堂中学生学习文化知识以求自身成长的过程,是一种基于多主体间对话的公共生活形态,教师以平等中的首席姿态介入其中。这在旨趣上正契合了21世纪全球教育的基本追求:"在全世界,各种形式的教育的使命都是在人与人之间建立一种基于共同准则的社会关系。"换言之,不管在何种情况下,"教育的主要目的都是使人作为社会的人得到充分的发展。教育是文化价值的传播工具,是有助于适应社会生活需要的环境的创造者,也是使共同计划成形的熔炉"②。在此意义上,教学过程生成的师生课堂生活,就成为学生与教师共同经历着的一种以育人为目的的准公共生活:"儿童在这一经历中,可以了解自己,丰富自己同他人的关系,获得基本的知识和技能。"③而教师正是在与学生共同经历这种公共生活的过程中,不断规定和表征着其师者角色之公共使命的意蕴,即课堂层面的师生关系本质,成为规定和确立教师角色公共性蕴涵的鲜活的现场依据。

总而言之,教育的"关系"本质从教育作为公共领域的视野,为教师角色双维之公共性维度的理解与确立,规定了探讨教师职业独立特性的基本框架:在社会层面,教师面对的是秩序、文化、价值,以及由此形成的教师角色之伦理公共性的需要;在学校层面,教师面对的是组织、沟通、合作,以及由此形成的教师角色之行动公共性的需要;在课堂层面,教师面对的是学生、生活、知识,以及由此形成的教师角色之主体交往公共性的需要。

① 教育:财富蕴藏其中[M].联合国教科文组织总部中文科,译.北京:教育科学出版社,1996:49.
② 教育:财富蕴藏其中[M].联合国教科文组织总部中文科,译.北京:教育科学出版社,1996:38.
③ 教育:财富蕴藏其中[M].联合国教科文组织总部中文科,译.北京:教育科学出版社,1996:11.

（二）教育"实践"本质对教师角色的规定

总体来讲，教育的本质既是"关系"层面的，更是"实践"层面的。教育在实践层面的本质指涉"教育的日常生活形式，是实践活动者经历的内心体验"①，即教师作为教育实践活动者是诠释教育"实践"本质的主角——以教师个体的教育生活与教学经历为中心，并由教师富于个体性的角色经验来诠释教育实践的本质，包括每位教师个体的角色实践目的、方式、逻辑和体验等。教育的实践本质，其实就是强调回到教育中每位教师个体和每个教育事件本身，关注应有的复杂性、丰富性、生命性，体悟教师个体角色实践经验印证下的教育活动之情境性、智慧性及反思性等特有品质。教育的实践本质，往往拒斥附庸、呆板、技术、功利等对教师个体角色实践的艺术性与人文性等品性的腐化。然而，教育的"关系"本质，却时时在现代社会表现出对经济与资本的青睐，带来这些"附庸""功利"等不良品性。所以，教育实践本质在教师作为教育活动者的经历层面，也会面临不小的考验——既有教育"实践"不符"关系"诉求的矛盾，也有"关系"期待与设定禁锢"实践"发挥的冲突。如此多的矛盾、冲突，也都会影响教育的"实践"本质"规定哪些"以及"如何规定"教师角色双维等问题的思考和解答。

在此意义上，进一步对教育"实践"本质的分解阐述就是教师个体演绎教育"关系"本质的实践，也就是说，教育的"关系"本质与"实践"本质是内在联系在一起的，而联系的纽带就是作为教育者的教师个体及其具有个体性特征的教育教学实践活动。因此，教育实践本质主要是对教师角色双维之个体性维度确立的规定，具体可从两个方面来看。

一方面，教育实践是基于教师个体的实践。教育实践作为现代社会职业实践活动之一，遵循和体现着现代社会职业实践的基本特征，而现代社会职业实践的主要特征就是个体化。个体化来到现代社会实为不可逆转，虽然，我国现代教育一直保留着它的公益性质，教师也有成为知识人的社会公共期待，但是在现代社会不可逆转的个体化大势之下，教师个体及其角色实践已经成为当下基础教育课程革新与课堂变革的主角，并被期待着成为教师专业发展的第一主体。然而需要指出的是，现代社会之个体已不再是传统社会大公无私下的个体，其中的复杂性在于个体的多面性——这些现代社会个体的"他们"既有无助、迷茫和孤独的一面，也有面对社会压力和人生

---

① 邬志辉.论教育实践的品性[J].高等教育研究，2007(6):14-22.

考验而富于创造、抗争的一面。正是个体在现代社会中的双重或多重的面向,在更有利于建立符合个体心理需要的社会价值秩序的同时,也更能抵达和探视个体的内心经历及其自我价值追求,也即"活出自我"而不必盲从于权威或集体的意旨。所以说,基于教师个体的教育实践及其不断走向公共性的活动过程,既可以认识教师个体角色实践的日常生活形式和内心体验,探求教师角色实践之本质,也可以捕捉教育实践过程中丰富多样又复杂深刻的教师角色之个体性演绎、表现、诠释等活动意蕴。

另一方面,教育实践是教师个体不断演绎具体教育教学"关系"的角色实践,即教师个体在不同层面持续走向教育公共性的角色实践。教师个体的角色实践是具体的而非抽象的,它依据教育教学关系的具体设定,可从自身作为教育者与文化知识、学校、课堂、学生等多个层面理解并展开相关的育人实践活动。换言之,教师个体是教育教学实践中的个体,是受具体育人角色实践形塑的个体,其作为社会个体的自我认知及其具体形式受到教师职业属性和职业角色实践之本质的规定。因此,在教育的"实践"本质意义上,教师角色首先是个体性的呈现,进而,教师角色的个体性又是受教育"关系"之公共性形塑的个体性。同时,教师个体也会面临现代社会个体化背景下的一般意义上的塑造,包括个体面临的一些社会生活困境。简言之,在教师角色实践层面,教师角色实现了公共性与个体性的可见融合,这种融合是教师角色公共价值与个体价值共同达成的根本方式,也是探寻教师职业独立特性的根本所在,更是探讨教师角色实践过程中个体面临多种存在困境以及寻求超越的基本切入口。

二、文化传统对教师角色的书写

当前教师角色的双维确立,既是现代教育本质"是其所是"规定的结果,也是社会历史发展过程中对教师文化传统传承的结果——回答着现代教师角色从"哪里来"的寻根疑问。因此,从历史发展的角度探析中西教师文化传统下的教师角色书写,也就成为理解和把握当前教师角色双维及其蕴涵的基本要求,它们构成了教师角色及其双维确立的文化性和继承性依据。

（一）我国"伦理"传统下的教师角色书写

"伦理"传统是我国教师角色书写[①]的基本主题特征。从源头来看，以孔、孟、荀等为代表的儒家传统师者就是以道统的宣扬者、捍卫者身份行走在当时的教育场域之中。至今，就教师角色本身而言，伦理传统下的教师角色以一种理想人格的形式呈现出来，而其基座就是师德，也即伦理道德的化身或者说是卫道者，表现在教师个体身上则是高尚的人格修养和典范的育人德性。

崇尚伦理道德、关注生命人性，是我国伦理传统书写教师角色的两层基本内涵，也是以师者典范形象代表传统文化品格的相应观照。实际上，在我国伦理文化传统中，崇尚师德和人性提升已经在传统教师角色的书写中得到了完美的展现：在消极意义上以伦理道德诠释生命过程就是"自我约束，自我规范"，以及由此"显现出人的特点和人的尊严的过程"；在积极意义上"就是自我造就、自我提升"，这是一个实现"生命的意义和价值的过程"[②]，也即人生价值与社会价值完全统一。因此，伦理传统下的教师角色"于己"来说是一种良心良知，"于人"来说则是一种自觉责任。所以，社会伦理道德之公共价值诉求下的理想人格也就成为教师角色书写的最高文化境界。与此同时，将社会伦理道德作为自觉责任的师者角色实践及其典范的形象书写，渐渐发展为一种独立的教师文化现象。

与此同时，自尊与清高可以视为对传统教师角色书写的文化现象和标志。从本质上讲，自尊是一种不容他人歧视的自我意识，而清高则是不媚俗的自我典型写照。对传统师者而言，道统的化身或以卫道者的身份出现，是其拥有自尊和清高文化品质的重要资本，因为这种"资本"既有政治的权威性，也有文化的高尚性。所以维护、传承和形塑道统文化，也就成为师者角色的根本使命和价值诉求——既有完成社会文化使命的价值感，也有"成圣成贤"的人生意义感，这也是传统师者能将"尊德性"之人师与"道学问"之经师统一起来的根本原因。

总体来看，我国"伦理"传统中的教师角色书写是极富公共性与个体性之辩证特征的，它们为当前理解和建构教师角色双维提供了重要的参考资

[①] 关于"书写"，在此仅从书写的内容和内涵来讲，未就具体"书写"的文本进行梳理和罗列。但是，内容与内涵的把握离不开一些主要文本的参考，比如《论语》《学记》中直接或间接关于教师角色的书写。

[②] 樊浩.道德理性与生命智慧[J].人文杂志，1998(5):7-13.

源。但是,传统师者角色中的公共性与个体性也有其局限性,特别是"公"的观念仅是相对政府与个人的伦理规约而言,"私"或"个"仅是"公"的傍立式概念。其根源在于传统社会既没有公共生活,也没有私人生活,只有家族生活,而这种"家庭制度"①也就成为林语堂所批评的中国人缺乏公共精神的根源所在,也是美国传教士明恩溥所认为的中国人缺乏对公共事务的积极兴趣的主要原因。其实,家族伦理传统这种对"公"的狭隘认识也影响和导致了对个体观念认识的褊狭。所以说,对传统师者角色传承的过程,也是一个批判与扬弃的过程,需根据新时期教师角色实践中的具体问题来加以甄选并进行再阐释和再建构。

(二)西方"真理"传统下的教师角色书写

与我国"伦理"传统下教师角色的圣贤、官僚、公仆等文化发展取向不同,坚持"吾爱吾师,吾更爱真理"原则的西方"真理"传统,开启并塑造了真理引领下的教师文化之风及其教师角色书写的特殊内涵。

当然,称西方有"真理"传统并不以否定其伦理存在为前提,其实,西方关于教师的伦理实践与研究也有着悠久的历史传统,譬如对"坏人绝不可成为教师"的德性伦理判断。不同的是,西方伦理实践与研究的旨趣多指向外在规范或某一具体对象,如规范伦理学的义务论与美德主义,还有道德心理学和价值学理论等,而且坚持实证主义原则,并以此促生了一系列伦理学研究问题和成果,也深深地影响着教师角色的扮演和教师角色的文化书写。相比较来说,西方的真理传统及其发展过程中演变出的理性取向、实践知识、技术主义、反思型教师等,对教师角色及其书写的影响更大、更深远。譬如,在中西都重视教师道德、知识和教学能力的情况下,我国伦理传统下教师角色书写更多着力于高度的"社会责任感和使命感",而西方真理传统下教师角色书写则更多的是以"尊重热爱儿童、重视培养儿童的理性"②为意旨。

至今,西方"真理"传统下的教师角色研究及思想发展可以分化出十多种,如涉及科学主义、技术理性主义、能力本位主义、专业主义、人文主义、叙事主义、反思主义……③以欧美反思主义思潮下的反思型教师为例,较早兴

---

① 林语堂.中国人[M].上海:学林出版社,1994:180.
② 吕素珍.中西方文化视野下理想教师形象的比较及启示[J].教育研究与实验,2009(6):32-37.
③ 朱旭东.论当代西方教师教育思想[J].比较教育研究,2015(10):52-57.

起于20世纪80年代的西方反思型教师思潮,就是真理传统及其理性崇拜在教师角色扮演上的现代写照和投射。实际上,在此之后,这种反思主义思潮以及反思型教师逐渐流入我国,今天倡导做反思型教师和成为教学实践的研究者也被视为教师专业发展的重要方式,融入教师个体角色实践及其专业成长的视野中。

总而言之,中西方各有自己关于教师角色书写的文化传统,但是在今天看来,它们更多时候处于一种相互借鉴、相互学习、相互融合的发展趋势之中,共同塑造着现代教师角色的基本内涵和价值功能。这也就为我们从公共性与个体性双重维度来理解把握教师角色之意蕴,进而建构符合新时期我国教育发展需要的教师角色,带来许多启示。

三、时代追求对教师角色的描绘

所谓时代追求,主要指涉宏观上21世纪的全球教育追求[①]和"中国教育现代化2035"的教育追求,以及微观上新时代我国教师队伍建设对教师职业公共属性和教师角色主体地位的追求,还有核心素养时代对立德树人的追求。综观宏观与微观的时代追求,对教师角色"到哪去"问题的描绘重点突出了两点:一是突出教师职业的公共属性,二是突出教师角色实践过程中的个体主体性地位,它们共同构成了当前理解把握教师角色及其双维确立的指向性和发展性依据。

(一)公共属性追求对教师角色的描绘

根据我国教育现代化发展的实际需要,中共中央、国务院《关于全面深化新时代教师队伍建设改革的意见》在"明确教师的特别重要地位"时,特别强调"突显教师职业的公共属性,强化教师承担的国家使命和公共教育服务的职责"之追求。这实际上是从教师作为教育观念代表者和教育实践执行者的层面,回应了21世纪全球教育发展趋势和整体追求,即21世纪的个人生活面临一种迫切需求——在生活的传统范畴发生深刻变化之后,我们被迫要更好地了解他人、更好地了解世界的需要,通过增进对他人及其历史、传统和精神价值的了解,学会共同生活。[②] 教师职业的公共属性就需要在这

[①] 主要依据联合国教科文组织"三个时代的三个报告":《教育:财富蕴藏其中》《学会生存:教育世界的今天和明天》《反思教育:向"全球共同利益"的理念转变?》。

[②] 教育:财富蕴藏其中[M].联合国教科文组织总部中文科,译.北京:教育科学出版社,1996:9.

些了解他人、了解世界、共同生活等纽带性和关系性的教育教学活动中展开。所以说,职业公共属性追求下的教师角色常被描绘为一种社会发展的纽带,是过去和未来之间一个"活的环节"。换言之,从教师职业作为整个社会职业联合体重要构成的角度看,教师角色实践"关系到每一个人的发展和幸福",即每一个人的生活都与教师角色有着千丝万缕的联系,这也使教师职业表现出鲜明的伦理公共性。正如联合国教科文组织在《共同重新构想我们的未来:一种新的教育社会契约》(*Reimagining Our Futures Together：A New Social Contract for Education*)中对教育的重新认识和定位,"教育可以被视为一种社会契约——一种社会成员间为了共享的利益而合作达成的默示协议"。这里"把教育看作一种社会契约的构想源于一种共享愿景,即教育具有公共目的"。① 可见,教育的公共属性对教师职业角色的追求同样需要一种崭新的认识和描绘。

因此,在"从基层社区到世界性社会"②成为21世纪全球教育追求的应有着眼点——立足学校、走进社区、面向世界时,教师角色及其角色实践方式也由此被期待和描绘为两种发展趋向,即在"了解世界,了解他人"③之间体现其角色的纽带和中介之公共性意义。

(二)主体地位追求对教师角色的描绘

在阐述传统文化对教师角色书写时已知我国古代教师因其圣贤与官僚等特征而具有较高的社会地位。但在实际上,那仅仅是传统社会文化书写的极少数教师,大多数私塾教师的社会地位较为低下,譬如在郑板桥描写古代私塾教师的《教馆诗》一诗中,便可窥见一斑:"教馆本来是下流,傍人门户度春秋。半饥半饱清闲客,无锁无枷自在囚。课少父兄嫌懒惰,功多子弟结冤仇。而今幸得青云步,遮却当年一半羞。"直到中华人民共和国成立以后,教师的生活和社会地位得到普遍重视,有了很大程度的提高,《教师法》也从法律层面明确了"教师是履行教育教学职责的专业人员",以此保障教师的合法社会地位。

---

① 中国常驻联合国教科文组织代表团.共同重新构想我们的未来[N].中国教育报,2021-11-11(9).
② 教育:财富蕴藏其中[M].联合国教科文组织总部中文科,译.北京:教育科学出版社,1996:23.
③ 教育:财富蕴藏其中[M].联合国教科文组织总部中文科,译.北京:教育科学出版社,1996:34.

在国际上,国际劳工组织与联合国教科文组织早在1966年就以《关于教师地位的建议》指出,教师应以掌握专业知识、形成专业能力、提升专业水平为"公共业务",以担当"对所辖学生的教育和福利具有个人的及共同的责任感"①的方式,来突显和确保自己的社会主体地位。之后的50多年来,教师角色的重要主体地位得到了持续的重视和加强,譬如联合国教科文组织报告《反思教育:向"全球共同利益"的理念转变?》再次强调:"我们必须比以往任何时候都更加重视教师和教育工作者,将他们作为全面推动变革的力量。"而且,特别强调教师的意义在于对多元文化和共同人性的关切,尤其指出培养学生的"批判性思维和独立判断、摆脱盲从至关重要"。②

从国内国际双向发展趋势来看,现代社会及其教育发展对教师主体地位的角色描绘,已经慢慢走出传统的知识和经验传递层面的功能认识,并且积极向外跨越至社区、社会和世界。这也就意味着指向未来的教师角色描绘对教师主体的角色素养和角色实践提出了新的要求——当教师个体试图去担当教师角色时,就需要重新评估个体性与公共性融合的方式、途径以及具体方法和策略等问题,进而对自身要拥有哪些素养也要重新认识和把握。此外,新媒介的蓬勃发展、智慧教学的广泛使用等,也影响着现代教师作为角色实践主体的内涵理解,"因为它正在创造新的社会化形式,甚至正在对个人和集体的特性下新的定义"③,它们在便利个人与全世界交流的同时,"又增加了自我封闭和离群索居的趋势"④,这些复杂情况都会影响我们对教师角色的认识。

总而言之,基于教育本质"是其所是"对教师角色的规定,再从"伦理"与"真理"的角度看中西文化传统对教师角色的书写,到新时代多重教育发展视野对教师角色的追求与描绘,从古至今认识教师角色"是什么""哪里来""到哪去"的三个完整层面形成了,它们在整体上共同构成了我们理解把握现代教师角色公共性与个体性之双维确立的基本依据。

---

① 筑波大学教育学研究会.现代教育学基础[M].钟启泉,译.上海:上海教育出版社,1986:443.
② 联合国教科文组织.反思教育:向"全球共同利益"的理念转变?[M].联合国教科文组织总部中文科,译.北京:教育科学出版社,2017:75.
③ 教育:财富蕴藏其中[M].联合国教科文组织总部中文科,译.北京:教育科学出版社,1996:51.
④ 教育:财富蕴藏其中[M].联合国教科文组织总部中文科,译.北京:教育科学出版社,1996:51.

第三节　教师角色的双维建构思路

具体地,关于如何从公共性与个体性两个维度建构教师角色,即教师角色双维建构的认识问题,本节将从教师角色的双维建构理解、双维建构取向以及双维建构思路等三个方面进行具体阐释和说明。

一、教师角色的双维建构理解

什么是建构？教师角色为什么需要建构？教师角色何以需要从双维进行建构？对这些问题的明确回答,将是继续展开教师角色双维意蕴及其建构分析的前提,也是探讨走向融合的教师角色实践的基础。

首先,所谓建构,适用于现代汉语一般语境时,属于动词,表示"构建;建立(多用于抽象事物)"①的意思。作为心理学和哲学领域中的特定术语,建构是构成皮亚杰认知发展理论的核心概念,指"人的认识过程中图式或结构的形成与演变的机制"②。简言之,就是用于认识人的思维结构的专门概念术语。虽然建构是皮亚杰在研究儿童的智力发展中提出的一个概念,但在此之后,因其表现出很强的解释力和表达力,很快就被广泛应用于哲学、社会学等领域。继而,建构理论也就随之慢慢形成,并且主要用以强调人在认知过程中的主观能动性和自主性——虽然"包含有主客相互作用的辩证观点",但是实际上更强调"主体对外界事物性质的适应"和"主观形成图式和改变图式的作用"③,却并不看重客观对人的镜鉴式的没有主观参与的反映。其意义在于:一是超越了心理学被动观察时代的随意性和杂乱性,而具有科学性和系统性;二是在发生和发展的层面上解释了人的认知过程,克服了单纯从被动反映论或者主观论来理解人的认知过程。至今,建构主义成为20世纪以来不同文化领域广泛使用"建构概念和建构方法进行创作的基本倾向",逐渐形成了以指向"建构性的'对象构成'概念和建构性的'根据'概念

---

① 中国社会科学院语言研究所词典编辑室.现代汉语词典[M].7版.北京:商务印书馆,2016:641.
② 冯契,徐孝通.外国哲学大辞典[M].上海:上海辞书出版社,2000:574.
③ 金炳华.哲学大辞典[M].修订本.上海:上海辞书出版社,2001:629.

为基础的哲学理论"①,并被推广运用到科学、伦理学、教育学等多个学科领域。

其次,所谓教师角色建构,顾名思义,就是对教师职业角色之公共的期待、定位、转换,以及个体的扮演、践行、演绎,乃至综合抽象的意识、形象、机制等各个方面,在认识论上的整体结构认知。实质上,教师角色建构所要表征的是教师作为一种教育职业的结构建设之诉求。换言之,教师角色不仅是需要主动建构的,而且需要突出指向某种具体关系的"结构"和指向明确任务完成的"实践"。譬如,依据教师所处结构关系的不同,教师角色可分为社会角色、学校角色和课堂角色等。继而,依据教师角色的不同结构关系,其实践对象和实践方式也会有所差异,则教师个体的角色实践又可具体分为文化活动、伦理活动、交往活动等。因此,这些代表结构的关系和指向实践的活动,都是教师角色需要建构的重要内容。

最后,所谓教师角色双维建构,是指对教师角色进行公共性与个体性两个维度的建构分析。具体而言,包括以下几个方面:一是关于教师角色。如前所述,主要是针对我国教育现代化、新时代教师队伍建设、核心素养时代的教师素养要求,以及课堂教学变革等方面表现出的新情况、新问题和新要求,形成并展开教师角色建构的旨趣、目标、原则等诸多方面的考察和探究。二是关于教师角色的公共性维度建构。教师角色在面对新情况、新问题、新要求时,就会产生新的教师职业公共性诉求,所以教师角色的公共性维度之意蕴及其建构分析,将是教师角色双维建构的第二个重要内容。特别是"长期以来我国将教育的公共性理解为教育管理如何实现国家的教育目标,体现教育根本特征的公共性及其内在属性却并不为重视,从而使教育立法重权力与秩序,轻权利与自由,在价值上偏离了公共性的要求"②。在这种情况下,探究教师角色作为"体现教育根本特征的公共性及其内在属性",不仅必要而且尤为重要和迫切。三是关于教师角色的个体性维度建构。教师角色的公共性实现必然要基于教师个体的角色实践活动,即在教师角色实践中才能使教育职业的公共性和教师角色的公共性得以实现,并且获得具体意义。所以,教师角色的个体性意蕴及其建构分析将是教师角色双维建构的第三个重要内容。其特别意义在于:教师是教育公共领域的重要建构者之

---

① 金炳华.哲学大辞典[M].修订本.上海:上海辞书出版社,2001:629.
② 余雅风.教育立法必须以教育的公共性为价值基础[J].北京师范大学学报(社会科学版),2005(1):30-39.

一,是教育教学公共领域中的实践活动主体。教育领域之所以被认为并且事实上成为社会公共领域,是因为教师角色的主体实践活动,而且教师个体的角色实践方式越清晰、越系统、越有职业独立性,教育公共领域的轮廓与边界就越清晰,包括在教育公共领域中的活动内容、主体构成及其公共生活样态等也就越清晰可见。四是关于教师角色公共性与个体性的双维融合。理论上,可以将教师角色公共性与个体性分开叙述,但现实中教师角色双维必须是融合在一起的,而且使教师角色双维有效而和谐地融合在一起,也是对教师角色进行双维建构的最终研究目标。进而,在教育公共领域中的教师角色公共性与个体性关系及其融合的实践方式等问题,值得深入分析和探讨。

总体来看,教师角色的双维建构,向前可追溯至教师角色作为符号之"名"的教师身份及其明晰等问题,向后可延伸至教师角色作为统整之"形"的教师形象及其塑造等问题。反过来,教师身份的有效明晰与教师形象的典型塑造,也是实现教师角色双维建构之"实"的重要手段和基本途径。

二、教师角色的双维建构取向

对教师角色进行公共性与个体性的双维阐释与建构分析,主要秉持和坚守以下几种研究取向。

第一,教师角色建构的主体取向。就教师角色的建构主体而言,其独特之处在于:首先,涉及两大建构主体,既有以角色担当和角色表现带来演绎建构的每位教师个体主体,也有以角色期待和角色描绘带来规范建构的代表国家意志的教育部门、教育机构等公共主体。其次,建构主体与建构对象具有一体性,并且以自己建构自己为特征,即不论是作为公共建构主体的国家、社会、部门机构,还是作为个体建构主体的每位教师,他们对教师角色的建构方式只能通过提升和完善自身来达到对教师角色建构的目的——公共建构主体着眼于对教师角色公共期待和描绘等层面的建构,个体建构主体着眼于对教师角色个体担当、演绎及表现等层面的建构,分别表现出自己建构自己、自己为自己负责的特征。但是实质上,二者之间并非油水分离的状态,相反它们是水乳交融的状态——良好的公共主体建构恰为个体主体建构提供了合法与合理的适当性演绎舞台,而良好的个体主体建构则在不辜负公共主体建构期待的同时实现教师个体主体的自身价值,丰富个体主体性,满足了教师个体对价值实现和幸福获得的基本需要。然而,教师角色实践中的多重主体或被放逐或被消解,或者面临被泛化和异化的风险。所以说,从公共性与个体性双维探讨教师角色建构的首要取向就是突显教师个体角色实践中的主体地位,以角色实践实现其主体性意义。

第二,教师角色建构的实践取向。正如佐藤学所指出的那样,一直以来,教育学界关于教师的讨论话语,先是多从"'教师应当如何?'的规范性逼近"开始。之后,随着建构主义研究教师发展的推进,关于"'如何才能成为教师'的生成性逼近"之论调逐渐产生。至今,实现了从"ought to"之"规范"到"becoming a teacher"之"现实"的基本转变。它们之间的根本区别在于"前者是从'规范'下降到'现实',后者则从'现实'上升到'规范'"。[①] 不论是规范还是现实,其中最缺乏的便是教师到底以一种"怎样的角色"之存在——作为教师的我"意味着什么"。特别是对于教师个体而言,这种潜意识里对自我角色存在的怀疑会时刻侵扰着教师内在的那个"自我"及其稳定性。而且这种教师角色自我困扰在教师生涯中有多少次浮现,就有可能造成多少次认识上的混沌和行为上的混乱,成为教师角色存在的一个顽疾。而以公共性与个体性分析并建构教师角色,就是对教师自我存在论的一种考察尝试——在实践层面认识和探究教师角色双维融合之逻辑和方式问题,试图明晰教师角色的实践存在之根本样态,以及教师个体如何在角色实践中进行自我存在的清晰认知和有效调适。

第三,教师角色建构的关系取向。教师角色的实践存在样态是决定和显现教师职业独立特性的根本所在,即教师之所以为教师而不是其他职业或者说显著地表征自己特性的根本,就表现为教师角色实践之独立性和特殊性。因此,教师角色双维建构也有其典型的"关系取向"。所谓关系取向,由教师角色建构的实践取向决定,总体来看,主要包括文化实践带来的知识关系、伦理实践带来的关怀关系、交往实践带来的对话关系等。具体而言,这些"关系"来自教师角色所处不同实践层面的共同体之中,包括在国家层面构成的支配体、社会层面构成的联合体、学校层面构成的行动体、课堂教学层面构成的共生体等。在这些不同层面的共同体中,教师角色的"关系"得以构建、伸展并呈现出特殊的职业角色生命力。在此意义上,教师角色建构的关系取向也可以称之为共同体取向。而进行关系建构的目的本身,就是对教师角色之公共性特质的不断突显和提升,涉及各个共同体之关系对

---

① 佐藤学.课程与教师[M].钟启泉,译.北京:教育科学出版社,2003:206.

教师的角色定位,如国家层面的公共理性启蒙者、社会层面的公共利益关怀者、学校层面的共同发展协作者、课堂层面的共同认识促成者等。

第四,教师角色建构的生活取向。教师在共同体关系中形成自身的角色公共性,这些角色公共性的演绎和实现就自然落到了教师个体身上。对此,教师角色双维建构将秉持"生活取向"来看待和考察教师个体的角色公共性演绎和实现。所谓生活取向,指关注教师进入教育作为公共领域构筑的公共空间和实践场域,并参与教育教学公共生活的基本样态,即对教师角色个体性演绎的考察,是以学校和课堂等公共空间构筑的教育教学公共生活为主要背景的,它们为教师作为实践主体的活动展开提供真实的生活情境。教师角色建构的生活取向,是在审视当前教师角色实践多囿于要素期待的基础上,试图对教师角色认识仅仅停留在单一性工具价值局限的超越,倡导回归教师的公共生活活动领域,以认识教师角色及其个体性特质。特别是在当前回归生活之内涵常被限定在"回归私人生活"和"私人活动领域"时,对教师角色之公共生活的关注和回归将是消解两个"生活世界"之疏离状态的重要选择。因为只有在公共生活构筑的伦理、活动、对话等生活关系中,在共同体的整体发展理念中,每个人——包括教师"才可以反观其自身,才能实现自由而全面的发展"①。

第五,教师角色建构的价值取向。所谓价值取向,关注的是教师角色的价值实现问题。双维建构中的教师角色价值实现,强调公共性价值与个体性价值的双重达成,是教师专业成长的基本内涵,而且二者在价值实现方式上是统一的。这是对教师角色之要素主义和工具价值在认识论上的突破,是观照教师作为实践主体之生命价值和人生幸福两相一致的追求。具体而言,就是辩证看待教师角色的公共性与个体性之价值诉求,以及探究如何在教师角色实践中融合并达成教师公共性与个体性之价值实现。其中,公意味着"不私""背私",而非"无私",表征着人们对教师作为"公共人"之公平、公正的价值欲求,是人们对教育作为公共领域和教师作为公共使命责任人之"公"的主观性价值投射。而"共"则被认为是"公"的外在物化表达,譬如学校作为教育之公的有形实体,是教师角色群体构成的育人行动共同体,有着丰富的"共"性内蕴:公代表精神诉求,而共则是它的外在呈现。其中,

---

① 卞桂平.从"我"到"我们":公共性哲学的当代阐释[N].光明日报,2020-07-13(15).

"共"在演绎层面上,肯定的是教师个体只有在育人行动体中才能实现个体自我的生命意义和人生价值。因为"'个体'之'我'只是原子式的'教化',必须诉求于'我们',才能获得真实的自由与发展"①。也正是在此意义上,教师角色双维建构的价值取向实现了个体主体性与公共主体性的和谐统一,诠释着个体生命成长的法则,也彰显着整个人类世界的核心理念,即在人生中,我们都有各自的主体性,也要有各种共同体的公共性。这是我们共同建构的借以安身立命的人文世界。

三、基于公共性与个体性的教师角色建构思路

首先,整体考察的两种视野。教师角色的双维建构,在整体上由理论分析和实践考察两种视野构成。具体来说,在先后顺序上,先进行教师角色的公共性与个体性之蕴涵阐释,并基于此进行突显教师角色公共性与个体性的建构分析,做到从理论上认识和把握教师角色建构的整体情况。后进行基于理论分析的教师角色实践考察,把对教师角色双维建构的理论分析投射到教师角色实践之中,探究教师角色公共性与个体性双维融合的逻辑、方式和样态,以此呼应理论分析的适切性和有效性,形成教师角色双维建构的理论与实践相结合的整体认识。

其次,理论分析的两个层面。虽然教师角色的公共性与个体性在现实中是无法绝对分离的,但是为了厘清和认识教师角色的双维蕴涵并作出进一步的建构分析,这种辩证的分层审视和考察就显得尤为必要。从可能性来看,教师角色作为特殊的社会职业角色之一,有其作为特殊职业角色的独立特性,而把握它的公共性与个体性蕴涵及其逻辑关系,则是认识教师职业角色独立特性的根本选择和基本途径——分别从公共性期待与个体性演绎两个层面,探究教师角色独立特性的双维意蕴,并作出突显公共性与个体性的教师角色双维建构分析。

最后,实践考察的三处焦点。教师角色公共性与个体性走向融合的实践逻辑、实践方式及基本样态,是教师角色双维建构在实践层面需要考察的三处焦点问题。教师角色实践中的公共性与个体性是交织在一起的,双维之间有效融合才能促进教师角色实践的实效性,并最终达成教师角色的价

---

① 卞桂平.从"我"到"我们":公共性哲学的当代阐释[N].光明日报,2020-07-13(15).

值实现之目的。其中,把握并阐释教师角色公共性与个体性如何"融合"在教师角色实践中将是第一个焦点,即重点阐明教师角色公共性与个体性之间的宽容让渡、互释互构、起承转合等双维关系。与此同时,教师角色公共性与个体性之间并非融合自洽的,现实中二者时常充满矛盾,故而还需要探究教师角色实践方式和实践样态等问题。

总而言之,关于教师角色之双维建构的思路,本书将围绕两种视野、两个层面和三处焦点,架构起教师角色双维建构研究的基本阐释框架,并根据论述需要进行不断修正和优化,以期形成较为完整的话语表达体系。

第三章　教师角色的公共性意蕴及其建构分析

　　基于对教师角色之双维确立依据与建构思路的认识,进而要探究的问题包括:教师角色有着怎样的公共性和个体性意蕴?应该进行哪些建构?又该如何进行建构?当然,实质上教师角色的双维——公共性与个体性及其意蕴阐释和建构分析,本是缠绕在一起的互释互构的整体过程,但为了对它们进行系统且深入的理解与认识,在此作出先分后总的论证安排。本章将先就教师角色的公共性意蕴及其建构问题进行单独的阐释和分析,以期为后续篇章对教师角色的个体性意蕴及其建构分析,以及对教师角色双维融合的关系辨析和实践问题探讨等奠定基础。

　　探究教师角色的公共性意蕴是进一步分析教师角色公共性建构的前提和基础。一般来说,阐释某一事物的意蕴往往有两种思路:一种是逻辑推进,即对这一事物或者概念同与之相关的其他事物或概念进行由内而外的逐层逻辑推演和比较,在此逻辑过程中认识事物的基本意蕴。另一种是要素分析,即通过对这一事物的构成要素进行解构分析,以获知其相关属性,揭示其意蕴特质。就对教师角色的公共性意蕴阐释及其建构分析而言,本章偏重在静态结构层面上对教师角色的公共性意蕴进行阐释,进而对公共性维度加以建构分析。

　　总体来说,研究指出公共性是教师角色的根本属性,也即所谓的教师角色之本性,它是一个概念,也是一种视角。它是历史性的生成,也是当前教育作为公共领域被提出并加以审视的,与教师角色的个体性相傍相立、相依相生,而且作为一种概念和视角的静态分析,此公共性只能依附于体现教师角色公共性相关的具体"物品",如制度、政策、媒介以及具体的教育领域和部门等。就其建构而言,并非直接指向公共性本身的丰富和提升,其在根本上指向的是教师角色的个体性及其表现、发挥。因为公共性维度的教师角色建构旨在为教师角色的个体性发挥和彰显辨明意义、构筑框架、搭建舞台、塑造指挥棒,即提供丰足的公共性"物品"和清晰的公共性内涵,并在促进教师角色个体性不断显明的过程中,实现教师角色公共性的持续丰富和不断提升。

第一节 教师角色的公共性意蕴阐释

作为教育公共领域的重要主体之一,教师角色有着丰富的公共性意蕴。谓其丰富,主要在于它的复杂性和多样性——它既是静态的又是动态的;既是由上而下被期待的又是由下而上被演绎的;在内涵上既涉及公共使命,又包括公共理性,还有公共精神等多重意涵。鉴于此,我们将分别逐层理解和阐释教师角色的公共性意蕴。首先,宏中观层面的教师角色的公共性意蕴,它是静态的、结构化的、物品性的,用涂尔干的社会事实分类法来说,这一层面的教师角色公共性当属于"物质性社会事实"[①]。其次,较为微观层面的公共性意蕴,它是动态的、实践化的、活动性的,与物质性社会事实相对,这一层面的教师角色公共性属于"非物质性社会事实"。当然,在总体上,教师角色的公共性显现和发挥,既需要以宏中观层面的认识为基础和前提,也需要来自微观层面的教师个体角色实践的活动支持。本节着重分析宏中观层面的教师角色公共性意蕴,涉及教师角色公共性的生发、形式及本质等多个方面。

一、关系生发:教师角色的公共性源头

虽然实践中每处具体可见的教师角色公共性都是由教师个体真实地表现出来的,但是他们作为教师所外显的角色行为或角色形象之所以被人们认同为具有公共性特征,是因为我们看到的教师角色公共性仅仅是它的最终形式,而至于它的生发源头,则需要向上追溯其在社会结构中的"关系"本质。从根本上看,教师角色的公共性生发于它的社会结构关系。教师角色

[①] 涂尔干区分了"物质性与非物质性"两类社会事实,前者涉及建筑、技术、法律、制度等,后者主要包括道德、良知以及集体表现、群体心灵、社会潮流等。

是现代社会结构化和分层化的必然产物,也是现代社会职业分工体系中的具体职业角色之一。在现代职业角色理论语境内,教师角色是教育在社会结构网络中各层节点"关系"的具体体现。而教师角色在教育整体关系中作为关键节点所表现出的特殊性,在一定意义上等同于教师职业的独立特性。换言之,教师角色表征的独立特性,是在它作为关键节点所勾连的多重"关系"中生发出来的。进一步说,由我国基础教育事业的公益性原则和特点所决定,教师角色勾连出的互动关系完全不同于当前占据社会主流地位的市场交换关系。教师角色的节点关系从属于不同层面的共同体,并在各层共同体内形成具体的支配关系、协作关系或者共生关系。与此同时,正是在这些共同体构成的关系语境内,教师角色的各种"关系"得以生成和互动,而互动就意味着教师角色公共性的不断生发。

那么,教师角色的互动"关系"何以会生发公共性?首先,从公共性概念本身来看,实际上,自其产生之初,就内含着个人对关系的崇拜。在最初的意义上,公共性被用以衡量一个人是否成熟,而成熟的标志就是他能够理解自我与他人之间的关系——当这种"关系"表现为关心他人利益超越了关心自我利益时,也就意味着他成熟了,即有了公共性的原则;反之,这个人则可能被视为"傻子",也就无所谓公共性。其次,从教师作为一般人的社会本质来看,人是一切社会关系的总和,就社会关系而言,在当前以职业分工产生各色职业人的情况下,以职业角色为中心形成了个人的主要社会关系总和,即在某种意义上,可以进一步说,是具体的社会职业关系形塑着个人的社会本质。换言之,人的社会本质取决于他的"现实性上的"社会关系总和,它不是抽象出来的人的共同性,而是富足且显著的公共性,因为"人是社会关系的承担者,社会关系使个体变成社会的人,形成独特的社会品质"[①]。由此来看,在人的社会本质属性上,个人因为现实的社会关系而脱离了成为"抽象的人"的命运,它们不是形而上的结果,而是持续走向现实的社会关系的结果。如此,个人作为社会现实关系的承担者就具有了独特的社会品质,而这种"独特的社会品质"正是人们以现实的社会身份不断走向"关系"时显现出的公共性品质。最后,从教师角色的教育学意义来看,教师一直处于教育教学公共领域构筑的多重关系之中,含有丰富的公共性意蕴。譬如,在理解教育中的主体关系上,公共性成为理解教育现代化的新旨趣,被看作继主体

---

① 吴向东.对人的全面发展内涵的解释[J].教学与研究,2004(1):84-87.

性、主体间性之后走向他者性的一次教育学超越:既超越了传统教育对主客体关系的认知,又对"他者性中他者的绝对差异性、'面对他者'的责任实现了对主体间的同一性和互惠性的超越。……实现了主体间的共在、共生、共享"①。其中,最具代表性的是常被关注的师生关系问题。亲密型师生关系是过去一段时间众多理论研究的主旨追求,以亲密性思维构建师生关系成为普遍的思路,而面对这种师生关系带来的"爱心异化、距离过近"等问题,公共性"作为社会角色关系的基本属性"成为理解现代教育中师生关系的新主旨,强调"把文明的师生关系作为核心目标,明确师生的角色底线并强调师生交往的公共伦理原则"②。

  实际上,教师在教育场域中的角色关系虽以师生"关系"为主③,但是又远不止于此,原因有两个方面:一方面,当前对师生关系进行公共性维度的考察,仅是出于对师生关系之传统重要地位的习惯性看重,并未因师生之间形成共同体的需要及其必然之关系而展开主动且系统的公共性认识;另一方面,教师除了与学生主体之间形成鲜明的主体间性关系,他们还同时在国家层面、社会层面、学校层面以及课堂层面,与多重主体之间产生密切的关系,它们将与师生关系共同构成对角色关系的整全式认识,即教师在国家、社会、学校、课堂等层面构成的各类共同体内,也有教师作为主体身份的重要角色"关系"存续,它们也会生发出丰富的公共性意蕴。

  具体来看,首先,在国家层面上,国家是依据法律而使许多人组织联合在一起的共同体,即国家是许多人依据法律组织起来的联合体。这些法律必须被看成是先验的必然,也就是说,它们一般来自外在权利的概念,并不是单纯地由法令建立的。国家的形式包含在国家的理念之中,应该从纯粹的权利原则来考虑它。这个理想的形式为每一个真正的联合体提供了规范性的标准,以便把联合体组织成一个共和国。④ 在此法律组织而成的国家共同体内,人们以公民身份示于彼此并建成相互之间的确切关系,而在教育的

---

① 冯建军.从主体间性、他者性到公共性:兼论教育中的主体间关系[J].南京社会科学,2016(9):123-130.
② 余清臣.与亲密性相映:现代师生关系的公共性建构[J].教育科学研究,2016(10):5-9.
③ 这种"为主"既是师生关系的核心地位的体现,也是传统视野的习惯性观照,尚未形成主动的以"关系"之公共性对师生关系进行系统全面的考察。
④ 康德.法的形而上学原理[M].沈叔平,译.北京:商务印书馆,1991:139.

意义上,学校教育也就被称为公民教育。作为国家整体上的顶层设计者和宏观引领者,国家共同体层面的公民教育向外呼应和连接着"全球公民教育"①的潮流与趋势,向内决定着"学校本质与公民教育"②间的密切关系。而作为实施学校公民教育第一主体的教师,其重要的角色功能就是组织开展以公共交往为教育方式的实践活动。当然,本层面的教师角色功能虽没有如师生关系那样被学界积极关注,但也并非完全被学界忽视。其实,早在21世纪初基础教育改革开始时,以吴康宁教授为代表的教育社会学者就清醒地认识到了其中问题的敏感性,他们认为国家层面共同体实质为支配体,教师角色在其中的关系也就生成了他作为"支配阶层代言人"的角色定位,而其教师角色公共性自然就是代言国家的公共意志,进而生成教育公共使命。其次,在社会层面上,形成的是与国家支配体矛盾又统一的社会职业联合体,教师在其中往往被给予知识人或社会代表者的厚望。然而,就当前而言,教师在社会中的角色似乎难以企及。那么,教师角色在社会职业联合体中到底与其他职业角色主体之间应该呈现怎样的"关系"? 生发何种公共性? 又是秉持怎样的社会公共使命走进学校教育场域? 这些都是需要我们结合当前社会结构特征进行探讨的重要问题,因为它们也是影响教师角色公共性意蕴理解的重要内容。再次,在学校层面上,不论国家与社会层面给予教师怎样的公共使命,在学校共同体内,教师角色多以"群体行动"的形式出现,因为他们有着更多的共同性,即共同完成公共使命——在共同的责任、共同的目的甚至共同的行为中呈现出"协作的关系"。所以学校层面的共同体实质上是一种行动共同体,教师角色的重要公共性意蕴之一,就是在学校行动体内处理与其他教师同事之间同僚③性协作关系时所生发的一切具体内容和相关意义。最后,在课堂层面上,基于课堂教与学的辩证关系而形成了师生之间的课堂共生体——无学便无教,无教就无学,师生之间缺一不可,呈现出共生、共享的特殊关系。所以说,以课堂共生体再次审视师生关系,就会生发出有别于当前关于"师生关系公共性"的一般认识,从而获得更为丰富且完整的公共性意蕴。

  从互动交往理论看,对教师角色进行四层共同体内的"关系"理解和把

---

  ① 冯建军.全球公民社会与全球公民教育[J].高等教育研究,2014(3):6-14.
  ② 蔡迎旗,唐克军.学校的本质与公民教育[J].教育学报,2013(4):10-15.
  ③ 本书中的"同僚",借用佐藤学在《课程与教师》中对学校中教师关系的称谓,如称教师之间的关系为同僚关系。

握,其实也暗合了雅斯贝尔斯对人类命运共同体内主体间互动交往的四种基本关系和形态之认识。第一,以"共体主体性"形成的互动关系,对应国家支配共同体中的教师角色及其公共性意蕴。此中,共同体是唯一主体,个人只是其中的构成之一,发挥着工具作用以满足共同体的需要。譬如,学界一直以来的教师资源配置观就是在这种"共体"语境内的理解和认识,特别是在乡村教育成为学界聚焦的重点之后,乡村教师、轮岗教师也就顺利成为国家共同体内统筹"城乡教师资源均衡配置"[①]的重要对象,认为轮岗教师可以"作为具有公共性的人力资源"[②]纳入国家整体教育发展规划之中,而实际上,国家在出台的系列政策或意见中也是以此表述的,如"优化义务教育教师资源配置"[③]等。第二,以"交互客体性"形成的互动关系,对应社会职业联合体中的教师角色及其公共性意蕴理解。此中,个人是主体,其他人只是交往的手段,目的是实现自我,发展个体主体性。所以当今教师作为社会职业联合体内的角色担当,就连半个知识人也少有被提及和讨论了。第三,以"外在主体间性"形成的互动关系,对应学校教育行动共同体中的教师角色及其公共性意蕴理解。此中,学校内的每个教师都被看作教书育人的主体,他们之间并非主客关系,而是主体与主体之间的平等关系,强调多主体间的共同发展、利益共享,即学校层面的教师行动共同体实际上可能"推崇的是一种以主体间的合作为旨趣的理性主义的公共性信念和追求"[④]。譬如,当前在基础教育学校内形成的以教师学习共同体追求教师专业成长的探索模式,正是基于教师多主体"外在主体间性",共同追求和实现专业发展之利益获得的行动探索。第四,以"内在主体间性"形成的互动关系,对应课堂教学共生体中的教师角色及其公共性意蕴理解。此中,师生之间基于教与学的紧密关系,产生"存在性"互动交往关系,他们不以外在物质利益追求为目的,而是基于对人格、尊严、关怀以及对更高层面的公共利益进行观照,师生之间是一种无差别的"爱的关系"。审视当前课堂教学中的师生关系,可以看见学生主体、学习中心等标识学生和学习重要地位的许多尝试。需要指出的是,它们的出发点大多还驻留在如何帮助学生获得更多的知识、形成获

---

① 夏茂林,冯文全.城乡教师资源均衡配置问题探讨[J].教育科学,2010(1):75-79.
② 操太圣.轮岗教师作为具有公共性的人力资源[J].教育发展研究,2018(4):3.
③ 中共中央 国务院关于全面深化新时代教师队伍建设改革的意见[EB/OL].(2018-01-31)[2021-09-20].http://www.gov.cn/zhengce/2018-01/31/content_5262659.htm.
④ 贾英健.社会关系的实践基础及共同体的价值追求[J].东岳论丛,2009(3):47-53.

取知识的能力等层面,在知识能力本位视野内这也本无不妥之处。而从学生发展核心素养的视野去审视,尚未将师生之间、生生之间的内在主体间性关系置于恰当的重要地位,没有认识到它能生发的公共性之价值和意义,就可能会累及自主发展、社会参与等重要维度的有效跟进,终而可能会出现核心素养不能完整地落地的问题。

总而言之,从上至下、由外及内的共同体"关系"递进,使其中的教师角色演化出基于"我—你—他"关系的丰富的公共性意蕴。具体而言,首先,在国家和社会的共同体层面,确定教师之"我"是谁的职业身份公共性;其次,到学校教师群体间形成共同行动体层面,确定"我与你"之间展开协作共同进行育人实践的行动公共性;最后,到课堂教学共生体层面,确定教师的"他者是我、我与他者、我为他者"的丰富关系,并生发出以共在、共生、共享等为特质的活动公共性。然而,亦需强调的是,共同体语境内的关系之所以能够生发出教师角色的公共性,是因为它专为互动而存在——为实践层面教师个体的角色实践与行为表现而建构。也正是在此意义上,我们说教师角色的公共性是在关系中生发的,而这也决定了它是抽象的、期待的、有待于教师个体以个性化的角色实践去充实和丰富的特性,即此处所言教师角色公共性在本质上是静态的,而它最终指向的是教师角色个体性之动态的实践发挥。质言之,由所在共同体关系生发的教师角色公共性源头指向了教师作为一种社会公共育人职业的统一规范、规定和要求,内含着人们对这种特定职业和特殊节点角色的共同期待、诉求和愿望。

二、寄寓文本:教师角色的公共性形式

由多层共同体的互动"关系"生发出的教师角色公共性,在被教师个体进行角色实践的演绎和表现之前,自身并无确切的独立存在形式,而只能以静态且有待于个体表现的样态附身于其他"物品"之上。换言之,教师角色公共性同一般意义上的公共性概念一样,它并非实体概念而是属性概念,在其生发之时只是一种有助于形成价值判断的视角、理念,被寄寓在各种限定和描述教师角色行为的"文本"之中。之后,才经由教师个体在其角色实践中变成一种参与具体行为活动的观念、态度、精神,终至于在教师个体身上形成一种富有个性化的、真实可见的公共性精神。那么,都有哪些文本寄寓着教师角色的公共性,又以怎样的形式呈现并发挥作用,对此的考察是理解和认识教师角色公共性意蕴的另一个重要方面。

具体来看,教师角色公共性分别在法理文本与伦理文本中得以寄寓和发挥作用。一方面,在法理文本上,法规制度、政策文件等是寄寓教师角色公共性的主要文本形式之一,它们意在强调教师角色公共性的生发源头——结构关系的合法性,突出教师角色置于一定社会结构关系之节点的权利保障和义务责任;另一方面,在伦理文本上,主流媒介、文艺作品等宣传和刻画的典型教师个体之道德形象,是寄寓教师角色公共性的另一种重要的文本形式,它们意在通过典型教师个体所演绎的富于教师角色公共性的道德形象,强调教师在教育教学公共生活中的角色行为正当性,以此反向突显教师角色公共性之于教师个体的角色实践活动和生命价值实现的重要意义。

(一)教师角色公共性的法理文本寄寓

所谓法理文本,既包括国家正式颁布的法律文件,如《教师法》等,也包括国家出台的政策文件,如2018年中共中央、国务院颁布的《关于全面深化新时代教师队伍建设改革的意见》等,它们主要从法律层面以法定效力确证教师的公共性身份和地位,并以赋予教师法律身份的方式,说明教师是执行和担当教师职业公共性及教育事业公益性的合法人员。譬如《教师法》第3条规定,教师"承担教书育人,培养社会主义事业建设者和接班人、提高民族素质的使命"。在此,教师的法律身份是关于教师与其他各级各类教育主体之间关系的法律规定,是建构教师权利和义务的核心依据,明确教师的法律身份是探讨教师队伍建设和教师专业发展的根本性问题。[①] 在我国,因基础教育事业的公益特性,教师角色历来都没有离开过公务性的限定,或被称为"教育公务员",或被称为"国家工作人员",甚至有人认为可以直接列为一般公务员。我国《教师法》中却一直没有明确教师的法律身份,只是突出了教师的"履行教育教学职责的专业人员"身份。[②] 直至2018年,中共中央、国务院《关于全面深化新时代教师队伍建设改革的意见》明确指出,要"确立公办中小学教师作为国家公职人员特殊的法律地位,明确中小学教师的权利和义务,强化保障和管理"[③]。其实,我国基础教育领域的中小学教师(不论公

---

① 韩小雨,庞丽娟.我国义务教育教师的国家教育公务员法律身份及其保障制度[J].教育学报,2010(2):82-89.
② 俞建伟,韦玮.海峡两岸《教师法》的比较及启示[J].教师教育研究,2008(4):44-50.
③ 中共中央 国务院关于全面深化新时代教师队伍建设改革的意见[EB/OL].(2018-01-31)[2021-09-20].http://www.gov.cn/zhengce/2018-01/31/content_5262659.htm.

办还是民办)都具有公共性与专业性的双重特点。特别是自2018年《关于全面深化新时代教师队伍建设改革的意见》出台以来,在吸纳教育现代化目标与理念催生出的新的权利义务结构体系之后,尤其突出了公共性作为教师立法的价值规范。

从根本上讲,当我们以突出教师职业的公共性特质为基础,来讨论《教师法》的新规划时,即通过国家对关于教师的法理文本进行不断的细化和丰富,其实正是以法律的形式明确和强化国家共同体层面的教师角色之公共性意蕴。特别是以"国家公职人员"的身份明确和保障了教师角色的公共属性和价值地位。不论是《教师法》,还是《关于全面深化新时代教师队伍建设改革的意见》,它们作为重要的法理文本,志在以教师特殊法律身份的赋予,强调教师职业的公共特性和教师角色的公共责任担当,从国家支配体层面强化其对基础教育教师进行资源配置的义务和能力。从三十年前我国《教师法》对教师作为专业人员的单独强调,到今天将公共性积极地纳入其中,"强调教师作为公职人员必须承担公共使命,服从政府管理,履行公职人员义务"①,并突出它对于教师专业性作用发挥的前提性保障地位,回应了新时期教师专业发展对教师角色公共性与专业性相统一的现实诉求,有利于进一步指导教师角色的理论与实践建构。

具体来看,教师角色因源于"现代国家公共教育体系建立的需要以及其对社会发展的重要功能,与其他类型专业人员最显著的区别即在于教师职业的公共性"②。为保障这种公共性的实现,国家从法理层面给予了强有力的法律和政策支持。与此同时,国家以法理文本为基础,自上而下地打造出系列相关的配套措施,以达到国家法理文本对教师角色公共性落地的目的。譬如,向社会提供作为纯公共产品的中小学学校和满足国家统一规定的课程体系,让教师"从事代表国家履行义务教育责任的服务活动,具有典型的公务性与明显的公共性,突显了将其纳入国家公职人员范畴的合理性"③。教师公共身份的法律赋予仅仅基于教师职业层面的公共性,如涉及公共经

---

① 陈鹏,李莹.国家特殊公职人员:公办中小学教师法律地位的新定位[J].教育研究,2020(12):141-149.
② 余雅风,王祈然.教师的法律地位研究[J].华东师范大学学报(教育科学版),2021(1):49-58.
③ 杨挺,李伟.公办中小学教师作为国家公职人员的特殊法律地位[J].中南民族大学学报(人文社会科学版),2021(7):106-116.

费、社会公共利益以及教育作为公共产品的共同消费等,但是继续向下至学校教育层面,教师角色的公共性就会涉及教育活动的公共性,包括学校层面公共事务和公共生活的开展、面向全体学生的一视同仁和无差别对待等。需要指出的是,虽然学校教育属于公共领域,教师职业具有公共属性,教师也有"国家公职人员"的身份,但是教师的角色实践并不以任何行政权力为支撑,而是有其自身的特殊公共使命,以及独特的角色实践方式,这决定了教师角色的公共性有其独立的内涵。所以说中宏观层面的法理文本形式,在赋予教师角色以公共属性的同时,也衍生出了每位教师个体在教育教学活动中的共同的道德规范、行为要求。譬如,当前基于法理文本而颁布的《中小学教育惩戒规则(试行)》,就是典型的被赋予育人公共性要求的公共物品,它能在中观的学校教育层面为教师个体的角色行为活动提供明确的公共性形式依据。这也是一种典型的教师角色公共性建设行动,它为教师个体开展富有个性化的育人活动,构筑了基本的舞台及规则。

总之,教育公共领域中的公共行政部门及其编制的具有公共性的规范和制度等,都是为了教师角色个体性的施展与突显、教师个体角色实践的健全以及教师角色公共性与个体性的和谐而存在的,教师个体及其角色实践才是目的,而教育公共部门及其制度建设等只是手段。

(二)教师角色公共性的伦理文本寄寓

所谓伦理文本,既包括浓郁的叙事文本,以讲述来自教育一线的典型教师形象,如主流媒体中的新时代"人民教育家"于漪老师、"时代楷模"张桂梅老师等典型形象,也包括典雅的素描文本,以阐释领导人讲话中的理想教师形象,如习近平总书记提出的有理想信念、有道德情操、有扎实知识、有仁爱之心的好老师。此外,还有更多的典型教师群体形象出现在纸质报端或在线新媒体中,它们也是教师角色公共性寄寓的重要伦理文本。媒介中典型教师形象的呈现[①],主要从伦理层面以道德效力确证教师的公共性形象和价值,并以赋予教师伦理尊严的方式,说明教师是执行和担当教师职业公共性及教育事业公益性的正当角色,宣扬着教师角色丰富而生动的公共性意蕴。

其中,在《人民日报》《光明日报》等主流媒体中,就有于漪、张桂梅等典型教师形象展现其自身公共精神的典型叙事。譬如,"人民教育家"于漪对教师职业角色的特殊使命就有自己的认识:"教师就是一个肩膀挑着学生的

---

① 当然,主要领导人关于教师角色的重要讲话,也是通过媒介传播而产生影响的。

现在,一个肩膀挑着国家的未来。"所以,她认为教师要有一种"大先生"观,而所谓"大"主要指涉一种气派和格局,"就是一个人张开双臂拥抱祖国、拥抱人民、拥抱世界"①。对于自己成为"教育家"而被当作研究对象,她更是愿做一处"引子和原点",希望能与更多教师交流思想,为他们传播经验、架构桥梁,以涌现更多新时代良师。具有典型公共性意蕴的另一位教师形象是"时代楷模"张桂梅,她以一条小溪自喻,为的却是流向广阔的"沙漠",并滋润出"一片绿洲",表现出为下一代奉献自己的鲜明的公共精神和强烈的投入教育事业的公共使命之意愿,志在"培养一批又一批学生",以使"她们将来都能拥有美好的人生"②。其实,像张桂梅老师一样正在将整个生命都奉献给乡村和乡村教育的教师有290多万,他们融入乡村社会的文化共同体,并为整个社会均衡发展、乡村脱贫攻坚等贡献自己的力量。对此,《光明日报》点评了乡村教师的公共精神:"他们终其一生或许默默无闻,用生命践行使命,用情怀抒写担当,看似普通平凡,却无比崇高。"③在第36个教师节来临时,习近平总书记高度肯定了乡村教师的这种投身乡村教育的高尚师德和拥护公共使命的担当,称赞他们"用爱心和智慧阻断贫困代际传递,点亮万千乡村孩子的人生梦想,展现了当代人民教师的高尚师德和责任担当"。④

从根本上看,伦理典范形象中的教师角色与法理文本中的教师角色规范形成了两相呼应的关系,重在使人们对法理文本的"底线"要求塑造出一种富于公共性的心理倾向。而且,典范的教师形象更富于公共性意蕴,显现出教师个体基于公共性法理文本的自我创造性,以及对社会和个人双重价值实现的重要意义,即以教师无心于个体的"小我"价值实现,反身去追求公共需要的"大我"价值实现。这样一种富于公共性"大我"的典范教师形象的树立,读者产生趋向典范的公共性品质之内心情感,以达到更广泛地引领教师个体角色实践的教师专业发展之目的。

总而言之,如果说法理文本重在强调教师角色公共性意蕴的规范性与

---

① 颜维琦.于漪:教育不是结果,而是生命展开的过程[N].光明日报,2021-09-10(8).
② 丁雅诵.云南丽江华坪女子高级中学党支部书记、校长张桂梅:扎根深山 不负韶华[N].人民日报,2021-09-10(6).
③ 光明日报评论员.张桂梅为何让人热泪盈眶[N].光明日报,2020-12-11(1).
④ 习近平向全国广大教师和教育工作者致以节日祝贺和诚挚慰问[N].人民日报,2020-09-10(1).

正统性，突出制度规范上共性的、底线的一致化要求，那么，伦理文本通过对教育一线中教师角色公共性的多样典范形象进行叙事和塑造，则意在强调教师角色公共性的创造性与丰富性，以突出伦理道德层面的教师个体对教师角色的个性化、多样化探索。它们共同构成了教师角色公共性的基本存在形式，即分别从法理的权威要求与伦理的典型示范，确证教师角色的公共性存在，指引更广泛意义上的教师角色公共性之理解、认识与实践。质言之，寄寓在"文本"中的教师角色公共性，主要以法理和伦理两种文本形式，表达着教师作为一种社会公共育人职业的统一规范、规定和要求，以及人们对教师这一特定职业的法理权威要求和伦理典范追求。

三、作为规范：教师角色公共性的本质内涵

从社会结构关系中生发，并被寄寓在法理与伦理两种文本中的教师角色，其公共性呈现为一种"规范"的本质和内涵，即教师角色在其"关系"生出之初像"襁褓中的婴儿"一样在抽象化、形式化、理想化的文本中被演绎和表现。因此，教师角色的公共性实质上是"规范"意义上的表达——教师作为教育职业人的基本规范。那么，作为规范的教师角色公共性之本质到底涵括和表达着怎样的内涵？这是理解教师角色公共性意蕴的核心问题，而且它直接关联和引领着教师角色的个体性演绎和表现。从教师的社会地位和角色功能来看，由于教师是一种社会公共育人职业的统一规范、规定和要求之源头引申，教师角色的公共性应主要指涉从公共使命到公共理性再到公共精神的基本内涵。

（一）始于对育人公共使命的意识

所谓使命，在现代汉语中意为"派人办事的命令，多指重大的责任"。[①]不论是从国家与社会的层面，还是从学校教育与学科教学的层面，教师因其关键的社会节点地位及其角色责任而担当重要的育人使命，所以教师角色的公共性本质内涵就始于以育人为根本追求的公共使命。

实际上，教师的角色使命担当问题常被置于教师专业精神的核心层次而加以考察，成为理解"好教师"的内涵以及把握教师专业发展的重要抓手。譬如，在文化传承、弘扬及创造的使命担当上，教师是文化的"使者""行

---

① 中国社会科学院语言研究所词典编辑室.现代汉语词典[M].7版.北京：商务印书馆，2016：1189.

者"——传承优秀传统文化、借鉴优秀域外文化、创造民族的时代新文化,并能学以致用、以文化人……此外,因对教师角色的考察视角不同,也会有不同角色责任下的使命担当,涉及学生的心理健康、学习创造、道德与价值教育等,以及不同的教师角色有着各异的使命担当,如乡村教师的乡村振兴与文化建设的角色使命①、语文教师的精神感召与艺术熏陶之角色使命②。总体来看,这些具体的教师角色使命认识都能在一定意义上显示着教师角色的独立特性,那就是围绕着育人作为教师角色的使命回答育什么人、怎样育人以及为谁育人等问题。在此意义上,教师就是国家赋予教育之公共意志和公共使命的第一责任人。

从当前来看,《关于全面深化新时代教师队伍建设改革的意见》再次明确了"兴国必先强师"的坚定认识,指出教师是"教育发展的第一资源",习近平总书记更是从国家战略的层面,多次强调了教师担负着"塑造灵魂、塑造生命和塑造新人"的伟大使命,承担着为社会主义培养"建设者和接班人"的历史重任。总而言之,作为教育根本任务的立德树人成为教师的第一要务,自然也成为所有教师共同的、公共的角色使命。

(二)载于对启蒙公共理性的责任

那么,在基础教育领域中,教师角色担当育人公共使命的核心任务是什么?换言之,彰显教师角色公共性的靶心点在哪里?这取决于对教育特别是基础教育是什么的理解和回答。

基础教育的重心在于师生之间的精神交往活动,其"教育之伟力远远不止于知识与技能的传递,而在于个体生命精神力量之成长;在于有更强大的内心,能面对复杂多变的现实世界;在于有更清醒的生命自觉,成为自己人生小船的船长,从航线的制定,到暗礁的绕过、风浪的战胜,都要自主、亲历"。③ 用雅斯贝尔斯的话说,教育就是帮助学生实现"知识内容的传授、生命内涵的领悟、意志行为的规范……使他们自由地生成,并启迪其自由天性。因此教育的原则,是通过现存世界的全部文化导向人的灵魂觉醒之本源和根基,而不是导向由原初派生出来的东西和平庸的知识"④。如此,富有

---

① 曹二磊,张立昌.新时期乡村教师"文化使命"的式微及重塑[J].新疆社会科学,2019(3):86-91.
② 于漪.语文教师的使命[J].全球教育展望,2008(4):21-26.
③ 叶澜.静默的汹涌:难忘中国 2020 之春[J].基础教育,2020(2):5-8.
④ 雅斯贝尔斯.什么是教育[M].邹进,译.北京:生活·读书·新知三联书店,1991:3.

"精神力量""生命自觉"的教育,能够"领悟生命内涵""启迪自由天性""导向灵魂觉醒"的教育,才能使人从自然本性中破茧而出,除"愚"去"昧",从而获得他的"第二天性"。概言之,人的理性启蒙既是教育的直接目的,又是所有其他间接教育目的达成的基础和载体。这也就同时构建了教师角色公共性的靶心点,即基础教育教师角色担当的育人公共使命之核心任务是启蒙公共理性。而且,公共理性之于教师角色公共性本质内涵的构成,具有承前启后的重要地位:承前公共使命,使公共使命具有确切所指;启后公共精神,使公共精神的形成和显现成为逻辑必然。

从理性本身看,它是人类在漫长的历程中发展起来的一种高级属性、本质属性,是人类所特有的功能,是一切人类活动固有的特性。存在论意义上的理性,它与物(质)性相对应,是人特有的非凡特质之实体,即大脑的一种功能性概念;认识论意义上的理性,是一种能力,是人在认识世界、获得知识时,进行逻辑推理、系统分析及综合判断的能力;价值论意义上的理性,为人们生活中的美、丑、善、恶树立理性的标准,引导人们寻找和建造有意义的世界,过上有意义的生活,追求有意义的人生;行为意义上的理性,表现为一种约束能力,是个人的信念、智慧、良知的核心构成,能够克制、慎重地通盘考虑行为的前因和可能的后果,拒绝盲目、冲动的非理性行为。总体来看,理性是如此重要,它几乎构成了整个哲学领域的对象和理想,但是这些理性的意义绝非仅仅为了成就一套套哲学体系。在现实意义上,用张汝伦教授的话说,理性的力量更体现在每个人的实际需要中——它须臾不离"人"的存在、成长和生活,能给人类的行为提供指导,即理性关乎每个人的成长和健康,关系到生活目的的决定,也关系到生活价值的追求,形成每个人在个体生活与公共生活中的自我精神担当和能力自治。质言之,不论哪种视野内的理性,它都为人提供一种依赖感与安全感,都为人的成长与成才提供关键的力量。也就是说,它既充当着教育启蒙的条件,更是教育启蒙的靶心点。只是与一般理性相关又不同,基础教育领域的教师角色之公共性本质和内涵,主要指涉的是公共理性。

所谓公共理性,就其一般意义来说,与个体(个人)理性相对,"个人理性在理解自身运作能力方面,有逻辑上的局限,它无法永远离开自身来检视自身的运作。理性发挥作用,必须在累积性知识传统的框架内进行"①。此"累积性知识传统的框架"即为公共理性,个体理性的作用发挥必须在公共理性的框架内,而这正是教育进行理性启蒙的根本意义所在。② 而所谓启蒙,就个人而言,它是一种自我反思的主体性原则,因为怠慢、懦弱等原因而使个人未加以利用理性这个人类的原初禀赋,从而陷入了不成熟的状态即"未启蒙的状态",与此同时,启蒙还能使人类经由自身理性优势而迈向绝对公正秩序的客观趋势。无论上述的哪种情况,"启蒙都必须以公共性为中介"③。因此,教育意义上的公共理性启蒙就是帮助学生走出对世界和自身在理智认识上的蒙昧与疑惑状态,获得理性的自由、促进理性的成长,从而成为自身学习、生活与实践的能动、自主、自为的发展主体,简言之,就是要帮助学生摆脱恐惧、树立自主。这也正恰合了雅斯贝尔斯对教师角色之于教育价值和意义的根本认识,即借助于教师的角色存在而将学生个体带入无限"全体"之中,从而使学生"进入世界而不是固守着自己的一隅之地,因此他狭小的存在被万物注入了新的生气",在与"一个更明朗、更充实的世界合为一体"的过程中,学生也就"能够真正成为他自己"。④

  总而言之,由于教育之立德树人的根本任务和共同使命,教师角色的公共性本质内涵必须载于对公共理性的启蒙——重在体现教师公开的使用理性,即通过鼓励学生勇于交流,并在相互交流中自觉地使用理性(个体的理性和公共的理性),以"脱离愚昧不成熟的状态"。因为就基础教育阶段而言,不论从社会需要学校培育合格公民的角度看,还是从学生个体进学校以接受教育而寻求自身成长的角度讲,对学生进行公共理性的启蒙都是教师角色彰显其公共性特质的最基本和最基础的要义。而且教师带领下的发生在学生群体内的"共同思考"恰是对理性的公开使用,这也更符合公共理性形成的先天优势,因为"如果我们不和彼此相互交流思想的群体一同思考,我们的思考又会有多少内容和多大的正确性呢"⑤! 反过来说,也唯有将教

---

  ① 袁祖社.实践的"公共理性"观及其"公共性"的文化—价值追求[J].学习与探索,2006(2):75-80.
  ② 在此,所谓公共理性,不同于罗尔斯在纯政治学意义上给出的"政治理性",它更多指阿伦特关于人的存在境况意义上的公共理性,即属于"存在的公共性"话语体系,如人的共同体存在之理性。
  ③ 哈贝马斯.公共领域的结构转型[M].曹卫东,等译.上海:学林出版社,1999:122.
  ④ 雅斯贝尔斯.什么是教育[M].邹进,译.北京:生活·读书·新知三联书店,1991:54.
  ⑤ 哈贝马斯.公共领域的结构转型[M].曹卫东,等译.上海:学林出版社,1999:122.

师角色的公共性本质载于启蒙学生公共理性的使命担当之中,才能为完成立德树人之根本任务和共同使命奠定基础——帮助学生摆脱个体理性的认知局限,获得公共理性的力量,进而让学生具备对视传统权威而具有创新意识和创造能力的可能,具有成为合格的未来的社会公民的可能。在此意义上,公共理性启蒙正是基础教育之"基础"的核心要义之一。

(三)趋向对养成公共精神的期待

教师角色的公共性本质,最终会趋向养成一种以育人为方式和目的的职业精神,即公共精神,而这种公共精神的养成主体就是每个教师个体,所以说,此时的教师角色公共精神之养成尚且处于角色期待的层面,直指教师个体角色的人格、品质、德性等方面的养成与升华。

所谓公共精神,也即公共理性精神,它的生发"是一个由公共意识到公共理性再到公共责任感的发展性过程"[①]。所以说,公共精神的形成是承担公共理性责任后的自然发展的结果。从一般理性到公共理性,它们之间的间隔和不同,实际上在于对公共领域、公共生活以及共同事业的一份责任担当,也即公共责任。而正是这份公共责任成为教师基于公共理性生成公共精神的关键介质,换言之,从公共使命意识到公共理性启蒙再经由公共责任担当,这应是教师角色公共性趋向公共精神生成的基本结构和发展的基本逻辑。归根结底,理性的问题是"人的存在"问题,而公共理性问题涉及的则是人的共同存在的问题。正如海德格尔所说:"世界向来已经总是我和他人共同分有的世界。此在的世界是共同世界。'在之中'就是与他人共同存在。"[②]就教师角色的公共精神而言,它是教师个体在教育教学中公开使用理性进行育人活动的一种基本的精神,之于教师角色,"它不是一种先验的、普遍的、无局限性的、无约束性的绝对本质"[③],而是在教育教学实践活动中动态生成的,表现在教师个体角色实践和角色生活之境遇的各个方面。

之所以说趋向"教师个体",是因为公共精神的养成直接关联着教师个体在学校教育中的角色实践活动和角色教学行为,它是教师在学校公共生活中的行为的主导思想,教师有什么样的公共精神就会有怎样的工作作风,

---

① 杨淑萍.公共精神的生发逻辑及青少年公共精神的培育路径[J].教育研究,2018(3):27-34.

② 海德格尔.存在与时间[M].陈嘉映,王庆节,译.北京:生活·读书·新知三联书店,1999:138.

③ 金生鈜.教育为什么要培养理性精神[J].教育研究与实验,2003(3):12-16.

它是教师参与和建设学校公共生活的伦理基础,制约着学校内每个参与公共生活的师生的道德心理的发生、变化和作用过程。具体来说,教师角色的公共精神伴随着教师个体的教育教学生活,所以说,当公共精神落到每位教师个体时,它既是鲜活的也是有限的,但是,它对教师个体具有重要的教育生活价值——提供行为指导、约束活动目的,体现为教师个体基于自身教育生活的自我负责精神和实践反思态度。公共精神下的教育教学实践,最终会表现为教师个体追求美好教育生活的卓越品质,"没有这种品质,生活就可能无法判断自身的善,可能就会失去价值信念的支撑,就会导致个人自私的放纵,就会迷恋于狂热和盲从"[①]。相反,拥持公共精神的教师个体及其角色实践,会扎牢知识和道德的价值根基,避免精神错乱和迷茫,有助于形成个性鲜明的教育信念主张和个体教学德性。

之所以是"养成",是因为教师个体具有的公共精神并非自然天成,它只能在教师个体公开使用公共理性角色的实践中生成,即从教师参与学校教育构筑的公共生活中获得,需经历一个他者教育与自我教育的生成过程。这意味教师个体须经历一段向外与向内相结合的自我修养之心路历程,这是一个教育性的动态过程,也即所谓养成。至于能够养成的可能性,在于每个人都具有理性和公开使用理性的本能。批判也是个体理性的自在使用,往往具有随意性、狭隘性、偏激性、盲目性等局限和不足。此时,从学校教育的目的和意义上讲,对于初入校园有待启蒙的青少年等学生群体来说,教师就更应该具有公开使用理性的实践理性能力——判断能力、批判思维能力和推论的能力,以此形成符合学校教育公共生活的公共理性精神,这也恰是教师个体在其角色实践活动中养成公共精神的基础和必要。反过来看,这种教师角色的公共精神养成也就成为支撑起学校教育公共生活的主要力量,促成教师担当学校教育公共生活的主导者和建设者等重要角色。

教育现代化追求下的学校教育实践,内在地禀赋着建构校园公共生活和公共空间的历史使命,客观上要求校园是一个具有自足性和自主性品格的准公共社会,拥有与之相映衬的健康、向上的公共生活气象。教师角色公共性所趋向养成的公共精神,既是校园文化价值观念的精神,也是教师在公共生活中使用的公共理性精神,它端始于师生共同成长之理性启蒙的内在要求,位于教育教学最深和最根本的道德价值层面,在此意义上说,教师角

---

① 金生鈜.教育为什么要培养理性精神[J].教育研究与实验,2003(3):12-16.

色公共性最终趋向养成的公共精神是对教师角色个体性的人格品质的期待。

四、期待个体性：公共性作为教师角色的本性

教师角色具有公共属性，并以公共性为其本性，其根本是在公共的"关系""机构""物品""规范"等意义上被赋予的，即在教育作为社会特殊公共领域的派生物品或活动规范的视野内得以成立和审视的，表达教师作为社会公共育人职业的统一规范、规定和要求。反过来说，教育这一公共领域及其公共部门正是因为提供了学校教育、课堂教学以及作为教育者角色的教师等公共"物品"，才获得其自身公共属性或公共品性的特征，并在社会个体进入教师队伍进而不断培训和提升他们的角色服务意识与服务能力的过程中，进一步增强和丰富其公共性的。在此意义上，教育公共领域语境内的教师角色公共性，是"物"的公共本性所加之于身的。换言之，理论上的教师角色公共性"只是一种形态或属性"，即公共领域及其附属实体"物品"所表现出来的特征。

教师角色的公共性在此层面上具有鲜明的公共物品特征，因此，公共性作为教师角色的本性实质上是以"期待个体性"为意旨的，即亟须教师个体在角色实践中演绎和表现这些公共性特质，以使静态的、物性的、抽象的教师角色公共性得以描绘和书写，变成鲜活、生动、形象的富有个体性特征的教师角色。具体来看，期待个体性主要是期待教师个体的角色实践，包括教师个体对自身角色公共性的挖掘、演绎并凝练成个体品格。

首先，期待教师个体对公共性的挖掘。教育作为公共领域的公共性特质弥散于课程体系、教科书等具体物品性载体中，需要教师个体结合载体的性质和特征加以挖掘并加工，以期为教师角色公共性的个体行为显现和演绎奠定基础。作为教师职业角色独立特性的一部分，与医生、律师等职业角色不同，除了在法理文本与伦理文本等公共物品中附属的静态公共性，教师角色的公共性获得还需要另一个重要载体或公共物品，那就是附着共同知识、共同教养、共同学习的课程体系以及作为其支撑部分存在的教科书体系等，它们内含着更为系统、浓厚和典型的公共性意义。在此意义上讲，以课程架构及其教科书体系为代表的富有公共性的"物品"，才是教师角色公共性更为根本的源泉，因为它们直接参与教师个体的角色实践，指向作为育人对象的学生主体性成长，甚至左右着教师个体的角色实践方式和个体性行

为特色。由此也可以得出这样一个判断：教师角色的公共性并非单独因其自身而拥有和丰富，它既需要教育机构、课程体系、教科书、共同知识和共同教养等公共物品的供给，也需要教师个体发挥其主体能动性去发现、挖掘和辨明，基于这一过程才能完整而全面地显现教师角色的公共性本质和特征。所以说，公共性作为教师角色的本性总是保持期待的姿态——期待教师个体的主动参与和富有个体性的角色实践。

其次，期待教师个体对公共性的演绎。教师角色的公共性本质及特征，包括公共使命意识、公共理性担当、公共精神养成等，都需要教师个体在教育教学实践中进行具体演绎和表现才能发挥它们真实的育人功能以及促进教师专业发展的价值。因为被演绎之前的教师角色公共性只是一种应然状态，附着于公共物品，离开教师个体的角色实践就不能实现它们应有的角色期待和角色价值，即教师个体是教师角色公共性落地生根的播种者、耕耘者和养护者，教师角色的公共性价值意义因教师个体的演绎和表现而鲜活、灵动。进一步讲，教师个体的角色实践方式是教师职业拥有其独立特性的关键所在，决定着教师作为实践主体不可替代的地位和功能，表现出区别于其他职业角色的本质特征，也是考察教师职业是否专业化的核心要点。教师个体对公共性的演绎构成了学校教育公共生活的实质性内容，串联起知识、文化、学生等多重实体，在感性与理性、经验与意识、公共与个体中感知、分析、评判，表达着教师角色独特的实践方式，显示着教师角色不可替代的地位与功能、价值与意义。

最后，期待教师个体对公共性的凝练。教师个体对公共性的演绎，最终走向的是教师个体作为师者的人格品质的凝练，即公共性演绎反刻在教师个体身上的品格，也就是一般认识中的教师角色形象，简称教师形象。这种形象不管是普通的、典型的，还是负面的，均取决于教师个体对一定公共性的理解和演绎，是教师个体角色实践之后的有形结果。总体而言，伦理文本对教师角色公共性的正面典型的塑造和宣扬，正是来自教师个体的角色实践探索及其富于个体性角色的创造。在此意义上，教师个体不仅受到角色公共性的限定和约束，还是教师角色公共性的突破者与革新者，拓展了教师角色的地位和功能，不断形塑着教师角色新的公共性形象，并以伦理文本的形式补偿教师角色的建构，促进更大意义上的教师个体成长和教师专业发展，丰富教师角色的公共性意义，引导整个教师队伍建设的方向。

总而言之，教师角色公共性在根本上表达着教师作为一种社会公共育人职业的统一规范、一致规定和共同要求,期待着个体性丰富的教师个体在教育教学实践层面加以践行和演绎,以最终实现教师角色的价值和意义。

第二节 公共性维度的教师角色建构分析

"在人类的实际生活中并不存在公共性的有无问题,存在的只是公共性的多少和如何构成的问题。因此,如何生成一种同人的全面发展相匹配的公共性,始终是人类的一个难题。"[1]教师角色也需要从公共性维度不断地加以建构,以促进教师的角色健全和专业发展。因此,所谓公共性维度的教师角色建构,或者说教师角色的公共性建构[2],意在基于对教师角色公共性意蕴的理解和把握,探讨更好地显明教师角色之公共性本质内涵的思路和方式,以期待教师个体积极地入场并发挥自主能动性,进而形成教师角色的个体性特色,最终达至教师角色公共性与个体性的融合统一,公共性价值与个体性价值共同实现的发展目的。

与教师个体建构自身认同的教师角色不同,公共性维度的教师角色建构因其建构主体不像教师个体那样明确和独立,在建构什么和怎样建构的问题上往往不够明确、具体,在现实中经常表现出被动和模糊的问题。一般来说,代表国家意志和社会利益的教育行政部门应是教师角色公共性建构的主体,也即行政主体。它们与教师个体以角色实践来进行演绎式的动态建构不同,重在以话语体系的完善来进行描绘式的静态建构。也就是说,实际上的教师角色建构分为两个大的层面,它们分别指涉两大不同建构主体:教育行政部门等公共主体是从生发到形式再到内涵等方面的引领式建构,包括规范、要求、期待等秩序性的静态建设;教师个体则是从主体信念到活动再到德性等方面的实践式建构,包括个性、创造、表现等演绎性的动态建设。它们的关系如下:前者重在为后者定基调、打基础、维秩序,后者则重在对前者勤演绎、求突破、再创造,二者相辅相成,共同建构起教师角色公共性的形式与内涵,实现教师角色的社会职业价值和个人生命意义。

---

[1] 晏辉.现代性语境下公共性问题的哲学批判[J].哲学研究,2011(8):115-121.
[2] 本书中"公共性维度的教师角色建构"即"教师角色的公共性建构",重在探讨教师角色如何显明其自身公共性,并不断稳固和丰富这些公共性特质。

本节主要从行政部门等公共建构主体的视角，进行静态层面的教师角色公共性建构分析，在内容上主要涉及教师角色建构相关的语境选择、话语形态及公共期待下的角色定位等几个方面。

一、指向共同体：公共性维度的教师角色建构语境

指向共同体①作为公共性维度的教师角色建构之语境选择，是基于对教师角色公共性的理解与认识。所谓公共性，非指纯粹政治学意义上的、介于政府与公众之间的第三方公共话语表达及其力量展现，而是更贴近阿伦特关于"人的关系存在"意义上的公共性和马克思主义哲学"人的活动"意义上的公共性，特别是结合我国教师职业的受支配性特点，选择关于人的共同体存在的公共性进行考察，它不排斥与教师角色相关的政治公共性，但也不限于对其进行单一考察。具体而言，在分析当前学界对教师角色之公共性建构的基础上，重点分析教师角色置于多层共同体内的关系性存在建构。

（一）教师角色之公共性建构的当前认识

在我国基础教育研究领域，围绕教师展开的公共性及其建构考察，最初关注的是教师的法律身份和地位权利。譬如，2006 年，《从教师职业的公共性看教师的权利及其界限》一文以公共性的价值为视角，重点探讨了教师法律身份下的权利及限度问题。② 从教育的公共性出发，中小学教师应被归为国家公务员行列以确保其法律地位和合法权益。③ 至今，在《教师法》再次修订之际，教师的法律身份及其"国家特殊公务员"称谓等问题一再被谈论，这一定程度上延续了对教师角色公共性建构问题在法律身份层面的探讨和认识。

之后，随着基础教育课程改革的推进，在城乡教育均衡发展的一体化背景下，公共性成为考察乡村教育和乡村教师等相关问题的一个重要视角，特别是围绕乡村教师的公共属性及其旁落、回归、回复等问题形成了一些讨论和认识，认为公共性作为乡村教师的一个重要属性，外在规约是其旁落的根

---

① 所谓共同体，在社会学和哲学意义上，一般指"历史上形成的由社会联系而结合起来的人们的总和"。具体参考：冯契，徐孝通.外国哲学大辞典[M].上海：上海辞书出版社，2000：228.
② 余雅风.从教师职业的公共性看教师的权利及其界限[J].教师教育研究，2006(3)：52-56.
③ 曲振国.公共性视野中中小学教师法律地位探讨[J].政法论丛，2006(4)：33-36.

源、平民精神是其回归之所、成为文化人是回复的关键、背景勾连则是其方法。① 自此,乡村教师成为探讨教师公共性问题的重要对象,尤其是公共性的旁落成为一个争相指摘的话题,或是认为权威的规训,或是认为对乡村文化的疏离,又或是认为乡村公共空间的压缩等,使乡村教师的角色认同和角色实践陷入困境,并提出了许多相应的建构策略。此外,在基础教育课程改革的20余年中,课堂教学、实践性知识、职业道德以及教师的知识人形象等多重层面的多个主题,也曾成为审视教师角色及其公共性问题的切入点。

综合来看,当前关于公共性维度的教师角色建构认识,还有一些问题值得思考。一是建构对象不明。对于"哪些教师"及"哪些方面"需要进行角色的公共性建构不够朗朗。比较有限的研究主要针对乡村教师而展开,也只涉及法律身份、实践性知识、职业道德等方面。二是建构主体缺失。对于"谁来建构"的建构主体问题,默认式处理只会导致建构主体的缺失,而这恰恰是教师角色建构的重要问题。三是建构方式单一。大多数探讨仅是就问题谈问题,教师角色的公共性仅是它们探讨问题的一种视角和思路,而不是问题本身,所以在建构方式上就是单一而孤立的。总之,虽然这些研究对我们理解教师角色的公共性建构具有启发作用,但是它们还不是完全意义上的教师角色公共性建构。完全意义上的教师角色公共性建构,应以基础教育领域的全部中小学教师为对象,明确建构主体和相应的建构方式,而这在根本上需要对教师角色的公共性意蕴进行整体把握,将教师还原到社会结构关系构筑的不同层面的共同体内,对教师角色进行"关系性存在"的系统理解和考察,即将指向共同体作为公共性维度建构教师角色的语境选择。

(二)围绕教师的关系性存在:共同体关系理性的视角

具体来说,共同体作为公共性维度建构教师角色的语境选择,落脚在以其"关系理性"看待教师角色的"关系性存在"。所谓关系性存在,首先是存在论的意义,指人的存在方式;其次是关系理性,源自马克思关于人是一切社会关系总和的本质判断。在此,就教师角色的公共性建构而言,专指以抽象的和现实的共同体所形成的多重"关系理性"为视角,审视教师角色的公共性存在以及公共性维度的教师角色建构问题。

以共同体关系理性审视教师角色存在及其公共性建构,遵循教育现代

---

① 《大学教育科学》2008年第5期刊发了杨松林等人的5篇关于乡村教师公共性的论文,对乡村教师的公共属性及其旁落、回归、回复等问题展开论述,形成了一定认识。

化发展和追求的历史趋势。从教师角色史看,教师角色在传统教育文化中被包裹于客观理性,即统治阶级对附属其身的教师及其角色扮演具有绝对的支配地位和控制权。马克思称这一社会阶段为群体本位阶段,个人包括教师在内,只是一定的狭隘人群的附属物。统治阶级集团制造和推行着符合自身利益的普遍性和强制性的价值法则,特别是文化教育领域成为这一法则推行的重点,而其中的统治思想则成为支配教师存在及其角色实践、演绎的价值尺度。

随着传统社会向现代社会转型,客观理性不断遭到瓦解,随之而起的是以个人为中心的主观理性——理性从共同体重返个人自身并使其得到张扬。主观理性成为现代性的根本特征和基本标准,它崇尚个人对一切事物的自主判断。至今,当个人主体成为"世界的立足点和中心"时,裹挟其内的教师个体也不可能处于现代社会主观理性的笼罩之外,而且教师个体在主观理性潮流的推动下已然成为教师专业发展的第一主体。与此同时,包括教师个体在内的每个人,都遭受着现代社会主观理性造成的"个人膨胀"所带来的不适,即当一切以个人自身利益为出发点时,"生活世界统一性"带给人们的共同感正在遭遇挑战。所谓生活世界统一性,是指人们通过某种共同的纽带建立起来的共同生活整体性,亦即"通过某种普遍承认和一致接受的方式相结合,形成一个相互依赖和结合的共同体"①。而共同感就来自此处,包括个体对于这种共同体的归属感与认同感。故就教师角色而言,对于这种共同体的形成和共同体对教师角色的公共性存在,具有双重的重要意义:对前者而言,教师是这种共同体建设的重要角色之一;对后者而言,教师依赖于这种共同体而存在并彰显其公共性地位。也就是说,教师角色与"生活世界统一性"共同体及其关系理性有着密不可分的关系。

所谓共同体的关系理性,既不同于传统社会共同体意义上的客观理性,也不同于现代社会崇尚个人意义上的主观理性,而是一种对二者超越意义上的现代理性:一是对实体化、原子化个人的超越,在社会关系尤其是有机共同体关系中理解个体的意义,从"关系"而不是从"实体"对人的存在进行规定,即同时与自我和他人发生联系的"关系中的个体";二是具体从交互性关系中理解个体的存在,它直接否定的是人与人之间的工具性关系,追求每一个人都承认另一个人的行动。而就共同体本身而言,它不同于传统社会

---

① 贺来."关系理性"与真实的"共同体"[J].中国社会科学,2015(6):22-44.

的共同体理解,在此共同体意味的"并不是一种我们可以获得和享受的世界,而是一种我们将热切希望栖息、希望重新拥有的世界"①。它给人确定、安全和归属感,是人的存在的基本需要和内在追求。进一步看,至于共同体关系理性理解下的个体,在本质上也将是一种新型主体性,它区别于主客对立关系和意义上的主体性,而是一种为他人(他者)的主体性,其意义在于:共同体中每个个体的存在与成长,都离不开他人,是与他者共在、共生的关系。同时,每个个体的功能发挥、价值实现、幸福获得,都以"与他人共在"②为条件。这种共同体的关系理性构成了教师角色"关系性存在"的基本视角。

总之,共同体关系理性作为教师角色公共性建构的基本语境,围绕的中心是教师角色的关系性存在及其期待的教师个体成长。而就公共性建构本身而言,就是对教师角色所要面对和处理的"为他者"之公共性关系加以明确,使之成为教师个体进行角色实践和角色演绎的框架、舞台与指向,显示出教师角色之公共性建构"期待教师个体"的本色。正如马克思所说:"全部人类历史的第一个前提无疑是有生命的个人的存在。"③教师角色的公共性建构就在于使每个现实的教师个体都成为教师角色中的推动者和创造者。

二、制度与文化:公共性维度的教师角色建构话语

寄寓文本的教师角色公共性形式,决定了教师角色的公共性建构之抓手是书写文本的话语系统,即公共性维度的教师角色建构的重点是法理和伦理两类文本话语系统的构建与完善。

(一)话语、话语分析及文本话语的力量

何谓话语?所谓话语,在一般意义上,就是人们口头或书面表达出来的语言,而在哲学意义上,在知识考古学中指"各种学科的结构",认为各学科都有自己不同的话语,"它们都由具体的陈述组成"。④ 总体来说,话语"不来源于作者的思考,不涉及个别人的主体,也不具有先验的主体性,而是一种

---

① 齐格蒙特·鲍曼.共同体[M].欧阳景根,译.南京:江苏人民出版社,2003:序4.
② 贺来."关系理性"与真实的"共同体"[J].中国社会科学,2015(6):22-44.
③ 中共中央马克思恩格斯列宁斯大林著作编译局.马克思恩格斯选集:第1卷[M].北京:人民出版社,2012:146.
④ 金炳华.哲学大辞典[M].修订本.上海:上海辞书出版社,2001:553.

匿名的领域,是一种无意识的结构"①。至于话语分析,就是对"说什么、怎么说以及所说的内容"进行相关"社会后果"的研究。简言之,话语在社会互动中存在和发挥作用,因表达着浓厚的社会意义而具有强烈的社会性。就教师角色而言,其寄寓在文本中表达公共性意涵的话语,主要由来自法理和伦理两种文本的具体陈述组成。而教师角色建构的话语分析,就是对这两种话语形式进行"社会后果"上的功能及价值层面的考察,分析它们对于教师角色公共性建构的特殊作用,以及对于期待教师个体性角色实践的特殊意义。

　　法理和伦理两种文本能够蕴含教师角色公共性,并为教师个体性实践发挥框架、舞台和指挥棒的作用,根本上在于文本话语能够显示它的特殊"力量",即文本话语实际上是有力量的。与日常话语不同,文本话语有其自身的话语体系,而这正是它们自身力量的展示。具体而言,围绕教师角色呈现出法理和伦理两种文本的目的,实质上是为确立一个教师角色相关的公共价值体系,通过其中的专业概念和特定术语阐发一定的理念,以尽力明确教师角色的行为表征和内涵边界,这样能让人们快速触到教师角色的价值核心并进行价值判断。

　　质言之,教师角色文本话语的力量之一,就是能够为人们形成一种识别力——任何教师在认识同一问题或要求时,能够尽快识别并建立起一致的行动逻辑起点和价值取向。

　　文本话语力量之二在于它的开放性,将来自教师个体实践层面的可能矛盾纳入自己的价值判断系统,为面对现实中可能出现的复杂情况提供可靠的法理和伦理依据。进一步讲,文本话语的开放性,不只提供一种审视问题的底线和依据,它还鼓励教师个体在教育教学实践中的竞争、合作与创新。文本话语不以显示语汇丰富或辞藻华丽为目的,而以指向现实问题的解释为旨趣——能够有效地回应教师在角色实践中的时代命题,促进教师个体进行角色实践反思,寻求和优化解决问题的方法以革新角色实践方式。也就是说,文本话语的力量不仅为教师个体的角色实践除去枷锁、提供参照,更鼓励教师个体基于自身角色实践,革新和创造符合时代发展需要的新的文本话语意义与表现形式。实际上,这也是教师角色相关文本及其话语系统不断修正和完善的内在动力机制,是教师角色公共性建构的重要组成

---

①　冯契,徐孝通.外国哲学大辞典[M].上海:上海辞书出版社,2000:573.

部分。

总体来看,制度话语和文化话语是教师角色公共性相关的两种文本的基本构成。具体来说,主要以呈现规范的"你"之制度话语和典范的"他们"之文化话语的方式,显示出它们在公共性维度建构教师角色的特殊功能和具体作用。

(二)规范的"你":法理文本的制度性话语分析

所谓制度性话语,指一系列教师角色相关的法理文本系统构成的话语体系,它们主要由教育及教师法规、政策、意见等构成,以体现公共意志和公共使命等制度性理念为宗旨,而且在表达方式上,它们多以内隐着"你"的口吻,为教师个体明确一个个从意识到行为都走向"规范"的自己,具体而言,从作为规范的教师角色公共性本质到形塑一个个规范的"你"的法理文本话语体系。在此,以规范为旨趣的制度性话语主要从话语思想的正统化与主流化、话语修辞的简洁化与普适化等方面,显示对教师角色公共性的建构特征和指导意义。

首先,在话语思想上表现出正统化与现实化的特点。在教师角色相关的法理文本中,其制度性话语内蕴着教师角色正统化的话语思想,旨在强调教师是国家公共使命的使者、代言人,是与国家支配体之公共意志一脉相承的公共性角色存在。譬如,我国《教师法》以教师"承担教书育人,培养社会主义事业建设者和接班人、提高民族素质的使命"等具体话语,明确了教师角色公共性的正统化。时至今日,基础教育教师角色实践越来越显著地表明,仅以教师是"履行教育教学职责的专业人员"的身份,并不足以支撑起教师角色在承担"育人"重要公共使命时所应有的正统化身份和地位。所以,正值《教师法》修订讨论之际,目前学界探讨的重心就是教师角色的法律身份确立问题,"公务员说、教育公务员说、国家工作人员说、公务雇员说、特殊劳动者说和雇员说"[①]尚无定论。然而,这也足以表明以法理文本形成的制度性话语来规定和明确教师身份角色,是国家正统化思想与使命之代言人的重要意义。

如果说教师角色的法理文本在法律层面上多观照教师出场身份的正统化和合法化,那么,在具体政策等层面上则表现出对教师角色的地位、待遇、

---

① 张军,刘梦婷.教师法律身份的类型观及其界定依据:关于教师法律身份的《教师法》修订研究述评[J].教师教育研究,2020(4):45-51.

行为等现实诉求的更多关注,即话语内容具有现实化的特征。譬如,对于《教师法》的修订,教育部部长怀进鹏直言:"教师法的多项规定已经不能适应新时代教育改革发展要求,需要进行修订。"①大到包括将师德师风作为"第一标准"、明确"为党育人、为国育才"使命的职业定位,小到涉及增加教师角色实践的一些基本权利义务——自主权、惩戒权、知识产权、保护救助义务等法理,文本不仅在教师的立场选择与坚定,也在教师观念的转变与传达,更在教师教育教学的权利与义务等各个方面,都作出回应现实需要的积极态度。实际上,只有文本话语思想的现实化,才是积极关注教师角色的主体地位和职业现状的表现,才能"不断提高地位待遇,真正让教师成为令人羡慕的职业"②。

从根本上看,这种以法律身份来强调正统化与合法化的趋势,正是对教师角色进行法律制度上的公共性"赋权",即以法律、政策等文件规范的形式,形成并确证教师作为教育教学角色实践主体,获得的公务性权利和义务,以此达到界定和提升教师角色公共性及其公共行为权责意识的目的。

其次,在话语修辞中表现出简洁化与普适化的特点,意在形塑作为规范的"你"的教师角色。教师角色相关的法理文本发挥作用,不仅靠正统化和现实化的话语思想直接进行权威表达,而且通过话语修辞的简洁化与普适化来追求"亲民"表现,甚至可以说,简洁化与普适化的话语修辞是文本话语显示其特色并传递话语思想的必要条件。具体来看,教师相关的法理文本之话语修辞特征,主要表现为话语方式的简洁化和语言形式的普适化,即它们在修辞上注重以简洁明了、普遍适合的话语修辞系统,意在有利于形塑一个个规范的教师角色实践者。

其中,规范的"你"是话语修辞直接宣教与传达的隐含对象——教师个体是以被选择和被接纳的被动者姿态无条件地学习践行这些文本思想的,并在此"学习践行"的过程中自觉地形成确切的"我"的行为准则与主动意识。换言之,以一种更潜在的心理动因,支配着教师个体作为规范的"你"开展教育教学实践活动,而这表现出的就是法理文本之制度性话语的修辞力

---

① 强师德、提门槛、保待遇,教师法修订将聚焦解决这些问题![EB/OL].(2021-10-21)[2021-10-29].https://baijiahao.baidu.com/s?id=1714219925494124748&wfr=spider&for=pc.

② 中共中央 国务院关于全面深化新时代教师队伍建设改革的意见[EB/OL].(2018-01-31)[2021-10-29].http://www.gov.cn/zhengce/2018-01/31/content_5262659.htm.

量。譬如,《新时代中小学教师职业行为十项准则》就对教师提出了明确行为"准备",并以坚定、自觉、潜心、加强、坚持、坚守、规范等祈使语气词,显示这一文本话语在修辞上对应的话语思想之意涵。

(三)典范的"他们":伦理文本的文化性话语分析

所谓文化性话语,指一系列教师角色相关的伦理文本系统构成的话语体系,它们主要由叙事、描述或刻画教师角色形象的新闻通讯、文学艺术作品及新媒介影视作品等构成,以体现公共理性和公共精神等文化性示范意义为宗旨,而且在表达方式上,它们多以鲜明的"他们"形象,为教师个体树立师者典范。具体而言,基于教师角色相关法理文本话语形塑的一个个规范的"你",教师群体得以产生和形成。同时,在规范的群体中,会有因教师个体性发挥出色而出现的许多个性鲜明的典范个体,也即伦理文本着力塑造的典范的"他们"。因此,与教师角色相关的法理文本不同,教师角色相关的伦理文本在话语思想上多注重典型性与示范性,在话语修辞上多注重叙事性与艺术性,以此打造业已成为文化现象的教师角色公共性,显示他们对教师角色公共性的建构特征和意义,发挥他们通过伦理文本而产生的文化性话语的建构力量。

首先,在话语思想的表现上,注重典型性与示范性的塑造。在教师角色相关伦理文本的文化性话语中内蕴着教师角色典型性与示范性的话语思想,它旨在呈现教师个体担当国家公共使命时形成的典型事件,践行国家支配体之公共意志时形成的典型形象。譬如,在国家和社会层面上,当前最具有典型性特点的伦理文本多写自乡村教育背景和乡村教师群体,因为他们被置于国家城乡均衡发展战略,更能突显其作为国家支配体担当公共使命的教育"使者"责任,从而成为伦理文本进行文化书写的重要对象。这里不仅有官方对张桂梅等典型教师个体的文化表彰,如授予"时代楷模""七一勋章"等称号以及央视"感动中国"2020年度人物,她的典型事迹写进《中华人民共和国简史》,《人民日报》《中国青年报》主流媒体报道"燃灯校长"等,也有来自民间的艺术书写,如发表于《科幻世界》以对乡村教师表达敬意的《乡村教师》、流传在网络等新媒介平台上的《志愿者》《乡村教师》等影视作品。它们本身是文化艺术形式的同时,也是一种文化性话语形态,以其典范的伦理实践形象宣示着教师角色公共性所本应展现的主流价值观念和榜样特征,并以榜样、示范的形式影响更多教师个体的角色实践活动,而且作为一种主流与大众双重碰撞的文化价值形态,成为时代的文化符号和文化象征。

其次,在话语修辞的表现上,注重叙事性与艺术性的呈现。以叙事性为主、艺术性为辅,教师角色相关伦理文本的文化性话语体系表现出了细腻而强大的话语力量。它就像一个"呼吸器官",能捕捉教育世界和教育生活中的风云变幻,成为自上而下空气流动的文化管道,以最快、最舒适的方式沟通教师之间以及最大多数人的内心世界。此时,富有文化塑造质地、色彩和味道的教师角色伦理文本叙事与微妙的艺术加工,则对教师角色的公共性建构、提升和扩展,具有不可替代的特殊作用,即典范的"他们"对教师角色及其整个教师群体角色实践的突破与创新意义。这些关于教师典型事件或人物的最朴素的新闻素描或者街头巷尾的世俗谈论,无不显示着教师角色相关的伦理文本在社会文化心理建设上的核心价值和重要作用。

实际上,教师角色相关伦理文本提供的文化性话语力量,不仅表现在正向的公共性建构中,还具有引领批判思考的力量。不论是正面的教师角色典范形象,还是反面的教师角色典型事件,其共同特征是与人们的常规认识产生了认知缝隙,或如张桂梅老师的超常之"师善",或如曾经的"范跑跑"老师的反常之"师恶",都因这种"缝隙"而产生了强大的舆论效应并形成一定的舆论力量,锤炼着人们对教师角色公共性之现实认知的批判意识。人们借助新媒体便利的网络平台,与主流话语一道,推导、分析,表达自己的观点,竞相展现自己的犀利眼光和合理的话语分析。

总而言之,从制度性话语到文化性话语,公共性维度的教师角色建构之话语分析,在实际中往往并无明显分界,相反却是经常糅合在一起出现并发挥其话语的建构力量。教师角色尤其是典范的个体性角色能够成为文化符号和文化资源,并不由教师群体或个体控制,在很大程度上,它们恰恰是制度型构的文化结果。譬如,对教师角色设定前置身份,不论是专业人士、国家公务人员还是公务员,实际上既是一种法律身份的设定,也是一种文化身份的建构。唯有如此,在教师个体的角色实践层面,教师作为行动者的角色实践才有被强制性或自我强制性的话语力量,否则,他将被暴露出作为教师而有失本分或天职的不足,失去教师身份的价值正当性而遭遇谴责或自责。同样,教师过往的"高贵"抑或现在的"世俗",也是制度和文化共同型构的结果。因此,在教师角色公共性建构的意义上,或许可以说自上而下的制度型构与自下而上的文化建构的相对一致性①,才是建构教师角色公共性之话语体系的合理方式。

三、重新画像:公共性维度的教师角色定位

面对新时代教师队伍建设要"突显教师职业的公共属性",以及要提高教师"政治地位、社会地位、职业地位"②的现实诉求,基于对教师角色公共性的本质内涵及其建构语境选择的认识,在制度与文化构筑的文本话语思想及修辞建构体系下,对公共性维度的教师角色进行重新画像,即回应"期待个体性"的教师角色之公共本性,显得尤为重要。故而本书在上述指向共同体之关系理性的基础上,围绕教师个体角色实践应有的关系性存在,探讨教师个体在践行和演绎教师角色公共性时恰当的角色定位,为教师角色"期待个体性"的本性实现廓清方向。

(一)公共理性的启蒙者

基于对教师角色公共性本质内涵的认识,进行公共理性启蒙是教师担当立德树人公共使命的首要任务。所以说公共理性的启蒙者应是公共性维度教师角色的首要定位。所谓公共理性的启蒙者,区别于广泛社会意义上的自发的、被动的公共理性启蒙者,它以教师角色在国家支配体关系内的公共性本质内涵和功能为依据而提出,指教师作为国家支配体的使者,主动且自觉地对学生进行国家发展理想下的公共理性认知、个体理性的公开使用以及帮助学生群体从生命蒙昧状态走向理性觉醒状态等多个层面的理性启蒙教育。

具体而言,第一,对学生进行国家发展理想下的公共理性认知教育。当教师以诸如"国家公务人员"身份进入教育场域时,他就先天地被赋予了社会结构关系形成的公共属性。而根据教师角色的具体社会地位和功能,在现代社会和教育现代化语境内,教师角色的公共性作为现代性概念的核心部分常含有必须服从国家的权力的意志。这种意志的核心就是教育学生进行国家需要的理想的公共理性理解和认识,它不仅是概念意义上的,更是社会历史传承意义上的。第二,帮助学生对个体理性进行公开使用。在逻辑

---

① 阎光才.教师"身份"的制度与文化根源及当下危机[J].北京师范大学学报(社会科学版),2006(4):12-17.
② 中共中央 国务院关于全面深化新时代教师队伍建设改革的意见[EB/OL].(2018-01-31)[2021-10-30].http://www.gov.cn/zhengce/2018-01/31/content_5262659.htm.

上，公共理性的启蒙须以个体理性的使用为重心，包括技术理性、价值理性、交往理性以及中庸理性等。另一个重心是"公开使用"，在教育实践中，它多以对真理的认识、评判和改造等为方式，而这恰是教育真义所在、教师角色公共性的重要价值所在。因为真理永远不会是死板的知识或教条的内容，"而是由理性照亮和清晰表达出来的'生存的'本质，它需要由另一个人的理性生存来印证，并与之沟通。这样它才是可理解的，并可以理解其他的任何东西"①。在此意义上，公共理性启蒙的另一种表达是学生个体理性的公开使用和健康成长。第三，帮助学生群体从生命蒙昧走向理性觉醒。在目的上，教师进行公共理性启蒙的角色目的是实现自身作为国家支配体的使者之公共使命，即帮助代表国家和社会之未来公民的学生群体具有公共理性觉醒和公共理性自觉。具体来讲，由于"人对自身的任何关系，只有通过人对他人的关系才得到实现和表现"②，在角色实践层面上，教师个体需构建富有"关系"的公共生活，并在这种生活中实现学生群体理性自觉的整体目的。这种角色实践旨在帮助学生认识人的自然状态和感性冲动的现实，以及滥用之后招致的伤害，进而帮助学生进入文明状态。

总而言之，教师作为公共理性启蒙者的角色定位，更多是以国家支配体代言人或使者为视角，给出这种教师角色公共性的认识与定位，对教师个体在教育教学层面的角色实践具有统领性功能和指引性价值。这在一定意义上也契合了马克思对国家公共教育的认识，即"国家的真正的'公共教育'就在于国家的合乎理性的公共的存在。……使个人以整体的生活为乐事，整体则以个人的信念为乐事"③。实质上，马克思所指出的这些公共教育认识和办法，也都应成为当前教师作为公共理性启蒙者的角色内涵及其公共生活和实践追求的目标。

（二）公共利益的关怀者

在理论上，教育之于国家与社会的意义分界并非那么明显，在现实中，教师职业也只是社会千万种职业之一。毋庸置疑，教师是最应该有公共利

---

① 汉娜·阿伦特.黑暗时代的人们[M].王凌云,译.南京:江苏教育出版社,2006:76-77.
② 中共中央马克思恩格斯列宁斯大林著作编译局.马克思恩格斯全集:第3卷[M].北京:人民出版社,2002:275.
③ 中共中央马克思恩格斯列宁斯大林著作编译局.马克思恩格斯全集:第1卷[M].北京:人民出版社,1995:217.

益关怀精神的职业之一,否则,一直以来,社会及教育学界就既不会对教师作为知识人之历史传统表示出念念不忘,也不会在当前乡村教育面临教师队伍建设困境时对教师成为"新乡贤"①表现出殷切期待。因此,无论何时,教师角色都与社会职业联合体及其成员的公共利益脱不开关系。而至于教师需要在何种程度和以何种方式成为公共利益的关怀者,这正是需要探讨的教师个体践行公共性本质的角色实践方式问题,也是关乎教师个体主体性存在和教师职业独立特性显现的问题。

所谓公共利益,指社会中"符合社会全体或大多数成员需要,体现他们的共同意志,让他们共同受益的那类利益"②,也就是说,公共利益自身就有一种道德价值,因为它不能还原为每个个体利益的总和。这种不可还原性表明公共利益有其自身的本质,即它是一般公共性的具体化。在社会职业联合体内,公共合作是职业群体活动的特征,它强调个体"要将自己的全部需要和利益中的一部分让渡给共同体"。同时,基于自身的让渡,个体也从社会共同体中获得更为有利的生存条件和发展资源。所谓公共利益的关怀者,就是指教师在认识和阐释这些公共利益时应抱持关怀态度,这是体现教师角色公共精神的核心构成。从教师角色的公共本性上讲,教师应积极做一名社会公共利益的关怀者。进一步看,在社会职业联合体关系的语境内,教师角色所处的关系一般是基于互惠互利的社会关系,它是"一种通过获取资源的相互责任、持续的合作与互惠来维系合作伙伴的特殊类型的社会关系"③。与互惠互利相伴而生的是,利益导致腐败的道德问题,因此,教师作为公共利益关怀者的重要态度之一,就是以公共理性为衡量标尺和批判工具,衡量公私利益的互利准度,批判利益关系中的不道德现象。

总而言之,教师作为公共利益关怀者,实质上是社会职业联合体内道德关系的产物。在此,作为公共利益关怀者的教师常与国家层面的公民及社会层面的市民之间存在矛盾关系:教师是公民中的一员,公民意味着国家政

---

① 近年来,在乡村振兴的大背景下,"新乡贤"被学界认为应是乡村治理的重要主体之一,并进行了一定的理论研究。在此背景下,教师依据其历史传统和文化身份的优势,自然被一些学者当作了想象和考察的对象。这也能从侧面反映出教师角色作为公共利益关怀者的可能、必要以及优势。

② 周义程.公共利益、公共事务和公共事业的概念界说[J].南京社会科学,2007(1):77-82.

③ 朴雨淳.中国社会的"关系"文化:兼论能否增进"关系"的公共性?[J].学海,2006(5):5-16.

治体系中的身份标识;同时,教师也是市民中的一员,市民意味着社会治理体系中的身份标识。其中,公民代表着政治生活中的普遍性,个体与个体之间的差异被抹除,教师作为个人的同一性形式得以实现;市民代表社会日常生活中的特殊性,个体与个体之间表现出各自的差异并被彼此尊重,也即教师个体以市民身份出现时,其特殊性应被认可和尊重。就当前来看,教师角色之公共性建构尚未完全认识或解决它们之间的界限与关系问题。主要表现为教师身份不能在公民和市民之间自如过渡,尤其是在市民生活中,教师身份的出现往往被大众直接过滤掉他作为一个普通市民应该拥有的个体"特殊性",强行以教师角色的公共性来审视甚至审判教师的日常生活和个体行为。在教师角色公共性建构或演绎的过程中,教师角色身份与公民及市民间的矛盾关系,也会时时影响教师角色的个体性充分表达。所以说,教师作为公共利益的关怀者,更多是关怀人的意义世界——从作为未来社会接班人的学生存在的本质意义出发,为的是提升和丰富他们作为独立个人的内涵,将个人的发展、价值、尊严纳入他们完整的意义世界、精神世界,而不仅仅是由物质、金钱、私人等利益构成的消费世界、欲望世界。

(三)共同发展的协作者

群体与个体是教师角色现实存在的两种基本形态。从教师专业发展的角度讲,既强调教师个体是自身专业发展的第一主体,也鼓励教师个体在群体内部展开交流、互助、协作的共同发展。尤其是在教师轮岗流动逐渐成为常态时,教师由原来的学校人、静态人慢慢变为区域人、系统人、动态人,不论是教师队伍建设语境内的群体专业发展,还是教师个体成长语境内的个体专业成长,都表现出新的转向:由教师个体经验总结反思式成长转向基于经验的交流、协作、共享式成长,由以个体为单位转向以共同体为单位,如教师学习共同体、教师专业共同体、教师实践共同体等。所以教师个体过往那种单打独斗式的成长方式已不再适应教育发展、学校教学和教师成长的现实需要,走向沟通、协作、共享式的专业发展已成为不可逆转的趋势。换言之,研究基于教师个体的教师群体组织形式及其运作的良性机制,就成为探究教师专业发展的重要路径。故而,教师角色的公共理性与公共精神,还应包含教师个体面向同事等其他主体而共同谋求专业发展的一面,即公共性维度的教师角色定位还应有共同发展的协作者。

具体来说,所谓共同发展的协作者,一般以学校为发生场域,指学校行动体内的教师角色间的协作关系及其生发的公共性本质内涵和角色定位要求。这种角色定位的展开与实现,并非单纯的个体之间的业务协作,它更多的是校园完整公共生活的整体呈现,是一种以育人为宗旨的校园公共生活及公共生活文化的创造和展现。在此,教师不仅为提高自身专业素质实现协作,而且这种教师协作下的校园公共生活本身就具有教育的意义,同事、学生甚至校园公共生活的每个成员和参与者,都能体会到身教、示范与表率的教育活动真义,因为这是一种不歧视的正派生活、一种平等合作交流的生活。

实际上,随着区域教育一体化、教师轮岗流动常态化以及教师职后培训学习规范化不断推进,原来较为封闭的校园不断被打开,逐渐开放。与此同时,教师专业发展的协作关系被赋予更多可能和更丰富的内涵,教师行动共同体的公共性意蕴随之多样化[1],而教师角色的共同发展协作者定位也被持续突破。以国培或一般的教师集中培训为例,很多时候,集中培训直接或间接地对教师提出很多要求和建议,但是,它们能否真正被教师接纳并改变教师的行为,成为教师认同的教育教学理念或教学行为方式,进而为之努力尝试和改造创新,其效果还无从考证。事实上,单从教师参与业务培训的初衷讲,教师多是带着被认可和被同情的共同愿景而前往的,或者自己的教育教学心得得到同行的理解,或者自己遇到的教育教学困惑得到专家在理论上的解释和建议,又或者能够引起同行的讨论和认同,找到一种群体的"同情"——"我"不是孤单一人,"我"没有因为遇到困扰而让自己走在脱离"我们"的教学"歧途"之中。这是在教师培训中,教师能够走到一起形成心理共鸣的基本前提,即"我"没有徒劳无功——基本前提是"我"还在"我们"之中,甚至受到同行、专家等人的理解、同情和建议,而不仅仅是凑到一起方便聆听专家的一次教诲。在此前提下,教师的个体期待就是基于自身经验寻求理论的或者共同体的解释,以使自己能够理解自身的教学经历、经验、教训和收获,发挥自己的主动经验,克服并改变被动的教训、错误或失败,能够为自己所知、所用、所爱、所自豪,并基于此带来安全感和幸福感,从而丰富教师个体的主体性世界。这种协作关系的教师角色公共性一旦丧失,基于真实经验的教师个体也将付之阙如。

(四)共同认识的促成者

到课堂教学层面,教师与学生两类主体相互依存,构成了教与学的共生

---

[1] 如当前学界考察比较多的有教师学习共同体、教师专业共同体、教师实践共同体等。

体。之所以说课堂内的师生共同体表现为共生体,是因为从国家意志支配体的公共使命到社会职业联合体的公共利益,再从教师角色公共本性之公共理性到公共精神的彰显,无不集中落脚在师生主体交往的课堂教学之中。换言之,教师虽然可以在身份上被视为国家公务人员,但是这对于教师只有符号性的法律标识意义,而教师没有切实的执法权力和执法能力。因为教师的"公务人员"性质有其独特的表现形式,即教师职业的独立特性,那就是在课堂内集中了教师角色公共性的所有本质内涵,并以教学的方式与学生主体之间产生交往和对话的实践活动。在交往对话而不是权威灌输的旨趣和意义内,课堂教学共生体就对教师角色的公共性角色提出了新的定位要求,即共同认识的促进者。

所谓共同认识的促进者,在课堂教学语境内,首先是一种认识过程的促进者,促进的是师生主体之间及生生主体之间基于彼此交往和对话的同步认识过程。其次,是一种认识方式的促进者,区别于学生个体的独自理解认识,促进的是学生之间及师生之间一起探讨、互通有无的认识方式。最后,还指一种认识结果的促进者,促进的是在师生之间形成一种较为一致的看法来作为认识结果,即使在有限的课堂教学时间内可能会存有一定疑惑或疑问,但并不妨碍一定共识的达成,在此意义上,共同认识有"一致的认识"的意义。与此同时,教师角色定位于共同认识的促进者,就有了根据学生特定认识水平和层次进行因材施教的教育意义。

不难发现,上述对教师作为共同认识促进者的阐释,主要是从"共同"的层面展开的,即同步、一起、一致等三个方面。那么,如何理解另一核心词"认识"?实际上,在此所谓的共同认识之"认识",遵循和突出了这样一个基本逻辑:"常识—知识—共识"是课堂教学的一般认识逻辑。首先,常识来自生活经验层面,包括学生及教师各自的鲜活而生动的生活经验,它们往往以个体知识的形式构成教师与学生的日常认识渠道,显示着教师及其学生的认知个性特点,是课堂教学得以有效展开的学情基础。其次,知识来自科学规律层面,作为人类业已验证的经验认识的综合,常以学科科学规律的恒久而稳固的形态出现,是课堂教学的重要载体和凭借,而且,学校教育语境内的知识多是公共意志、文化理性、精神关怀等丰富意蕴的综合体,具有特殊的育人意义,显示着知识能够育人的基本特征。最后,共识即共同认识,是对教学本身和教学"目标与目的"的观照。学生的常识与学科的知识在何种程度上能够相互起反应?以何种方式促进常识的激活与知识的获得更为有效？常识与知识以何种渠道和逻辑才能抵达教学目标与实现立德树人？这些问题都是教师作为共同认识的促进者所要思考和解决的问题。也正是在此意义上，课堂是教师角色能够顺利展现其公共性且最期待"教师个体性"的场域和空间，因为课堂是教师角色公共性之静态期待与教师角色个体性之动态实践交相辉映的场域，也是教师个体角色实践方式展开及其角色个体性完全展现的场域。

因此，在课堂共生体关系形成的公共性语境内，教师成为共同认识的促进者，首先意味着对传统课堂"教师中心"教学关系的否定和抛弃。作为共同认识促进者的教师，需要构筑的是基于师生交往对话的公共生活式的民主课堂，它突破了教师的权威主宰或主客对立式的单向输送或灌输关系。其次，意味教师从教课本、教知识之"物"转向教学生、教素养之"人"，师生主体间的交往素养得以展现——邀请理解、倾听表达、协助成长，以此促进学生成为学习的主人，培养他们独立自主的学习能力，并在此过程中发展良好的师生主体间性关系——民主、平等、合作的师生关系得以建立和运转。最后，意味着教师角色公共性之本质内涵的实现，将统一在教师个体、学生群体及文化知识载体构成的课堂共生体内，而所期待的"教师个体性"就表现为对共生体内主体间新型关系公共性的角色实践、演绎和表现。

总而言之，教师职业从其特定的社会结构关系内生发出教师角色的特殊公共性意蕴，被寄寓在教师角色相关的法理与伦理两类文本之中，以表达教师作为"规范"的公共性本质内涵，涉及了教师角色对育人公共使命的意识、对启蒙公共理性的责任、对养成公共精神的期待三个主要内容，它们共同构成了教师角色"期待个体性"实践的公共本性。所以，在指向共同体的关系理性语境内，公共性维度的教师角色建构表达了它对教师个体性角色实践的期待，以体现教师所在共同体之关系公共性的角色定位，为教师个体的角色实践搭建了富有宽容度的演绎框架。

第四章　教师角色的个体性意蕴及其建构分析

从教育实践层面看,教师首先是个体,只有优秀的个体才能成为优秀的教师,即教师个体是教师角色的重要建构主体,个体性是教师角色意蕴及其建构的重要维度,而教师个体能够成为一名"好教师"也是个体性维度教师角色建构的内在目标和旨趣。在对教师角色的公共性意蕴及其建构进行分析之后,本章着重对教师角色的个体性意蕴及其建构展开探讨和分析。

第一节　教师角色的个体性意蕴阐释

教师角色的个体性,既是对教师个体属性的静态理解,也是对教师个体演绎其角色公共性本质内涵的动态把握。它是对教师角色公共性自下而上地践行与创造的认识,在教育教学活动中演绎教师角色公共使命、公共理性、公共精神时才能显现出教师角色个体性内涵和特征。为与宏观、中观层面的教师角色之公共性意蕴相呼应,本节主要从教师角色个体性的源头、存在及其本质内涵等三个方面理解来自教师个体指向教师角色实践层面的个体性意蕴,这一过程也是对教师角色在个体性维度上的独立特性的把握。

一、植根自我:教师角色的个体性源头

如果说教师角色的公共性源自社会结构的宏大关系之节点功能和意义,那么,教师角色的个体性则源自教师个体被置于这一节点时所表现出的"自我"能动作用和价值,即教师角色的个体性在最深层次上植根于教师个体明确的自我意识和能力。与其他社会职业一样,教师职业角色也需要一

个个有生命活力的社会个体来实践和演绎,才能成就一个个完整又具个体性的教师角色。

(一)教师角色个体性植根自我的基本要义

教师个体作为教师角色建构的另一维重要主体,能进行建构的根基在于明确而鲜明的"自我"主体意识及其外化出来的实践活动能力,它是理解和把握教师角色个体性维度的源头。而作为教师角色重要建构主体之一的教师个体,其个体性所植根的"自我"主要有以下基本要义。

其一,强调教师角色的个体性植根自我,并非认可教师个体的"自我主义",也不是为了宣扬教师个体的利己性。自我主义,即自我中心主义,在社会个体意义上,它特别强调自我利益的中心地位,以自我利益满足为基本要求,自我之外皆为他者,且他者常被看作自我利益实现的条件或手段式的存在。所以说,自我主义视野中的个体性是纯粹利己性的。教师个体却不能以自我利益为中心,相反,教师个体及其个体性的探究是在"以他者为目的"而不是"以他者为手段"的语境中进行的。所以这里的教师角色个体性及其自由有着专门的意义,而这种意义就取决于对现代个体主义之积极特性的恰当理解。对个体的尊重及其个体性的推崇,可以说是现代性发展的重要成果之一。在推崇理性个体的现代性语境内,从一定意义上讲,个体及个体性是现代社会民主、自由和尊严的代名词,它突出的是个人主体、自由意志和自我人格等对个体生命价值的理解。所以说,教师角色的个体性不是盲目本能下"爱自己甚于一切"的利己性,用托克维尔的话说,它只是个人主义表现出来的"一种平静而受人尊重的情感",是依据自身爱好建立起的"小社会"[①],并以此谋求自己的发展。

其二,教师角色个体性所植根的是个体的独立自我。教师角色的个体性,不是先验实在人性的一般外化,也不是普遍共相框架下的刻板模型,更不是关于人的生命之形而上学的脚本,而是有其自身的独立性、个别性、差异性、多面性。在理论上,教师个体性虽由践行和演绎教师角色公共性本质而来,有教师角色公共性为它打造框架、提供舞台,但这并不是要求教师个体仅做"剧中人"的绝对命令。丢失了个体独立自我的个体性,其危险在于:容易被现有规范或底线定性化,失去自我生成和创造——自我存在的可能,给教师个体一种"完成了"的错误心理感觉,也就是教师们常说的教师职业

---

① 乔治·瑞泽尔.古典社会学理论[M].王建民,译.北京:世界图书出版公司,2014:92.

生活往往能一眼望到底,即"今天看到了退休的样子"。教师个体的生命意义仅被外在规范规定、评判和定义之时,他们的个体性将面临失去"自成目的性"的风险。一句话,教师角色的个体性须植根于自我,不能失去那个拥有差异性和多面性的并能突显个体的独立自我。

其三,教师角色个体性所植根的是追求和拥持"为他精神"的自我。基于独立的自我,在教师角色实践中不断追求"为他精神"可被视为教师角色独立特性的重要特征之一。尤其是表现在师生关系中,教师角色天然地具有生而为他的角色精神和角色品质。就教师个体的角色实践而言,"为他精神"可以帮助教师个体形成良好的育人视野,如可以将作为陌生人入场的学生及时地转化为自身角色实践之育人对象,进而内化为教师个体熟悉学情的精神动力。其实,"为他精神"参与教师个体的角色实践远不止于此,甚至可以说,"为他精神"贯穿在教师个体角色实践的各个层面以及实践过程的各个阶段,是教师角色个体性所植根自我的核心人格精神和角色品质。因为这不仅体现着教师角色的独立特性,也是教师个体作为育人实践活动主体形成其主体性的关键因素,更在于它能形成教师个体的自我角色理解,体悟到教师角色自我的存在意义和职业幸福,从而以内生动力促成教师个体的自我主体性人格,构成教师角色道德意识和道德精神的根本源泉。

其四,教师角色个体性所植根的还是追求自身价值实现的自我。教师角色公共性打造的"宏观结构"在成就一个个教师个体的同时,也意味对教师个体的人性的巨大威胁,即将教师个体自我的价值实现和生命意义变成了一个问题。实际上,这是对教师个体生存及其生活层面的关注和回归,试图对教师个体具体的角色境况和生命意义进行反省、解蔽进而诠释,促使教师个体对自我以"回到自身"的方式,关注和考察其生存意义问题。具体来说,它强调回到教师个体的"本源性"自我——既关注生命中的热情,也考察生活中的痛苦,教师个体是一个"有他自己生活的存在者"[1],也意味一种"超越性"自我——不断地超越其实本就是人的本质规定和重要内涵,而以"为他者"为使命的教师个体,尤其需要这种超越性,并将它作为一种价值诉求安顿在教师个体的个人理想中。最后落到教师个体作为"整体性"的自我——拒斥对教师个体及其角色实践进行道德、技术、能力等多片状的分裂、拆解,而是注重在整全性和还原性的教师个体角色实践中,探究教师个

---

[1] 以赛亚·伯林.自由论[M].胡传胜,译.南京:译林出版社,2003:196.

体置于角色生活中的价值实现和生命意义问题。因为从个体生命的一般意义上讲,个体的人"不是为了某个在它之上的'更伟大的东西'而生活,每个人都是自己生活的目的,'诗性'的自我创造而非皈依于普遍性的抽象实体,构成了个人生活的根本目的"①。需要指出的是,教师个体属于自然和生态的一员,从教育的根本任务"立德树人"以及教育的整体性上讲,教师个体的这种"自然属性"或"生态意识",恰是他进行角色实践不可后天获取的自我构成。相比于其他职业角色,教师角色实践更需要个体的自然感受能力,既包括来自教师个人的情感、欲望、意志等个体情致,更涉及对生态环境、自然和谐、美好人性等人类性情的体悟。特别是在当前社会资本与市场主宰的潮流下,在计算理性与工具理性盛极一时的大环境下,教师个体作为立德树人角色实践的第一主体,葆有自然本性和生态本性之自我,就更显其可贵的育人姿态和终极意义。所以说,实际上教师个体所植根的自我具有非常丰富的内涵,它在一定程度上与教师个体生命的整全性意义相一致。

(二)小我与大我:教师个体自我存在的内外两种形态

从外在形态来看,教师角色个体性所植根的自我就是每个个体自我,它是最小存在的角色实体单位,但是,就教师个体角色的特殊性而言,每个个体"小我"之内,都必须常驻一个精神"大我"。

经由教师的传统角色认识可知,我国古代至近代的教师角色少有自主存在的现实和意识,他们总被大公无私、家国一体、小我服从大我等传统思维方式归于集体之中,几乎没有现代性意义上的个体存在。后至现代"个人"的出现及其合法地位得到确立和认可,过去那种传统意义上的自我得以脱离虚假存在的状态,近代社会那种原子式的个体自我也被拥有主体地位的个体自我取代。需要指出的是,这一过程并非一蹴而就的,而是经历了一个艰难的过程。原因在于仅仅代表个体的"小我"与仅仅代表集体的"大我"两种形态,在现代社会都是不可彼此取代的,它们之间需要解决一个彼此关系及其"度"的问题。

一方面,教师角色个体性所植根的自我须有一个内在精神上的"大我"作为个体角色实践活动的支撑。这意味着教师个体的角色实践意义与价值不是满足一己之私的利益获得,而是代表社会乃至整个人类的公共福祉,并作出教育教学应有的奋斗姿态。换言之,在教师个体自我的背后,有着更高

---

① 贺来."诗性"的自我创造与个人生活的目的[J].社会科学研究,2009(2):131-139.

层面的自由与精神之追求——国家、社会乃至整个人类世界的文明对"大我"的关怀。具体来讲,教师个体自我中的"大我"形态主要来自其所在共同体构成的几个层面:在国家支配体层面上,教师个体的"大我"就是对国家公共意志和教育根本任务之立德树人公共使命的认知和担当;在社会联合体层面上,教师个体的"大我"就是对代表社会公共利益和公共理性的理解与参与,为社会公共利益的实现发挥自己作为教育者的贡献。

另一方面,教师角色个体性所植根的自我还须有一个外在行动上的"小我"作为教师个体角色实践的载体,因为在理论上"行动作为在主观上可理解的行为,只以一个或多个个体行为的方式存在"①。其中,此所谓"小我",并非指形体上的小,而是相对于"大我"而言,它更多是对教师个体自我角色实践以及具体活动的观照,即所担负的"大我"精神践行于教育教学实践时的那个自我。就教师个体的"小我"而言,主要相比"大我"来讲,它更多出现在学校行动体和课堂共生体层面,直面教育教学中的同事和学生两类主体,形成协作关系和共生关系,并在这两种重要关系中实现它所内蕴的"大我"精神。在角色实践活动的意义上,教师个体的"小我"更加注重作为角色实践主体的自由精神和个体智慧,能直接观照教师个体自我的角色尊严、职业幸福以及生命价值与人生意义的实现。

从总体关系上看,教师个体自我的大我与小我之间有着密不可分的关系,而教师角色个体性所要表达的一项重要任务,就是恰当处理小我与大我的逻辑关系,即判定和处理它们之间的价值关系问题。具体来说,在教师个体小我与大我的关系上,大我吞噬小我,或者小我背弃大我,都是错误的价值观念。从教师个体的能动性角度讲,小我应主动与国家、社会、民族之大我相结合,自觉将个体小我融入公共使命、公共利益和公共理性的大我之中,积极推进个体信念与公共使命、个人利益与公共利益、个体理想与共同理想、个体精神与公共精神的相互融合,如此才能寻求教师角色个体性所植根自我的完整与健康。

(三)他我到无我:教师个体自我发展的前后两个阶段

从教师个体自我发展的阶段和过程上看,在教师个体自我形成之前和之后,会有"他我"与"无我"两个关联阶段。其中,他我是教师个体自我形成

---

① 乔治·瑞泽尔.古典社会学理论[M].王建民,译.北京:世界图书出版公司,2014:222.

的前提和基础,而无我则是教师个体自我进入教育教学实践活动后的角色境界和理想状态。

所谓他我,指教育社区对其成员展开教育教学行动的规范、态度和要求,是教师个体自我形成的前提和基础。在角色行动的意义上,它与米德所称的"客我"相近,指"一个人自己假定的他人的一套有组织的态度"①。教师个体自我虽有先验的天赋,但是它并非绝对天生的健全,而是特别需要经由教师职业规范中的他我基础,才能形成完整的教师个体自我,即一个常规的习惯性的个体。与教师角色公共性意义上的"你"的认知相呼应但又不同的是,教师个体"他我"是在角色实践活动的意义上的自我认知,表达的是教师个体要成为基础教育"社区"的一员,必须受到教育社区共同态度的指导。总体来看,教师个体"他我"的形成主要发生在接受师范专业教育阶段,而教育社区的共同态度则包括在对各学科师范生建构的课程体系和课程模块之中,就当前来看,在课程的主题和内容上多涉及师范生(职前教师)的情感、态度、价值观尤其是专业知识和专业能力等构成的专业素养。教师个体"他我"是在"普遍化他人"②指导下形成的个体自我认知,是教师个体对"教师是谁""怎样做一名教师"等问题的一般认识,以使教师个体形成一种普遍化的"他我"意识。

在逻辑上,"他我"是教师个体自我的重要组成部分,不可或缺。一方面,"他我"规约教师个体自我的存在和成长。教师角色相关的知识与能力、规范与要求等表征出的"普遍化他人"越丰富、越周密,教师个体就越有可能获得多重的自我认识,因为它们提供了多个教师个体可以共享的"他我"结构,可以链接和激活每位教师个体独一无二的自我经历。在此意义上,国家支配体及其附属的教育社区正是通过"他我"来支配和约束教师个体自我及其角色实践的。另一方面,教师个体自我通过突破"他我"显现其个体的创造性。教师个体自我的形成,并非简单的被动接受过程,其间也伴随着自我对外在教育社区之"他我"规范以及态度的突破和创造。此时,就要求教师个体能够在理解教育教学"过去和未来的声音"之后,独自站出来并发出自

---

① 乔治·瑞泽尔.古典社会学理论[M].王建民,译.北京:世界图书出版公司,2014:417.

② 所谓普遍化他人,是米德在论述个体"自我"时提出的术语,它代表整个社区(包括教育)的态度。具体可参考:乔治·瑞泽尔.古典社会学理论[M].王建民,译.北京:世界图书出版公司,2014:415.

己的声音,显示个体自我的创造性。正是在此意义上,教师个体具有了角色个体性内涵,也是教师个体角色实践具有创造性的源泉,内含教师个体的价值自我设定,构成教师个体自我"明确的人格",使其更接近自己作为教育教学实践主体的自由、自主之角色品格和生命境界。[①]

所谓无我,并非指没有教师个体自我,而是指将教师个体自我完全投入教育教学的角色实践中而忘掉自我,是教师个体自我沉浸式角色实践的一种"无我"的境界。王国维曾在《人间词话》中提出"有我之境"和"无我之境",在此借以表达教师角色个体性的审美范畴,指向教师个体角色实践的理想状态。从教师个体自我与"无我"的逻辑关系看,课堂教学中时时注意着自己的存在和状态时就属于"有我之境"。在此境界下,教师个体性的角色实践总是围绕着自我如何更好地在课堂中表现自己的特色这个核心问题,进行教学设计、教学实施以及教学评价,自我成为课堂教学和师生关系的中心。当课堂教学中的教师个体时时注意师生之间、生生之间以及学生与知识之间的有效互动交往问题时,尤其是为了维护学生的中心位置和主体地位而忘乎自我的存在时,即所谓"无我之境"。此时,教师使学生的注意力从教师身上转向自身,而他自己则藏匿于自相矛盾的假面之后,变得不可捉摸。这可以说是教师角色个体性完全地投入角色公共性中时的完美状态和绝佳境界,使学生明白教师也是凡人,没有屈从和依赖,有的只是能动、独立、自主的学生主体与教师个体自由地展开对话。正如王国维所论,"有我之境"乃为"以我观物",教师个体处处为表现自己而塑造自己的课堂教学,而"无我之境"则为"以物观我",教师个体时时观照学生的学习状态而忘记师生之差异、忘记自我之存在,全然表现民主、自由、平等的师生关系之共生美境。

总之,教师角色的个体性必须植根于个体自我,唯有个体自我的突显,才能成就教师个体作为教师角色建构的重要主体地位,成为教师角色公共性演绎所期待的教师个体。当然,它不是利己主义和自我中心主义的自我,而是有着"为他精神"的自我;它也是教师个体独立的表征,为实现教师个体的人生意义和生命价值而存在。在形态上,教师个体自我有"大我"和"小我"的内外形态之分,共同构成教师个体自我;在阶段发展过程中,教师个体

[①] 乔治·瑞泽尔.古典社会学理论[M].王建民,译.北京:世界图书出版公司,2014:416-417.

自我有一个"他我—自我—无我"的从现实至理想的境界升华,以此过程可以在教师个体的角色实践中显现鲜明的教师角色个体性:教师个体"有我"时,课堂教学可能尽显教师个体的教学特点,但当教师个体"无我"时,课堂教学将会尽显学生的主体地位、学习中心,以及学生的智慧、潜力及生命色彩,因为"无我"反而显出教师个体的自然真切的教学态度、炉火纯青的教学手法、育人无声的教学艺术、立德树人的精神风范,营造出一种让人回味无穷的关于课堂教学以及师生关系的审美境界。

二、立足实践:教师角色的个体性存在

马克思主义哲学指出,人的"全部社会生活在本质上是实践的"[①]。从作为个人的存在形式看,教师角色的个体性并没有一个固定的存在形式,而是动态地存在于教师个体丰富的"关系性实践"中,它是一个动态生成的过程,即教师个体只有立足于教师角色公共性本质形成的"关系性实践"中,才能生成其相应的个体性特征。所谓关系性实践,指教师个体对教师角色所处共同体关系的促动实践,是对教师角色公共性本质的演绎实践。教师角色公共性本质以"期待个体性"的姿态,将教师个体纳入共同体关系性实践场域,而教师个体则以自身能动、自主、自为的主体姿态,促动这些关系的运转与和谐,演绎各层共同体所诉求的公共性本质内涵——公共使命意识、公共理性启蒙以及公共精神养成等。

然而,教师角色的公共性虽指涉四个层面的共同体关系,教师个体却并非直接参与每个共同体的关系运作,即教师个体应有其符合自身职业特征的独立的实践方式。具体来看,教师个体的角色实践特征包括:一是在角色实践的物理空间上主要发生在相对狭小的课堂中;二是在角色实践的外在形式上,主要表现为教学活动;三是在角色实践的外在对象上,并不能直接面对抽象的国家或社会,而是直接面对寄托了国家和社会希望的学生群体;四是在角色实践的外在关系上,主要表现为师生关系和教学关系。之所以突出"外在",是因为教师角色实践并非单纯地发生在教师和学生之间,代表国家和社会之意志的课程内容——主要以文化知识的形式,内在、有力且深度地参与着教师角色实践。它们"内在"地承担了由国家、社会和学校等共

---

① 中共中央马克思恩格斯列宁斯大林著作编译局.马克思恩格斯选集:第 1 卷[M].北京:人民出版社,2012:135.

同体构筑起的支配、联合、协作之隐形公共性关系,使教师个体的角色实践之义务和责任变得复杂。

目前,教师个体的角色实践还是它以教学为主要实践活动形式、以指导学生学习和成长为主要实践目的,并在此过程中完成国家、社会和学校之立德树人的教育根本任务,努力表达教师角色的公共使命、公共理性、公共精神等公共性本质内涵。在一定意义上,教师角色的个体性就依存在课堂这个看似狭小的物理空间中,内在地包含教师角色公共性的本质内涵,表征着教师角色实践方式和实践逻辑的独立特性。

从课堂教学构成看,课堂教学包括教师、学生和课程内容(文化知识)三个基本要素。其中,从教师个体作为角色实践主体的角度审视,教师与另外两个要素之间会产生两个问题:"教什么"和"怎么教"。而正是这两个问题形成了教师个体的两类角色实践:关于"教什么"的文化实践与关于"怎么教"的交往实践。它们决定教师个体的角色实践方式,显示教师角色个体性的具体存在样态和教师角色的独立特性。

(一)立足文化实践的教师角色个体性存在

从社会学理论讲,人作为社会职业关系中的能动者、施动者,具有能动、自主、自为的个体主体性特征,这种个体主体与社会结构之间构成了"施动—结构"[①]的基本关系。在它们之间,既可探讨"结构"对"主体"的决定作用,也可探讨"主体"对"结构"的能动作用。它们在社会职业的不同领域,建构成多种关系性实践场域,并且以某种具体的行为体进入实践,继而会遇到个体主体如何行动的实践问题。反之,对施动者或行为体之角色个体性的理解与认识,则需要把握具体的角色实践场域及实践方式。

就教师角色实践而言,教师个体首先进入的是由"教什么"课程内容所构成的文化实践场域。从根本上看,这是教师角色所处国家支配体与社会联合体之关系公共性的必然要求,它不仅关涉"教什么"的文化知识问题,也包含着"为谁教"的公共使命、公共意志、公共价值等问题。因为教师个体作为角色实践主体参与国家支配体和社会联合体的基本方式,就是"以文化人"——将国家意志和社会诉求内蕴在课程内容的文化知识中,通过教师个体的角色实践,把它们传递给作为社会未来接班人的学生群体,以达到立德

---

① 冯凡.以关系性实践及其互动模式反思施动—结构难题[J].世界经济与政治论坛,2018(5):77-95.

树人的教育目的。换言之,教师角色的个体性就彰显在这种发掘文化知识之公共性教育价值的角色实践中,即教师角色的文化实践。

所谓文化实践,一般指关于文化观念传承与产生的实践,它"不但是文化的重要组成部分和表现形态,而且是文化观念得以产生的基础,是文化反作用于经济、政治进而推动社会发展的动力因素"①。教师角色个体性所依存的课程与教学视域内的文化实践,具有如下基本特征:一是有特定的文化知识载体,即由国家教育相关部门有目的、有计划、有组织地编订,以统一编审的通用教科书等为主要载体和表现形式,广涉自然、科学、社会、道德等多方面的内容;二是经由教师个体的再加工、再生产,从特定物质形式的文化知识到一定能力与品格形式的学生素养,其间需要教师角色的个体性实践,而且教师角色的个体性实践成为这一过程得以顺利完成的关键所在。在此意义上,教师角色的个体性实践,主要立足在传承与创造两个方面的文化实践中,发挥着在文化知识与学生群体之间作为桥梁的作用和载体的功能。

一方面,教师角色的个体性立足于文化传承实践。知识是特定文化的符号表征,也是课程内容的核心构成,尤其是以公共知识的筛选、编制和传递②形成的文化知识,一直是学校教育的主要任务。教师个体关于知识传递的教学活动,实际上是通过教学活动所进行的文化传递和传承实践,此中的文化成为教学活动展开的资源保障。而教师角色在文化传递实践中的个体性,就体现在对这些资源的发掘和传递活动中,包括探究文化知识中的复合主体意义、学科知识结构、内在间接经验等,它们是对一般本质、科学、规律、真理等形式所内蕴的客观性、普遍性和确定性的把握。

另一方面,教师角色的个体性也立足于文化创造实践。在课堂教学中,基于文化传承和传递而进行的文化创造实践,更能依存教师角色的个体性,它拒斥教师个体喉舌式和复读机式的生搬硬套、照本宣科,转而展现教师个体富于角色实践个性的个体性内涵。从理论上讲,如哈贝马斯所论述的,文化不但"为'自我和他人互动'提供了'文化知识传递'的资源,而且'个人'也通过'自我和他人互动'实现了'文化知识的再生产与创造',由此文化传统得以形成"③。在此意义上,课堂教学自然深化到文化传递的内在机制——

---

① 郝立新,路向峰.文化实践初探[J].哲学研究,2012(6):116-120.
② 余文森.论公共知识的课程论意义[J].教育研究,2012(1):118-124.
③ HABERMAS J. On the pragmatics of communication[M]. London: Cambridge university press,1998:253.

文化交往及其基于交往对象的文化再建构,达到文化的教学再创造的教育目的。此时,教师角色的个体性就体现在基于并超越教科书的形式与内容,深入挖掘文化资源及其教学价值,勾连学生学习、生活与成长的内在蕴涵,包括公共知识内在思维结构、审美机制以及基于此的文化创新和创造,也包括教师个体对公共知识文化进行符合教学逻辑和样态的再创造,还包括学生既有文化样态的理性审视、感性解释及其教育再创造等。

总之,教师角色个体性所立足的学校教育语境内的文化实践,主要表现在导引社会发展、促进个体成长和助推文化进步[①]三个层面,教师角色的个体性也将从此实践场域、实践方式和实践逻辑中得以彰显。

(二)立足交往实践的教师角色个体性存在

教师个体还需进入由"怎么教"之教学活动所构成的交往实践场域。实际上,教师角色的关系本质已经注定了教师角色的个体性必须立足于交往实践。换言之,教师角色的个体性要回答的是,教师如何成为符合角色公共性本质要求的个体——由一系列复杂的社会结构关系因素塑造"成为个体"的问题,而不是自然生物属性上的"作为个体"。在现代性哲学中,任何个体实践都是自由的,而且越是自由,也就越意味着依赖更多的他人。教师角色的个体性实践也不例外,它不仅需要在根本上依赖学生而存在,也依赖着学校协作共同体中的同事,更依赖着国家和社会——它们为教师个体的交往实践存在提供了身份之合法与合理的保障。

然而,包括教师个体在内,这种个体实践中的依赖关系,是以独立个体为条件和前提的,即个体化。现代社会促生了自由的个体和个体个性的自由发展,使个体的活动空间和行为尺度都获得了极大的拓展,但是建立在职业分工、功能分化和利益分摊基础之上的个体化,在帮助个体释放自身能量、摆脱传统束缚的同时,也将他们的个体需求逐渐打开,这时他们就需要一个组织或者别人的帮助。这种个体化的现代社会发展特征,也成就了教师角色实践的个体性表达——既需要教师个体成为独立的个体,又需要教师个体依赖角色公共性背后的社会结构关系所构筑的国家、社会、学校及课堂等多层共同体。在这些共同体的关系内,教师个体的交往实践主要表现在两个方面:基于文化传承与创造的精神交往实践,以及师生、师师主体之

---

① 张铭凯.论课程知识的价值维度及其道德价值逻辑[J].西北师大学报(社会科学版),2018(3):106-112.

间的对话交往实践。

一方面，教师角色的个体性立足于文化传承与文化创造内蕴的精神交往实践。课程教学以文化知识为基础似乎是自有教育活动以来就存在的经验事实，教师角色的个体性就基于这些文化知识形成的精神交往实践。在交往的形式上，既有中西文化碰撞的国际理解和国家认同，也有各民族文化的展示与融合、学习与借鉴，更有新时期现代化发展和民族复兴诉求的文化交往实践。尤其是在全球化背景下，这些文化交往实践形式，都将是教师角色个体性立足的基础。教育教学语境中的文化交往实践，重在发掘文化交往状态下的关系主义共享机制，以实现有效的文化育人目的，即以文化理念背后的公共理性及其所凝聚和体现的集体思考与集体智慧、价值判断与思维方式，从"积淀"的状态转换为教学"育人"的状态。这种育人的状态，实质上就是文化交往背后隐藏的精神交往，慰藉教师个体和学生个体作为"一种精神状况"的现实存在，因为"人是精神，人之作为人的状况乃是一种精神状况"[1]。教师个体通过将教学从知识传递带到文化交往的精神高度，贴近"课堂教学本真的理解路径"[2]，提高了教育教学活动的实践品质，也尽显教师角色的个体性实践意蕴与特色。

另一方面，教师角色的个体性还立足于师生主体之间的对话交往实践。实际上，在学校教育语境内，教师个体作为角色实践主体不仅与学生构成对话交往的实践关系，而且也构成师师之间的同事对话交往之协作关系。由于这种协作关系的最终目的还是在于教师个体能更好地服务师生间的对话交往，所以教师角色的个体性根本上立足于师生之间的对话交往实践。实质上，教育的世界以及世界的未来依赖于这样的教师和学习者——他们愿意向我们周围的世界和我们的内心世界敞开心扉，展开对话交往。与此同时，教师角色个体性也尽显其中，表征出教师角色的独立特性。另外，媒介技术的快速发展，拓展了师生对话交往的实体空间，转向虚拟技术空间，为师生主体对话交往带来了更多可能性。其中，既有新型联结方式形成的对话狂欢，也弥漫着弱化现实联结后学生个体的沉默和群体性孤独。所以说，"狂欢与孤独、联结与区隔、社群化与'超现实'化"[3]等技术交往新特征，也对

---

[1] 雅斯贝斯.时代的精神状况[M].王德峰,译.上海:上海译文出版社,2003:3.

[2] 程良宏.知识传递与文化交往:课堂教学的路径审思[J].西北师大学报(社会科学版),2015(4):82-87.

[3] 王敏芝.技术空间的交往实践与个体困境[J].当代传播,2020(2):78-81.

教师角色在对话交往实践中的个体性存在提出了新挑战和新机遇。

在马克思主义哲学中,"普遍之物只能奠基于个体生命之上,而作为实在的个体生命在其本质上是实践"①。在此意义上,教师角色的个体性既是其生命特性,更是其实践特性。介于代表国家社会公共意志的文化知识与代表国家社会未来的学生群体之间而存在的教师个体,其角色实践集中地发生在课堂教学中,以促动和维系教师、学生、内容三要素间的和谐关系为己任,以不做传声筒而进行教育教学的课程文化再整合和主体对话再创造,表达其角色实践的个体性意涵。也正是立足于这两类特殊角色实践中,教师角色致力于育人语境内公共使命、公共理性、公共价值、公共精神等的公共性自觉,而显示教师个体角色实践的独特性和个体性,显示教师职业及其角色实践的独立特性。

三、作为要素:教师角色个体性的本质内涵

教师角色个体性的实践存在特征决定了教师个体只能作为实践的"要素"本质。然而,教师个体既是促动教师角色关系公共性的核心要素,也是演绎这种公共性本质内涵的活动主体,这就使教师角色个体性有了其自身的本质内涵——教师角色个体性是要素功能与主体精神的统一体。其实,从现代化社会发展特征来审视,工业化导致了功能理性化的增加,客观活动的功能理性化最终引发了自我理性化,此时,省察个体的主要目的就在于促进其内在的自我塑造,"人大多都是为了更根本地重新塑造或改造自己的缘故,才对自己及其行动进行反思"②。这已表明,功能化的个体已是制度化社会结构的必要构成。在此背景下,教师个体必然朝向"一种既注重个性化而又注重承担对他人义务的新伦理"③演进,既注重来自教师个体内在生命激发的主体实践,又注重对教师角色公共性之本质内涵的践行与演绎,如此,才能积极发挥教师作为社会结构节点之关键"要素"的功能,突显教师角色"主体"地位的特殊意义。

---

① 陈辉.实在、个体生命与实践:米歇尔·亨利对马克思的现象学解释[J].教学与研究,2020(5):74-82.
② 乔治·瑞泽尔.古典社会学理论[M].王建民,译.北京:世界图书出版公司,2014:394-395.
③ 解彩霞.个体化:理论谱系及国家实践:兼论现代性进程中个体与社会关系的变迁[J].青海社会科学,2018(1):111-117.

具体而言,教师角色个体性的要素本质内涵,必须在教师个体践行和演绎教师角色公共性本质内涵的过程中进行把握,在演绎教师角色的公共使命、公共理性、公共精神等公共性本质内涵的过程中,促进教师个体信念、个体学识、个体德性等三个方面的公共性成长,以做有教学主张、有教学深度、有教学智慧的"好教师"为成长目标。

(一)从公共使命到个体信念:做有教学主张的教师

教师个体之所以能够步入课堂空间和教学场域,首先在于他载有立德树人之根本任务和公共使命。形成育人公共使命的意识作为教师角色公共性的本质内涵,当落地于教育教学实践时,就具体表现为指引教师个体展开角色实践的教育信念。根据《现代汉语词典》,所谓信念,是指"自己认为可以确信的看法"①;之于教师个体而言,指教师个体围绕"如何帮助和促进学生成长"的问题而形成的确信的看法。当然,教师个体从形成育人公共使命意识到将育人公共使命具体内化为自己的教学信念,并非天然而成,需要经历一个逻辑过程:教师个体意向不断敞开,以使个体性认识不断得到共同体的确证,转而内化为自身的教育教学信念。同时,在内化的角度、节点和方式上也因人而异,呈现出丰富多样的特点,并最终形成一种富有个性化的教学主张,表征着教师个体的教育教学风格,指引教师个体的角色实践活动,从而做有教学主张的"好教师"。

其一,教师个体信念的形成有一个从经验到理念再到信念的内化过程。教育作为国家发展的一项重要事业,其公共使命落地到教师个体的角色实践时,并非复制粘贴式的普遍传输,而是需要基于教师个体的不同教学经历和个体教学特点,即教育教学实践经验应是教师个体信念形成的基础和起点。在此,经验包含主动与被动两个因素:"在主动的方面,经验就是尝试","在被动的方面,经验就是承受结果"。② 因此,所谓教学实践经验,指教师个体亲历教学实践后所主动尝试的意义和被动承受的结果,既有富于积极意义的实践性知识和教学智慧,也有消极意义的迷惑、失望、沮丧等挫败情绪,甚至还有错误的经验认识,它们构成了教师个体经验的整体,成为其信念产生和生长的土壤。

---

① 中国社会科学院语言研究所词典编辑室.现代汉语词典[M].7版.北京:商务印书馆,2016:1461.

② 约翰·杜威.民主主义与教育[M].王承绪,译.北京:人民教育出版社,2001:153.

积累丰富的经验仅是教师个体信念形成的基础,而升华的关键则需要及时介入关乎育人的科学理念,以使感性的经验认识上升为理性的专业认识,即由专业知识概念建构起来的系统认识和清晰表述。所谓育人科学理念,一般指具有普遍性育人意义的、能够反映育人及其内在关系和本质规律的公共知识体系与整套理论观念,涉及育人科学相关的方法、原则、目的、要求等。育人科学理念则为实现经验到理念的升华提供了介质动力和可能路径,也是以确定的专业知识实现教师个体信念之确定性的关键一环。这是教师个体信念在形成过程中第一次走向公共性:由感性经验的个体知识转向理性认识的公共知识。

基于经验和理念形成较为成熟、稳固的信念,是教师个体信念形成的逻辑终点,也是教师个体性教学意向的应有形态,常表现为教师个体富有个体性意味的教学主张。以育人,即学生成长,作为教师个体信念的核心构成和逻辑终点,意在表达两点认识:一是一种理性认识,即教师个体对自己如何以教学实现学生成长的途径、方式等有着清晰的认识;二是一种情意笃定,即教师个体对自己能够以教学实现学生成长的态度、信心等有着坚定的意志。这是教师个体信念在形成过程中,将感性经验的个体知识、理性认识的公共知识内化到自己的信念之中,成为指导教师个体角色实践的个体意志。

其二,教师个体信念形成之后,还须不断向所在共同体敞开,以确证自身的合法性、合理性和有效性,这是教师个体信念第二次走向公共性,显示教师个体信念所彰显的公共使命意蕴。教师个体信念之所以能够向共同体敞开,是因为它具有强烈的个体性特征,既是"私人之事"且有着鲜明的"第一人称"特征,也是教师个体对自身角色实践的自我认识:"第一人称身份最为清楚自己持有怎样的信念,第一人称视角最为清楚持有信念的理由,第一人称承诺最为清楚自己对待信念的态度,包括信念态度、真假态度等,第一人称权威最为清楚自己的信念存在哪些问题,与哪些问题有关以及如何描述。"[1]这是教师个体对自我教学信念之真、善、美等全部内容和意义的认知把握。

作为"私人之事"的教师个体信念,需要一种载体和凭借才能向共同体敞开,那就是教学行动。简言之,就是要及时地敞开自己的教学信念意向,

---

[1] BRADY M, FRICKER M. The epistemic life of groups[M]. Oxford: Oxford university press, 2016: 51-72.

延展到具体的教学行动,把所要表达的教学信念意向行动化、可视化,以获得最大程度的理解、评判、确证和支持。此所谓教学行动,区别于探索性的教学实践活动,指在"明确的教学信念意向"带动下,围绕清晰的教学目标能动地展开的系列教学行为。它往往是一个"标志的意向行动"(token intentional action),"包含一系列具有解释关系的行为,关涉构成行动的一套动作,失去这些具体要素,某个行动将会失去'行动'的身份"①。

敞开以教学行动为载体的教师个体信念,为的是形成一种来自共同体的共识。教师个体信念的第一人称视角虽有先在性的优势,但它与"第三人称视角密不可分,我们只能以观察、判断和推论作为证成和理解信念的起点"②。所以,教师个体信念载于教学行动的意向敞开,正是其作为教学文化共同体一员而展开的公共性交往实践。以长远眼光审视,认识和诠释信念个体与整体间的密切关系,在为教师个体解脱教学信念意向之证成责任的同时,也能让其更加紧密地靠近教育共同体,从而帮助教师个体测试并回应自己对教学信念的理解与把握的灵敏性、可靠性,实现教师个体的教学发展性和生命价值性。

其三,教师个体信念的公共性敞开,为的是一种对话的确立:关于教育公共使命落地于教师个体自我信念时持续的自证与他证,以使教师个体信念总能与教师角色担当的公共使命相吻合。这是教师个体信念的第三次走向公共性,显示教师个体信念的发展性和生命力。"自证"是教师个体持有自身教学信念的重要过程形式,是突显教师角色个体性特征的关键所在。作为一个概念,自证指自我证实(self-verification),是意识主体对以自我为中心形成的认知、概念、图式等的自主证实,目的是"表征和建构自我"。教师个体信念的自证过程,内含着教师个体作为教学主体强烈的证成自觉性——能够反观教学自我以自证,做到"如人饮水,冷暖自知"。

自证之后,教师个体主动地阐释与对话,既是教师个体自证的逻辑延伸,也是教师个体以教学信念显明自身价值的根本需要,彰显着教师个体自证在理论上的可信度和走向实践的延展度。如李吉林老师围绕情境教学展开了大量的教学实践探索,并以教学行动进行具体阐释。之后,又进行了深入的经验反思和理论研究,形成了丰富的教学理论成果,在实践与理论双层

---

① ANSCOMBE G E M.Intention[M].Cambridge:Harvard university press,1957:22.
② 周靖,陈亚军.信念的公共性及其证成[J].西南大学学报(社会科学版),2018(1):33-39.

互动构筑的对话过程中,有力地阐释了她的情境教学主张。①

教师个体信念的确证,终于所在共同体的他证。所谓他证,与个体自证相对而言,指所在共同体中他者主体的印证。教师个体自证及其引发的主动阐释与对话,可以实现对自身教学信念和师者形象的表征与建构,包括围绕教学信念和教学行动的自我定位、人格体验、品行评估等。但是,对于观念上的、抽象意义上的以及有关意识主体思维与认知行为等结果上的证实,则无法完全依靠教师个体的自证来完成,需要及时转向所在共同体寻求他者的印证,即教师个体信念的确证过程,离不开所在共同体他者的第三人称视角及其镜鉴式印证。唯有如此,教师个体的教学信念才能与公共性的信念整体形成融贯性,并被所在共同体的其他成员所理解、宽容和接受。

总而言之,育人公共使命落地在教育教学实践时会成为指引教师角色实践的个体信念。教师个体信念的形成和确证,是一个不断走向共同体公共性的过程。而且共同体越大越广——从课堂到学校,从区域到整个社会,教师个体信念就越强且越被确证其合理性,从而越有影响力。不仅是物理空间由小到大的群体扩展,也是教学文化空间由窄到宽的精神与价值扩展,包括教学追求、社会文化、时代价值、理想信仰等。质言之,彰显为教师教学主张的教师个体信念,实质上是一种体现教学文化共同体追求的信念意向,共同体越大——教育价值追求越具普遍性和代表性,教师个体信念及其教学主张的影响力就越大,如李吉林的情境教学、窦桂梅的主题教学等,更有张桂梅等"时代楷模"的教育追求与无私付出,他们的教育教学信念及行动,深化着新时代教育理想追求中的教师个体信念之蕴涵与意义。

(二)从公共理性到个体学识:做有教学深度的教师

在学校教育语境中,"言教"是教师个体角色实践的第一特征,而渊博的学识是教师个体得以进行"言教"角色实践的基础和保障。教师角色的育人公共使命载于教师角色的公共理性启蒙,而启蒙公共理性落地在教育教学实践时,其实现则需要教师个体拥有深厚而渊博的学识。在课堂教学的一般意义上,教师个体学识越渊博、越深厚,则意味着教学活动和教学过程越丰富、越流畅,学生在教师个体渊博学识的助力下,其学科核心素养和整体素养的养成就越顺利、越有保障。这种课堂教学整体,表征着教师个体的教

---

① 如仅《教育研究》就有她关于情境教学的课堂操作、探索思考、优势与建构、学习范式、教学设计等相关主题研究成果近10篇。

学深度，即能够进行深度教学，促进学生深度学习，从而做有教学深度的"好教师"。

所谓学识，主要针对个体而言，指"学术上的知识和修养"①，表示一个人在知识方面所达到的水平。因此，教师个体学识就是教师个体在学科知识、教学知识以及生活知识等几乎完整"知识"意义上所达到的水平。

那么，何谓知识？一般意义上，知识指"客观事物的属性与联系的反映，是客观世界在人脑中的主观映像"②。对知识的认识有一个历史发展的过程，其内涵也存在中西差异。在西方哲学语境内，知识指"人类认识世界的成果"。人类认识世界的成果很多，柏拉图在表达形态上给予了区别，认为只有"辩证法和科学、数学"可称为知识，而常识和幻觉等则仅为意见。斯宾诺莎试图在性质上对知识进行区别，将知识分为感性知识与理性知识，且前者是"初步的知识"，具有不确定性，而后者是"真知识"，具有确切性。之后，康德专门对理性知识的确切性和可靠性作出研究，指出："理论知识与知性相联系，是人的统觉把先天形式加之于感性材料而形成，形式是知识的结构，它对知识的形成起规范作用。"③至此，知识仅在人的理性统觉及其先天形式上，以把握感性知识为基础，对知识的结构、规范等加以静态描述。直到近现代，杜威指出"静止求知理论"的消极性，认为"知识即探索"，将个体实践性知识纳入知识认知范畴马克思主义哲学也在批判和继承的基础上，强调"社会实践是一切知识的基础和检验知识的标准"。④ 而在我国儒家文化传统中，知识常与学习同时存在，这既与儒家文化的生命体认密切相关，也与强调的重心不同有关——更多是在强调学习的重要性时所产生的间接产物，所以多指经过后天学习而获得的知识。⑤ 譬如，《论语》说道："生而知之者上也，学而知之者次也，困而学之又其次也，困而不学，民斯为下矣。""吾非生而知之者，好古，敏以求之者也。"至于求的途径，既有来自经验的知识，也有来自前人典籍的知识，正所谓"多闻，择其善者而从之，多见而识之"。

---

① 中国社会科学院语言研究所词典编辑室.现代汉语词典[M].7版.北京：商务印书馆,2016:1489.
② 中国大百科全书·教育[M].北京：中国大百科全书出版社,2002:525.
③ 冯契,徐孝通.外国哲学大辞典[M].上海：上海辞书出版社,2000:521.
④ 冯契,徐孝通.外国哲学大辞典[M].上海：上海辞书出版社,2000:521.
⑤ 方克立.中国哲学大辞典[M].北京：中国社会科学出版社,1994:491.

在现代教育学语境中，教师个体的角色实践需要确立和依靠教育学立场的知识。所谓教育学立场的知识，是"基于前人的认识成果，通过师生互动而产生的新的意义系统"①。而从课堂教学的角度讲，教师个体的角色实践就是帮助学生透过知识的符号表征和逻辑形式，建构或体认知识的思维世界与意义系统，它表征着教师个体的教学深度和教学价值，是学生走向深度学习的保障。从而使学生获得借由知识展开理性反思的机会，进而在理性反思中认识自我并形成自我同一性，最终使学生在知识形成的公共理性世界中看到自我的自由意志和精神。反过来说，拥有渊博学识的教师个体，其教学中的"知识"绝非这样两类情况：单凭教科书知识照本宣科，或仅凭单一视角的知识引导学生。前者将教学停留在传递和灌输人类认识成果的低级层面上，后者使教学浪费了以知识带领学生看世界的良佳机会，缺失了意义系统引起学生反思和认识自我的可能。这两类教学都不是教师个体真正拥有学识的表现，所以也就不能完成演绎教师角色公共性本质内涵的要求和任务。

从根本上讲，唯有饱含公共理性的教师个体学识，才能构成教育学立场中的教学知识，它是公共知识与个体知识的有机融合。首先，教师个体学识要以公共知识为前提和基础。"公共知识的本质属性就在于其公共性……是人们认识成果的社会承认，是不同社会成员之间对于某一问题最终达成的共识。"②换言之，公共知识就是公共理性的形式，公共理性则是公共知识的旨趣。其次，教师个体学识还要以个体知识为机理和内质。"个体知识从本质上讲就是个体独特经历、探究、体验、感悟、阅读、思考形成的知识……一旦离开了个体，或是从个体中剥离出来，这种知识就无法存活，就没有活性，没有力量。"③个体知识就是教师个体的实践性知识，代表个体理性的形式和内涵。因此，作为公共知识与个体知识的融合，教师个体学识是针对学生的发展而言的，它不仅能发掘公共知识中的公共理性，也能彰显教师个体理性的特点。更重要的是，它是引导学生精神发育的种子，是"学生认识和理解世界、反思和提升自我的一面镜子"④，而这些正是教师个体能够以深度

---

① 郭元祥.知识的教育学立场[J].教育研究与实验,2009(5):1-6.
② 余文森.论公共知识的课程论意义[J].教育研究,2012(1):118-124.
③ 余文森.论个体知识的课程论意义[J].教育研究,2008(12):44-50.
④ 郭元祥,吴宏.论课程知识的本质属性及其教学表达[J].课程·教材·教法,2018(8):43-49.

教学引起学生深度学习的基本表征。

从角色实践的角度讲，教师依据个体学识对教师角色公共理性之本质内涵的践行和演绎，主要表现在以下几个方面。第一，教师个体学识形成教师话语的核心力量，是教师个体拥有话语权力的基础。"言教"之话语实践是教师个体角色实践的第一特征。而教师个体若要通过话语对学生产生引导力和影响力，渊博学识是形成教师个体话语权力的基本保障。它可以帮助教师个体避免依靠教师身份权威简单而粗暴地操作话语霸权，不仅使师生交往对话成为可能，而且会使教师个体形成个性化的话语表达。第二，教师个体学识是学生思维发展的重要介质，是学生素养形成的根本基础。教师个体学识是经过教师主动选择的，它能够为学生学习建构情境和意义、为学生提供思维的语料，促进学生完善内部心理结构并建构新知识。这些新知识作为"师生合作工作的产物"[1]，积极促进学生的"反思性学习和批判性思维，实现知识的意义生成和多样性价值"[2]。第三，教师个体学识是自身教学信念落地的根基，体现教师教学认识的格局和境界。教师个体学识是其教学信念落地的根基和条件，但在实践层面，教师个体往往要面对知识立场多元性和多样性的复杂挑战，既要破解知识本身的逻辑，也要洞察教学活动的新机制，还要依据学生成长需要将它们合二为一，形成适合教学需要的课程知识。而这些都依靠教师个体学识的有效应对，在提升教学认识格局和境界过程中，达到"较高的教育境界和人生境界"[3]。

总而言之，教师角色公共理性之本质内涵的演绎，需要作为要素的教师个体具有渊博的学识，它具有整体性、实践性、动态性和建构性等特征，是教师个体角色实践的根本基础。因为，任何教师个体都不可能脱离他自己独特的生活经历和生命阅历去理解和掌握知识，而走进课堂直面学生的教师个体正是带着他自己内化了的学识：是重构了公共理性和个体理性的知识，也是整合了公共文化与个体精神的知识，更是融合了"原视界"与"现视界"[4]

---

[1] 麦克·扬.未来的课程[M].谢维和,王晓阳,等译.上海：华东师范大学出版社,2003：34.
[2] 郭元祥.论深度教学：源起、基础与理念[J].教育研究与实验,2017(3)：1-11.
[3] 王坤庆,方红.多重身份下的教师知识立场及其境界追求[J].教育研究,2012(8)：108-112.
[4] 邹进.理解即意义的生成：德国教育家福利特纳的理解论[J].外国教育动态,1990(6)：37-41.

的知识。所以说,教师个体拥有渊博的学识恰是实现教育目标的根本所在。其中,富有教师角色个体性的深度教学,不以复杂的知识和困难的问题为旨归,而是以知识为载体并根据教师个体学识重整和重构课程知识,将学生基于自身经验引向知识的公共性、生活的民主性以及精神的自由性。这种饱含公共理性的深度教学,旨在启蒙和帮助中小学生恰当地认识和使用个体理性,掌握公开使用个体理性的方式、方法,并最终将教学的旨趣深入学生的精神和内心,深入社会伦理和自然生态,获得和生成对外在世界的更广泛的理解与认识。

(三)从公共精神到个体德性:做有教学智慧的教师

在学校教育语境中,"言教"只是教师个体对教师角色公共性之本质内涵"全部表演行为(performed action)的一部分"①;与"言教"共同作用的是"身教",它是教师个体角色实践的又一根本特征。如果说言教是教师个体带领学生"向外看"的角色实践——看整个物质世界和精神世界,从而要求教师个体拥有关于世界构成的渊博学识,那么身教就是教师个体带领学生"向内看"的角色实践——反观自己的言行举止、反思自我的个性品质,从而要求教师个体拥有关于自我与他者存在的良好的德性,做有教学智慧的"好教师"。

所谓德性,在现代汉语中也作"德行",多用于对个人"道德和品行"②等方面的评价。在西方哲学中,德性(virtues,亦称"美德")作为人类道德生活的主要内容之一,有着丰富的内涵。譬如,德性是一种善良的品质,德性也是一种高层次的欲望调节的情感和倾向,罗尔斯认为德性"是由一种较高层次的欲望调节的情感,这些情感亦即相互联系着的一组组气质和性格"③。麦金太尔在《德性之后》中进行了系统的阐发,既表达了德性的整体性和可理解性,"一种德性不是一种使人只在某种特定类型的场合中获得成功的品质",而是"在某人的生活中的一个德性之整体,唯有作为一个整体生活,即

---

① 肯尼思·J.格根,玛丽·格根.社会建构:进入对话[M].张学而,译.上海:上海教育出版社,2019:39.
② 中国社会科学院语言研究所词典编辑室.现代汉语词典[M].7版.北京:商务印书馆,2016:272.
③ 约翰·罗尔斯.正义论[M].何包钢,何怀宏,廖申白,译.北京:京华出版社,2001:209.

一个能被看作也可被评价为一个整体的生活的特征才是可理解的"①,也表达了德性的实践性和向善性,德性"将不仅维持实践,使我们获得实践的内在利益,而且也将使我们能够克服我们所遭遇的伤害、危险、诱惑和涣散,从而在对相关类型的善的追求中支撑我们,并且还将把不断增长的自我认识和对善的认识充实我们"②,还表达了德性对好生活的趋向性,人对追寻所必需的"德性是将使我们懂得更多的有关人的好生活是什么的那些德性,我们把德性不仅置于与实践相关的情形中,而且置于与人的好生活相关的情形中"③。概言之,"德性在于成人"④,成就一个有道德品质的个人,即德性在内涵上指涉了个人的情感、情绪、行为的"中道性"——适度、恰当的实践活动品质。而作为品质,德性是个人的一种后天获得性品质,表征在典型性的实践活动过程中,即它作为个人的实践产物,"是有益于实践的个人生活整体的善的品质。个人心性品德的完善就是一个自我努力完成的实践过程"⑤。

在我国文化传统中,崇尚德性也是儒家伦理表征个体品性和人格的重要方面。譬如,《礼记·中庸》中就有"君子尊德性而道问学",而始于孟子"四端"的儒家伦理传统之核心范畴——仁、义、礼、智,则兼备个人心性品德与人伦关系规范的双重特点。因此,在个体意义上,德性就不仅是一个道德词语,而且是个体完整品格的重要标识,完整地表征着个体"人格的整合和全体"。并且,从其形成之时,德性"便逐渐凝聚成较为稳定的精神定势,这种定势在某种意义上成为人的第二天性,并相应地具有恒常的性质"⑥。也正是在此意义上,个体德性与公共精神的演绎具有天然的内在关联。更重要的是,德性不同于个体的某一具体品格或个体品格的某一方面,而是对个体整体精神的彰显,统摄和制约着个体的完整精神世界及其日常生活。同时,这种德性也构成了个体与他人之区别的属性与规定,所谓"德者有得之

---

① A.麦金太尔.德性之后[M].龚群,戴扬毅,等译.北京:中国社会科学出版社,1995:258.
② A.麦金太尔.德性之后[M].龚群,戴扬毅,等译.北京:中国社会科学出版社,1995:277.
③ A.麦金太尔.德性之后[M].龚群,戴扬毅,等译.北京:中国社会科学出版社,1995:277.
④ 李兰芬,王国银.德性伦理:人类的自我关怀[J].哲学动态,2005(12):40-45.
⑤ 李兰芬,王国银.德性伦理:人类的自我关怀[J].哲学动态,2005(12):40-45.
⑥ 李晓英.个体性:先秦思想界对"德"之诠释[J].中州学刊,2008(6):144-147.

谓,人得之以为人也",也谓"明德唯人有之,则已专属之人"。①

具体到教师个体德性来讲,教师个体作为对教师角色公共性本质内涵之公共精神的践行与演绎主体,表征着其角色实践整体及其完整品质的个体德性,也就成为教师角色个体性的核心构成。进一步讲,以教师个体德性展示的身教之教育意义,就体现在教师个体对角色公共性之公共精神的演绎实践中,而这也正是教师个体拥有足够教学智慧的重要标识。因为教学活动作为一种为人和人为的复杂性实践活动,其中,"为人"表明教师个体的角色实践具有公共精神之要义,"人为"表明教师个体的角色实践具有典型的个体德性之标识,而"复杂"则表明教师个体的角色实践需要不确定性活动下的丰富教学智慧。这正是教师角色公共性"规范"之公共精神本质,到教师角色个体性"演绎"之个体德性本质,再到教师个体角色"实践"之教学智慧本质,三者之间的基本逻辑关系。② 特别是教师个体德性在教师角色公共性规范与个体性演绎之间起着承上启下的枢纽作用:没有德性的教师个体教学是压迫性教学,就会忘记"人为"的育人旨趣;没有德性的教师个体教学仅有知识传递和输送的教育形式,只被看作教师个体获得对应报酬的手段,就会忘记"为人"的利他之公共精神;没有德性的教师个体教学终会使教师个体陷入职业倦怠和生活疲惫,而忘记职业幸福的人生价值和生命意义,如此就难以成长为一名"好教师"。

也就是说,教师个体德性使教师角色成为规范的公共性,特别是教师角色的公共精神本质实现了"道德有根性生存"。以学识为代表的公共知识和文化虽是教师个体德性之母,即教师个体德性需要渊博学识的文化浸润,但也需要教师个体在角色实践中借鉴并创造实践性文化以形塑个体德性和自我人格。而且,这种实践性文化除了充斥着功利主义和实用主义的技术知识和操作技能,更需要关于教师个体如何诗意地栖居于教学生活的人文性知识,这些人文知识不是作为科学意义上的知识存在的,而是作为一种生存智慧存在的。尤其是当"道德无根性生存"成为当前教师个体不得不面对的一个社会现实时——不仅来自普通民众,而且来自教师群体的相互观望以及对道德本有与应有的"优良伦理秩序功能"的迟疑,这种闪耀着生存智慧的人文知识尤显可贵,因为它能使教师个体德性获得文化母体的滋养,有助

---

① 王夫之.船山全书:第6册[M].长沙:岳麓书社,1991:395.
② 程广文,宋乃庆.论教学智慧[J].教育研究,2006(9):30-36.

于教学智慧的施展和教师角色公共精神的演绎。

在社会学语境中,每个职业都有适合自身特点的公共精神,每个职业个体对其公共精神的践行也会形成各自的职业角色德性;教师个体对教师职业角色之公共精神的践行和演绎,在显示着教师个体教学智慧的同时,也塑造着教师个体德性。具体而言,根据教师个体作为要素所参与和构成的关系网络与构型空间,教师个体德性对教师角色之公共精神本质内涵的演绎,由内而外地主要发生在以下几个角色实践场域之中。

第一,在课堂共生体内,教师个体作为课堂教学的主导要素,对教师角色公共精神的演绎,主要体现在引起和维持教师与学生、学生与学生间的共识性对话交往活动中。在克服灌输知识和训练技能的行为主义后,积极构建课堂共生空间,即建立对话式课堂和促进民主式交流,允许学生进行一系列的表达和交流——即使只是关于某个主题的个人经历、意见甚至是幽默。在此开放式的对话和表达中,教师个体对公共精神的践行,既表现为尽量避免在对话中产生强势、垄断的话语霸权,并"以对多样性的强调代替单一真理",也表现为自己"主动放弃课堂上的主导地位,参与集体讨论,以欣赏的方式与学生对话。其结果通常包括高度参与、互相欣赏和丰富的学习经历"。[①] 而这些正是教师个体进行身教的现实样态和具体意义。第二,在学校行动体内,教师个体为更好地演绎课堂教学中的主导角色,应主动寻求同其他教师的合作与交流,将有效演绎课堂教学之公共理性和公共精神当作共同的行动目标。故而,教师个体对教师角色公共精神的演绎,还体现在学校教师个体之间共享、合作的专业协助关系的文化建设中,而且学校行动体内的教研协作构建更"有利于提升教师的实践智慧"[②],形成和展现教师个体德性。实际上,随着社会需求和技术的发展,打破院墙壁垒走向大中小学教师间的协作,打破形式上的单一化而走向在线协作、远程协作,构筑以网络媒介公共空间为场域的教师角色实践样态,进而寻求新型社会互动基础上的"人际信任"和"知识共享"[③],已然成为可能和必要。它们也为教师角色的公共性演绎和教师个体德性的展现,提供了多元化和多样性的基础与条件。

---

① 肯尼思·J.格根.社会建构的邀请[M].杨莉萍,译.上海:上海教育出版社,2019:170.

② 牟映雪.教研组协作文化构建与教师专业发展[J].课程·教材·教法,2006(9):83-86.

③ 石艳.教师知识共享过程中的信任与社会互动[J].教育研究,2016(8):107-116.

第三,在课堂和学校构筑的实体共同体之外,教师个体还从属于国家与社会主导下通过课程文化知识构筑的抽象共同体,这也是教师个体演绎角色公共精神之德性的重要实践场域,而且是教师角色实体共同体存在和生发教育意义的文化根基与精神源泉。

总而言之,教师个体德性源于对教师角色公共性之公共精神的践行和演绎,涉及教师个体的仪容、举止、行为、作风等整体人格,诠释着教师个体进行身教的特殊角色意义——突破了一般职业角色仅将自己作为单一化要素的现实,诠释着富于主体性精神的教师个体本身即教育活动之价值载体,这在一定程度上反映出教师就是重要的教育资源。

四、演绎公共性:个体性作为教师角色的本性

教师角色具有个体性,并以个体性为其本性,其根本是在教师个体自我、实践、要素等意义上被赋予的,即在教师个体作为教师角色"关系"公共性的促动者和维护者的视野内得以成立的。因为教师角色的公共性"关系"本质,需要教师个体的践行和演绎——只有教师个体的角色实践演绎,才能让教师角色那些关系本质得到促动和维护,使这些关系得到维持,静态的抽象共同体才能运转为动态的实体共同体,从国家、社会到学校、课堂的多个层面的共同体才能充实。当然,现实中的教师角色又是各不相同而极具个体性特点的。他们对教师角色公共性本质的演绎因个体自我的独立性和自主性,也因教育教学实践的情境性和复杂性,具有教育资源的重要体现、课程改革的关键力量、资源配置和均衡的重要对象等社会价值。

反过来说,教师角色的个体性也只有在践行和演绎教师角色的公共性本质内涵的角色实践中,才能显现出个体性特征,而不是医生或律师等其他某个职业的角色特征。因此,教师角色的个体实践及其个体性表现就极具要素的本质内涵,即需要依据教师角色的公共性关系本质来确定教师个体的要素特质,包括强烈的个体信念以担当育人公共使命、渊博的个体学识以启蒙公共理性、良好的个体德性以养成公共精神。故而,教师角色的个体性是以演绎公共性为本质的,它使教师职业角色的独立特性有了个体性形成的鲜活而丰富的内涵。

首先,对教师角色之育人公共使命的担当。教师个体何以能够形成并不断更新和强化育人公共使命意识?这是贯穿教师个体角色实践始终的一个核心问题。它重在指导教师个体的角色实践,也可以使教师角色的个体性得以彰显。特别是随着社会现代性环境的急剧变迁,教师个体的自我认知与认同,已不再是过往那种强行的外在赋予和简单的伦理给定,而是处在不断地对"我是谁"问题的追问、探索和回答中。因为包括教师个体在内,"离开'自我'这个我们虚构以称呼自己的奇点,没有人能够生存下去"①。如此,"我是谁"就成为教师个体"为人"性,即"为他者"责任伦理实践的出发点,它不同于是其所是的本质问题,而是一个所求与应得之关系的伦理问题或者说价值问题。那么,何谓"我是谁"? 所谓"我是谁",指"人在对'我'的觉知与追问中,展开朝向他物或他人的'去存在'的实践,并在创造与利他的意义实现中不断确证自身的存在"②。这一问题是对人之为某人的根本追问,譬如人何以为教师的自我觉知和追问。但往往是我"无所不在又无处可寻"③,所以,"我是谁"的谜底只能在于"一个人遵循趋善避恶、取主舍次的人性逻辑,围绕善恶是非的实质性价值内容展开的评判诉求和取舍选择"。④换言之,教师个体对"我是谁"的觉知和追问,只能在趋善避恶、彰显自己人性逻辑的育人角色实践中寻找。一般会经历这样一个过程:在个体身份认知上从"我以为我是谁",到"大家认为我应该是谁",最后真正到"我知道我是谁"。这实质上也是教师个体信念的发展与成长历程,即会经历一个从"自我"个体性到"大我"个体性再到"真我"个体性的符号交互与认同过程。它是教师个体演绎教师角色公共性本质,对以自身角色个体性担当教师角色公共使命的确证过程——一个"你知道我是谁"的过程,即让"你"全面地了解教师个体"我"的信念与使命。这里的"你",既包括教学关系中的学生,也包括学校教育协作关系中的同事或同僚。如果能让家长或者社会也知道"你"作为教师所求与应得的那个人,那么,教师个体的公共使命担当就会获得更大公共性范畴的认可、认同和确证。

其次,对教师角色之启蒙公共理性的践行。教师个体何以能够将育人公共使命落地于立德树人的教育根本任务? 又何以在教师角色实践中演绎趋善避恶的作为师者的人性逻辑? 其中,首要的就是以渊博的个体学识,为

---

① 肯尼思·J.格根.社会建构的邀请[M].杨莉萍,译.上海:上海教育出版社,2019:105.
② 陈修梅,刘慧."我是谁":生命教育的追问与应答[J].教育发展研究,2021(2):65-71.
③ 苏德超."我"是谁:从维特根斯坦的角度看[J].华中科技大学学报(社会科学版),2009(3):56-60.
④ 刘清平."人生意义"的元价值学分析:兼答"我是谁"的哲理问题[J].江苏行政学院学报,2017(1):12-18.

社会主义的接班人启蒙公共理性。"理性"是哲学现代性中的核心概念,是现代社会走出古典得以祛魅的根本,而对公共理性的不断启蒙则是教育现代化发展的根基,也是民主社会建设与未来公民培育的基本旨趣。就教师个体对角色公共理性的启蒙意义而言,公共理性是教师个体学识的核心构成,它是教师个体角色实践自主性的根基,正如在涂尔干看来,"自主性是基于理性的意志冲动"[1]。因此,具有公共理性特质的教师个体学识,表征着教师个体的一种思想能力,是所有教师个体应该追求的共性、普遍性和统一性,在价值上它不是中立的而是正面的。而之于有待启蒙的学生来说,或因年龄尚小,也或因阅历尚浅,其个体理性在把握自身的运作机制方面表现出明显的自限性,无法跳出幼稚的运作。所以,学生的理性发挥需要在教师基于个体学识提供的理性框架,即公共理性中展开,继而在学习生活和交往实践中创生属于自己的意义世界。由此,实现从个体理性向公共理性的转化,并以公共文化模式加以成熟、固化,渐渐成为指导学生生活和支配其意义世界建构的持续的行为模式。

最后,对教师角色之养成公共精神的演绎。教师是关心学生幸福的人,所以学生不仅能向教师学到知识,而且能够学到一种生活方式……包括对关心、同情、支持和理解的表达。[2] 教师个体德性作为教师角色公共精神之养成的集中表现,正是展现给学生以供借鉴和学习的生活典范和人格榜样,并在这种典范和榜样的共有精神家园中,凝聚出育人意义的核心价值体系和共识,以达成公共精神的传递和浸润。因此,教师个体基于自身德性修养的身教,使切身的学校教育公共生活得以发生,也使其中的不论教师还是学生,都能将自己与他人的命运相连,处于一种身心开放、完全平等的关系中。[3] 实际上,这也是教师个体自我价值实现的过程——在公共理性启蒙的教师个体人性逻辑展现基础上,追求教育的趋善避恶而将个体自我人性现实化为一种人格,而"人性得以体现的人生才有可能变得丰富而深沉、优美而崇高。同时人格需要发挥出来才能成为见之于外的活生生的外显生活"[4],从人性到人格,再从人格到人生,教师个体得以在角色公共性实践中达成自我实现的目标。

---

[1] 乔治·瑞泽尔.古典社会学理论[M].王建民,译.北京:世界图书出版公司,2014:203.
[2] 肯尼思·J. 格根.社会建构的邀请[M].杨莉萍,译.上海:上海教育出版社,2019:169.
[3] 雅斯贝尔斯.什么是教育[M].邹进,译.北京:生活·读书·新知三联书店,1991:2.
[4] 江畅.人的自我实现:人性、人格与人生[J].求索,2019(4):13-22.

总而言之,教育教学实践中的教师首先是个体,只有优秀的个体才可能成为优秀的教师,而个体性丰富尤其是个性丰富且独特的个人,才是构成和成就"好教师"的人格背景。因此,个体性维度的教师角色建构就在于突出教师个体作为要素的主体性特质,在既有共性又显个性的角色实践中不断锤炼出"好教师"品格。

第二节 个体性维度的教师角色建构分析

教师个体是促动教育教学活动实现的关键要素,表现出丰富多样的个体性特征,故而个体性也就成为教师角色建构的另一个重要的维度。在建构的意义上,个体性维度的教师角色建构,或者说教师角色的个体性建构,旨在突出教师个体在角色实践中的个体性本质内涵及其特征。具体来看,个体性维度的教师角色建构,应以指向主体性作为建构语境,以从共性到个性的教师个体成长基本路径作为建构旨趣,以课程变革理念、教学活动经验和教育发展理想中的良师观照,探索"好教师"建构的可能方略,从整体上完善和突出教师角色作为要素的个体性本质内涵。

一、突出主体性:个体性维度的教师角色建构语境

无论人们如何批判教师作为计划实施者或知识传递者的工具性价值和意义,教师角色作为社会结构关系节点的本质不会改变,即在功能和地位的意义上,教师个体总是以要素为本质和本位的。但是,教师个体作为要素并非普通的物质性要素,而是具有能动性、自主性和自为性的主体性要素。换言之,关于教师个体是教育教学活动的主体,不但不会有异议,而且是学界在追求基础教育课程改革推进、教师专业发展实现以及核心素养落地时,所形成的基本一致的观点,即教师个体"只有本人成为主体……用自己的观念认识、信念理想、经验意向和心血情操主体性地处理知识教学,化育德性人格,经营组织管理,才可能富有生气和色彩地创造'人的教育'"。[①]

根本原因在于教育作为一种旨在帮助教师和学生在教育教学活动中都

---

① 朱小蔓.关于教师创造性的再认识[J].中国教育学刊,2001(3):57-60.

变得更加完善的职业,只有当教师个体"自觉地完善自己时,才能更有利于学生的完善与发展"①。换句话说,只有教师个体作为角色实践主体及其个体主体性在教育教学活动中得到激发,教师个体作为要素的功能与作用才能得到有效发挥,其角色实践也才有可能是能动性的、创造性的。古往今来,在教育领域中但凡作出过重大贡献的教育者,都善于在其角色实践中表现出强烈的个体主体性。譬如,我国古代孔子创办私学、修经著述、周游列国,既注重深入的教育教学实践探索,也注重拥有渊博的个体学识和良好的德性修养,更注重将自身教育理想抱负付诸行动。西方古希腊苏格拉底则以其独特的"产婆术"教学方法,深入街头巷尾,广与大众交谈对话以探讨真理所在,使人们在认识到自己不足的同时获得理性的成长。孔、苏二人作为中西师者的典型代表,他们的共同点就是善于引导和启发受教育者自身进行思考、反省以自察,激励人们善用理性认识自我、发现自我,以发展成道德主体为教育目标,而极富教育实践的个体主体性。

实际上,自古以来,"教师一直作为教育主体"②出现在教育教学场域中,而且常常拥有很高的地位。我国古代的教师常与治国安邦密切相关,被看作"治之本也",发挥着传道、受业、解惑的作用,而且因其重要地位和文化师者的权威身份,在教育活动中处于绝对的主体地位并发挥主导作用。但是,教师在古代的这种主体地位并非真正意义上的"个体主体",而是封建统治阶级集体的构成部分,发挥着为统治阶级服务的工具性主体作用,正如马克思指出的那样:"越往前追溯历史,个人……就越表现为不独立,从属于一个较大的整体。"③时至现代,教师在一定程度上还被期待着保留传道者、道德楷模等角色形象——进行"一种理性控制和装饰",规范自己的思想和行为做到"不逾矩",而对一种生命意义上的存在、需要、情感等个性化的自我加以遮蔽和掩饰,导致教师个体的"教育工作与日常生活被割裂成两个世界"④。这形成一种刻板印象:教师不应有错误和不足,知识上无所不知,没有喜怒哀乐和自己的生活,没有自己的观点和内心世界,而成为一个"无个

---

① 叶澜,白益民,王枬,等.教师角色与教师发展新探[M].北京:教育科学出版社,2001:3.
② 阮成武.主体性教师学[M].合肥:安徽大学出版社,2005:128.
③ 中共中央马克思恩格斯列宁斯大林著作编译局.马克思恩格斯全集:第46卷(上)[M].北京:人民出版社,1979:21.
④ 阮成武.主体性教师学[M].合肥:安徽大学出版社,2005:129.

性的、一般化的'他人'"①。在此刻板印象压抑之下,师生之间自然形成一道不可逾越的交往鸿沟,而教师个体也多因此主动放弃了自己的实践主体地位,过着得过且过的平庸生活。如此,教师个体虽有形式上的主体地位,内心却充满着角色矛盾和自我压抑,无法真正实现自身的角色主体地位和主体性作用。

尤其是当教师个体在课堂教学语境中握有三类功能特殊的"话语"时,即发挥命题功能的课程内容之话语,发挥社会功能的课堂控制之话语,发挥表达功能的教师个性之话语,教师被天然地赋予了驾驭课堂的权力。但这并非教师作为主体的"内部教育力量的表现",这些功能话语常使教师个体"体验到的是作为教育主体的无力与空虚";相反,当教师个体选择放弃这些话语及其权力以使自身无力化时,他所能体验到的却是"作为实践主体的教育力量得到复兴的充实"②。究其根源,正如佐藤学所指出,以教师替代了主体自我,以"制度性的人际关系"取代了师生主体间的交往对话关系,从而造成课堂教学的非人称化和非主体化。与此同时,学生的主体地位也被轻松消解,丧失了第一主格"我"的学生,会失去师生主体间的"你—我"的正常对话关系,而被内化为"师—生"驾驭关系,致使师生之"我"作为主格的教育世界因抽离了各自的生活经验而变得暗淡无光。最终,学生拼命学习知识的价值和意义只能寄托在"某某人"或"某某他们"身上。

因此,教师角色个体性建构所需的主体性语境,并非来自充满矛盾的被动主体或非人称化主体,而是有其自身独立自主含义的能动主体和有主格"我"的主体。具体而言,首先,教师个体主体性生成于教育教学实践活动。从根本上说,"人的个体主体性正是在实践活动基础上历史地和社会地生成和建构起来的"③。其次,教师个体主体性生成于独立且现实的社会个体。每个教师都是一个特殊的个体,也"正是他的特殊性使他成为一个个体,成为一个现实的、单个的社会存在物"④。最后,教师个体主体性具体是教师角色公共性"规范"内的主体表现。在理论上,主体性的"内在潜质是理性,理

---

① 刘次林.教师的幸福[J].教育研究,2000(5):21-25.
② 佐藤学.课程与教师[M].钟启泉,译.北京:教育科学出版社,2003:110-111.
③ 张中文.个体主体性生成机制的实践唯物主义探讨[J].西南大学学报(社会科学版),2008(1):66-70.
④ 中共中央马克思恩格斯列宁斯大林著作编译局.马克思恩格斯全集:第42卷[M].北京:人民出版社,2002:302.

性的依存体则是个体化的人"①。因此,教师个体就是依存教师角色公共使命、公共理性和公共精神的主体,它们决定着教师个体的角色实践方式,构成了教师个体角色实践的蓝本,是教师个体角色实践的基础。

总之,个体性维度的教师角色建构需要突出教师个体的主体地位,营造教师角色实践的主体性语境,使教师个体在角色公共性的践行和演绎过程中,充分发挥和彰显教师角色个体性的要素本质内涵。

二、共性到个性:个体性维度的教师角色建构旨趣

在主体性语境下,教师个体作为角色实践的主体,在践行和演绎教师角色公共性本质内涵时,表现出共性与个性两种基本旨趣。在建构的意义上,既要重视教师个体作为"我们"的群体共性发展,也要观照教师个体作为"我"的个性成长,即从共性的基本发展到个性的主体成长,是个体性维度的教师角色建构必须着力的两种基本旨趣。

(一)共性的我们:教师角色个体性建构的一致性追求

所谓共性,也可谓共性的我们,指教师个体作为教育教学要素在演绎和践行教师角色公共性本质时所表现出来的共有要求或共同特征。教师角色的公共性本质具有共时状态下的相对稳定性,所以在教师个体的角色实践中势必会表现出相应的一致性,即共性的特征和要求。虽然有时会因城乡区域的差异,或因民族文化的不同,可能存在共性上的些许不同,但是并不影响一个时期内教师角色公共性本质对教师个体角色实践提出相对稳定的共同要求。

譬如,在课堂教学层面上,当前基础教育关于学生发展核心素养落地的一致性推进,还有课程思政的全面和全科推行,以及统编教科书的编订与实施等,都在客观上要求教师个体在教育教学的角色实践活动中有着较为一致的课程学段目标、教学计划和评价体系,而它们也因此成为教师个体践行角色公共性时所不可动摇的基本依据。再如,在教育管理上,《中小学教育惩戒规则(试行)》为教师个体的角色实践划出了共同的行为规范和要求。特别是在县(区)域一体化或学校文化建设等背景下,教师个体所属的相应学校也会依据自身的办学主张和风格,如阳光校园、生态校园、书声校园等,对教师个体的角色实践和角色形象提出或形塑出更多的共性特征。总之,

---

① 刘森林.实践:从主体性到社会性[J].哲学动态,2003(6):7-9.

来自国家规定、社会诉求、学校要求等多个共同体层面,诸如背景、前提、条件等此类客观存在的框架式或底线式的限定,都在无形地建构着作为共性存在的每位教师个体成为"我们"中的一员,这些都是理解和把握当前教师角色个体性时所要关注的现实状态,也是个体性维度建构教师角色的基本事实和依据。然而,作为共性的"我们"虽是教师角色个体性建构的重要内容,但突显教师个体的个性之"我"也是建构的另一关键所在,而这也被认为是促进教师个体专业发展的原生动力。

(二)个性的我:教师角色个体性建构的发展性追求

所谓个性,也可谓个性的我,与共性的我们所强调的一致性和普遍性不同,指教师个体作为教育教学要素在演绎和践行教师角色公共性本质时所表现出的特有素质和独立特性。如果说共性的"我们"指向教师角色实践的基础框架和行为底线,它为教师个体的教育教学活动奠定了基础,是一种教育作为一门科学的理性之美,那么,个性的"我"则指向教师角色实践的具体内容和行为创造,为教师个体的教育教学活动赋形亦赋神,是一种教育作为一门艺术的自由之美。譬如,不论是学科核心素养在课堂教学中的落地、课程思政的具体展开、教科书的设计使用,还是在教育管理中教师个体处理每一处情境性、遭遇式的教育教学问题,或者为学校文化建设和发展贡献力量,教师个体的个性"我"的样态都会表现出来,即角色实践状态中的教师总是以一种绝对个体的样态出现,表现出具有个性化的样态并贡献出具有独立性的力量。

但亦需看到,个性是共性中的个性,不存在无共性的个性。因此,共性的"我们"与个性的"我",就成为教师角色个体性建构中需要恰当理解、认识和对待的两种基本样态。在角色实践中,对教师角色个体性之共性与个性两种基本样态的恰当理解,需要针对教师角色的个体性意蕴——自我、实践、本质内涵等,进行包括观念与行动、心境与处境、践行与演绎、论证与选择、责任与尊严等几个方面的辨识和把握,以使教师个体既属于共性的"我们"中的一员,也有个性的"我"的独立特质和教学特点。

(三)超级个体现象:教师角色个体性建构的典型人物

每位教师个体是其自身教师角色个体性建构的第一主体。在教师角色实践中,教师个体在践行和演绎角色公共性本质时,往往侧重于某一方面,如伦理实践、文化实践或交往实践等,从而具有相应的突出个性,也就出现许多"超级个体"现象。但不同于社会中其他超级个体多以技术或能力的投入来取胜,教师成为超级个体不仅需要技能,更需要情感、意志乃至生命的投入。最重要的是,教师成为超级个体是在不断走向教师角色公共性本质内涵的过程中练就的。所以,教师角色实践中的超级个体可在不同共同体层面的不同"关系性实践"中成为超级个体,从而具有多样性的特点。

具体来看,首先,在国家支配体和社会联合体的共同体层面上,譬如当前,张桂梅老师就是在教师角色伦理实践中典型的超级个体。她不是关爱一个学生或几个学生,也不是只着眼于当下爱学生,而是通过关爱一代甚至几代学生来关爱国家、社会和民族的未来,以行动阐释着教师角色的公共使命、公共理性和公共精神等本质内涵。张桂梅老师的角色实践中流露出宏大而深远的伦理价值和现实意义。所以她成为学生爱戴、家长亲近、社会认可、国家表彰的超级教师个体,而且成为对新时代教师角色精神的最高诠释,也成为每个教师成长路上所要学习的榜样。其实,像张桂梅老师一样在公共性伦理实践中成为超级个体的教师并不少见,他们也都是一定时期和区域内的教师角色楷模。其次,在学校行动体的共同体层面上,譬如李镇西老师就是较为典型的在教师角色文化实践和交往实践中成就的超级个体。他善于以文化知识蕴含的公共理性和公共精神武装自己,展开富有人文性的角色实践活动,他说做一名好老师,"比专业视野更重要的是人文视野,要做一个特别有学问的人,一个有人文底蕴的人"[①]。在此,他所谓的教师作为文人的关键就是要有人文性,而人文性在他看来就是有情感、有风骨、有良知、有自由的独立精神和独立人格,努力做到"站在教育的高度看教学,站在社会的高度看教育,站在人生的高度看社会,站在星空的高度看人生!"[②]而这正是对教师个体作为知识人的形象写照。此外,李镇西老师还有校长身份,他推崇民主管理学校,重教必先尊师,呼唤"学校管理的科学化和人性化",鼓励学校中的每个教师和学生参与学校建设,"目的是充分激发所有人的责任感和创造力,培养或增强全体教职员工的公民意识,以实现个人成长与学校发展、个人幸福与学校繁荣的和谐统一"[③]。最后,在课堂共生体的共同体层面,能够成为超级个体的教师就更为多见,他们可以通过对教科书蕴涵的丰富的公共利益、公共理性和公共精神的发掘,课堂教学过程中主体交往对话的共同认识的达成,以及通过观照每个学生以关怀社会公共利益的

---

① 李镇西.好教师要多点人文底蕴[N].中国教师报,2015-04-01(12).
② 李镇西.好教师要多点人文底蕴[N].中国教师报,2015-04-01(12).
③ 李镇西.学校管理的民主追求[J].人民教育,2010(2):26-28.

诉求等多个层面,成就超级个体现象。

需要指出的是,教师个体角色实践中的超级个体不等于全能个体。教师作为超级个体多表现为教师个体在教师角色公共性的某一个方面较为突出,并非他就是一个全能的、全面的、完美的教师角色形象,并不意味着他的角色公共性践行与演绎就是无可挑剔的。我们尊重那些以自己生命来践行和演绎教师角色公共性的教师个体,同时我们也应认识到不能强求每个教师都能如此。因为教师个体在自我观念意识、教育实践境遇,以及个人的教学信念、学识积累、德性修养等很多方面都有差异,每个教师都有他自身的角色个性追求,实践中的他们都应得到该有的尊重和肯定。这也正是基础教育实践中能够走出诸多"好教师"的根本所在。

三、观照良师:个体性维度的"好教师"角色透视

所谓良师,即"好教师"[①],指有益于他人成长的教师。大国良师或中国好教师,是构成当前学界对教师队伍建设尤其是教师个体成长研究之话语体系的重要概念术语。同样,"好教师"作为教师角色双维建构研究的基本目标和追求,也是理解和认识个体性维度教师角色建构的重要切入点,即来自教育现实和教学实际层面的反思、理解与确证。具体来看,教师角色建构语境中的好教师,既是一个现实问题,也是一个历史问题,还是一个发展问题,本部分将分别从课程变革理念、教学活动经验、教育发展理想三个层面,透视"好教师"角色的双维建构特征。

(一)课程变革理念中的"好教师"角色变迁

我国基础教育的课程发展,依次经历了三个以教育教学目标为导向的时代变革,即从双基时代到三维目标时代再到核心素养时代的基本历程。伴随着课程变革理念的更新,"好教师"角色扮演的要求也在经历着不断的变迁和发展。

1. 双基时代及其对"好教师"的角色要求

"好教师"意味着有益于他人,即学生的成长,而这在根本上取决于对教育目标的理解尤其是对课程与教学之目标的认识和确定。由此,双基时代的"好教师"角色就是有益于学生打牢"双基"的教师。那么,何谓双基?又

---

① "好教师"在口头语或一些书面语中,也作"好老师",所以本书中"好教师"也即"好老师"。

何谓双基时代？所谓双基，是指学生需要掌握的基础知识和基本技能，它最早出现于1952年教育部颁布的《中学暂行规程（草案）》，其中明确提出"双基"概念。具体来讲，"双基"中的基础知识是核心，基本技能居从属地位，而且在内涵上，基础知识非指用于生活的基本知识，而是指社会个体尤其是学生为了进一步学习奠定基础的知识。其中的原因在于"双基"提出的时期背景，新中国成立之后国民知识水平普遍不高，于是提高国民知识文化素养成为重要教育课题，而"双基"的提出和设置就是为了使学生具有学习更加高深知识的能力，更多属于奠基性要求。譬如，1996年教育部颁布的《全日制普通高级中学语文教学大纲（供试验用）》针对高中阅读、写作、听说等分别提出了能力训练点和基础知识点各18个，并明确"知识教学和能力训练密切结合"是语文教学的基本原则——知识教学着眼于能力提高，能力训练着眼于知识运用。

虽然在理论上"双基"作为教学目标并不必然导致知识灌输，但现实是课堂教学常常处在"知识灌输"的状态。以至于多年以后，知识灌输、填鸭式教学还是我国基础教育挥之不去的阴影。所以此时教师个体的角色功能也只停留在传递知识的意义上，甚至"有高超教学技巧的老师可以做到生动、活泼、高效地传授知识"[①]，但也仅满足于传授知识。进一步看，以知识传授为教学目标追求的课堂，逻辑上自然注重的是效率，但是传授的效率越高，留给学生思考、内化的时间必然就越少，灌输的特征就越明显。所以导致的结果是学生被客观地排除在教学之外、隐匿在教学之后，而教学也并非内蕴着活动的意义，仅剩简单的灌输流水线。所以知识灌输、纯技术训练的课堂教学，必然导致"忽视情感态度价值观教育的倾向"[②]。随着双基时代"过时"，"双基"理论也被看作旧教育观念在新中国的顽固遗留，而摒弃"双基"理论，树立儿童本位的课程与教学观，便顺理成章地成为新课程变革的追求。与此同时，作为知识灌输者的"好教师"角色也被不断否定和批判，并在此扬弃过程中试图提出更好的、更符合教育发展需要的教师角色要求。

至于原因，双基时代的教师成为知识灌输者，大致在于两个方面：一方面，是以基础知识作为教学目标的逻辑必然。以学生牢固掌握尽可能多"基

[①] 王璞."过时"的双基与"过激"的三维目标[J].四川师范大学学报（社会科学版），2016(3):162-167.

[②] 郑昀,徐林祥.从"双基"到"三维目标"，再到"核心素养"：新中国成立以来语文学科教学目标述评[J].课程·教材·教法，2017(10):43-49.

础知识"为教学目标,自然会使知识灌输和填鸭式教学成为最有用的教学方式,而这些在根本上是由"科学知识是客观的"这一知识观所决定。另一方面,在于对教学之科学性的认识不足。双基教学以"教学过程是一种认识过程"为认识论基础,譬如,在教学大纲中对教师的教学活动提出了明确的要求,突显"刚性"和"技术"取向,即对教师怎么教给出了规范要求和"直接指导",继而在大纲指导下的教材建设上,"就是要罗列学生应掌握的本学科领域的理论和应用法则",以"对教师的教学、学生的认识具有绝对的权威性"[①],所以教师的教学活动就"只是教材的展开过程,教师充当教材的代言人,学生的学习就是对教材的理解、记忆和'掌握'"[②]。从学科教学大纲,到学科教材编订,再到具体学科教学,都对教师角色提出了较为具体和明确的要求,并在"三中心"逻辑下不断塑造着一个个双基时代的"好教师"角色形象。

总而言之,知识灌输者、教书匠等作为双基时代的好教师,实质上扮演的是"权威符号"中的"知识人"角色——来自教师身份、课堂中心和知识占有者的权威。其特征包括:第一,教师个体更多只是一种身份符号,缺失教师作为完整个体的角色实践之主体性意义,主要依靠基础知识尤其是"我教什么,就考什么""不考的不教,不教的不考"等知识话语体系来确立教师个体的权威;第二,教师是教学关系构成的中心,而且教师中心功能的发挥和地位的保障,正是在不断突出学科中心和课堂中心的教学过程中实现的;第三,对于"好教师"的评判,学生处于消解或隐匿的状态,即不论在教学目标的设定上,还是在教学关系的构建中,甚至是在"好教师"的评判中,学生往往被自动消解和忽略,而仅以能"生动、活泼、高效地传授知识"作为基本评判标准。

可见,双基时代的"好教师"既无明显的教师角色公共性地位,也无确切的教师角色个体性空间,在聚焦双基的教学过程中,无意但又客观地忽视了教师角色的双维特性。

2. 三维目标时代及其对"好教师"的角色要求

三维目标时代的"好教师"指向课程与教学中有益于学生发展并实现

---

① 靳玉乐.中国基础教育新课程的创新与教育观念转变[J].西南师范大学学报(人文社会科学版),2002(1):48-51.

② 余文森.从"双基"到三维目标再到核心素养:改革开放40年我国课程教学改革的三个阶段[J].课程·教材·教法,2019(9):40-47.

"三维目标"要求的教师角色。所谓三维目标,指知识与技能、过程与方法、情感态度与价值观,具体指中小学各门学科所包含的知识、方法、价值这样三个层面的要素:其一,学科的基础知识和基本概念的体系;其二,学科的基础知识和基本概念体系背后的思考方式与行为方式;其三,思考方式与行为方式背后的情感、态度和价值观。① 而所谓三维目标时代,在于21世纪之初的基础教育新课程改革主要围绕"三维目标"的实现而展开,并且耗时长达十数年,范围波及全国所有中小学教育,具有明显的时代性特征,当然这也是国际课程改革潮流的重要组成部分,故而意味着三维目标时代的到来。

在国际和国内双重因素影响之下②,三维目标时代逐渐形成了明确的课程思想和改革主旨。总体上,在课程改革的意义上,与"立"相比,三维目标时代到来的意义,更多在于"破"——破双基时代遗留的教学传统之禁锢,并以此不断走向师生共在、主体交往、学科整体等具有突破性与超越性的新课程多极和多元改革。一是突破教学乃机械灌输的"认识论",转向学科、学生和学习以及整体社会的发展等。表现在教学中,努力寻求超越双基时代的繁、难、偏、旧,而"积极关注学生的生活经验和现代社会、科技发展"③。二是突破纯粹客观性的"知识观"基础,转向建构主义知识观,强调知识的建构性、主观性、情境性和经验性等。三是突破知识传递与技能训练的"目的论",确立儿童立场、注重儿童视角、关心儿童经验。四是突破学科本位、教师中心、课堂中心,转而寻求学科与生活的整合、教师与学生的对话,以及自主、合作、探究式的教学。当然,课改中的质疑、争议甚至怀疑也从未停断,特别是对三维目标时代的新理念与教师角色实践常常是"两张皮"的指责,譬如在长达十多年的声势浩大的基础教育课程改革中,已有的"种种证据表明,新课程所倡导的先进理念得到了很大程度的认同,但先进的理念与残酷

---

① 钟启泉."三维目标"论[J].教育研究,2011(9):62-67.
② 一是国际影响,主要受国际课程改革尤其是联合国教科文组织关于《教育的使命:面向21世纪的教育宣言和行动纲领》的影响;二是国内推进,国务院于1999年发布《关于深化教育改革全面推进素质教育的决定》,2001年又发布《关于基础教育改革与发展的决定》《基础教育课程改革纲要(试行)》。这几个重要文件从国家层面实际地助推了我国基础教育课程改革的启动和推进,之后,"三维目标"课程理念陆续落实到各学科全日制义务教育课程标准中,引发基础教育课程变革,"三维目标"时代正式开启。
③ 余文森.从"双基"到三维目标再到核心素养:改革开放40年我国课程教学改革的三个阶段[J].课程·教材·教法,2019(9):40-47.

的现实之间的'两张皮'现象不是存在,而是十分严重"①。

在新课程思想和改革主旨的影响下,三维目标时代对"好教师"的角色扮演,也提出了超越单一知识传递的综合性要求,包括国际视野、素质教育、有效教学等,特别是作为"三维目标"落实和落地课堂教学的第一责任主体,教师个体需要有深刻的洞察能力,需要"不断地锤炼心智,重建概念,改造我们的知识观、学生观和教学观",以此将三维目标打造成教师角色实践中的"一双慧眼"。具体而言,在教育目的上,教师要由追求知识传递转向学生培养,即从知识灌输转向学生成长;在教学目标设定上,教师要从"以知识为中心"表述转向"以学生为主体"表述,聚焦学生作为学习主体的基础学力,因为"三维目标"本身就是基础学力的一种具体表现;在教学关系上,教师要由"自我中心"转向"交往对话",注重师生主体间的教学交往和主体对话;在教学方式上,教师要由"机械灌输"转向"情境体验",整合学习方式与生活方式,对学生从学习兴趣到人生意义进行整体观照,发挥情境体验的育人意义;在教学设计上,教师要由"教案"转向"学案",围绕学生的主体性丰富组织与设计教学材料、教学环节和教学过程,确立和保障学生的主体地位。

总而言之,引导者、管理者等作为三维目标时代的好教师,其扮演已发展到主体交往中的"对话人"角色。其特征包括:第一,教师个体已由单纯的身份符号转为教学对话的主体,即作为学生成长的引导者主体,有了作为完整个体主体参与教学实践的主体性意义,不再单纯依靠"我教什么,就考什么""不考的不教,不教的不考"等话语体系来确立自身权威。第二,教师个体主动向学生让渡教学关系构建的中心地位,而教师自身地位的显现和保障,取决于教学关系中学生主体地位的确立和实现。第三,对于"好教师"的评判,学生不再处于消解或隐匿的状态,而是走向前排。譬如,学生关于"全国模范教师"郭玉良是"好老师"的看法:"郭老师,你在课堂上教给我们的知识,我们学会了也忘记了,但在你身边,我们养成的乐观向上的心态,一直潜移默化指引着我们追求幸福人生。"②不难看出,学生不仅摆脱了"消解""隐匿"状态而走向前排,还能表达自己对"好老师"的评判。更为关键的是,郭玉良老师也认可学生对她能够成为"好老师"的这种评判立场和

---

① 崔允漷.基于课程标准:让教学"回家"[J].基础教育课程,2011(12):51-52.
② 郭玉良.好好做老师,做个好老师[J].人民教育,2020(2):74-78.

观点。

可见,三维目标时代对"好教师"个体主体性的肯定,使其基本具备了突显教师角色公共性的基础和可能,教师个体性空间的构筑也成为必要和必需,因为除了知识与技能外,丰富的学养、健全的品格、严谨的态度、丰厚的涵养和道德情操等,都将成为影响学生成长的重要因素,而这些恰恰也是教师个体主体性的基本内涵,是教师角色个体性的核心构成。

3.核心素养时代及其对"好教师"的角色要求

核心素养时代的"好教师"指向课程与教学中有益于促进学生发展"核心素养"的教师角色。所谓核心素养,一般指中国学生发展核心素养,是学生经由相应学段学习后,逐渐形成的"适应终身发展和社会发展需要的必备品格和关键能力",突出强调"个人修养、社会关爱、家国情怀,更加注重自主发展、合作参与、创新实践"①,具有积极走向社会、国家、合作等多种公共性精神的人才培养特征。它具体以时代性、科学性、民族性为原则培养"全面发展的人",从文化基础、自主发展、社会参与三个层面,划分出人文底蕴、科学精神、学会学习、健康生活、责任担当、实践创新等六大素养共 18 个基本要点。概言之,核心素养就是发展学生的必备品格与关键能力。

不同于双基时代对纯科学知识的聚焦,也不同于三维目标时代对学科整体的关注,核心素养时代具有明显的通过知识学习带领学生走向社会公共性的特质。正如佐藤学所指出,"素养"原本就是"深深地扎根于社会语脉与共同体之中的文化",它"意味着学校教育所处置的公共的知识和技能……表述了学校所提供的知识的公共侧面……意味着参与社会公共领域的基础——共通教养"。② 当然,核心素养不是中国基础教育发展的独创,而是世界核心素养发展潮流的一部分。在国际社会,核心素养又被称为"为了终身学习的核心素养"(key competences for lifelong learning),也被称为"21 世纪素养"。21 世纪的最大特征是信息化时代的开启和蔓延,其内涵是信息社会、知识社会、特定情境、复杂交往等,即每个社会个体都被置于无限的公共性背景之中,需要应对复杂情境和处理多种遭遇性问题,并需要为自己的

---

① 教育部关于全面深化课程改革 落实立德树人根本任务的意见[EB/OL].(2014-04-08)[2022-01-15].http://www.moe.gov.cn/srcsite/A26/jcj_kcjcgh/201404/t20140408_167226.html.

② 佐藤学.课程与教师[M].钟启泉,译.北京:教育科学出版社,2003:88-89.

终身成长和学习不断思考。此时，个人应对终身发展和社会发展的素养问题成为关键问题，即个人被置于社会公共性大背景下的素养要求，以及为养成这些素养而对教育提出的要求。譬如，欧盟对"核心素养"给出了这样的界定："核心素养是所有个体达成自我实现和发展、成为主动的公民、融入社会和成功就业所需要的那些素养。"[①]不难发现，当前世界范围内所共同追求的核心素养即为具有公共性特质的协作、交往之基本素养，以及为实现这种"特质"而对社会个体的批判性思维与创造性能力提出学习和教育的要求。所以说，在教育学语境内，核心素养时代的到来，需要教师恰当处理的是素养与知识、情境、表现以及基本技能之关系。

因此，核心素养时代的课程与教学理念——文化基础、自主发展、社会参与，对教师角色提出了富有公共性特质的诸多要求。一是文化基础意味着在"知识观"的基础认识上，教师角色功能不再停留于对客观知识或学科知识的识记、认识、反映等关系的构筑，而是积极关注人（学生）与知识之间的理解、建构以及之于人的存在和意义等关系的建构，即知识对于人的发展的意义。二是自主发展意味着在课程理解和教学探索上，强调课程（学科）即问题、教学即研究，课程施行和教学实施中的"好教师"角色扮演多崇尚研究者、促进者等定位。三是社会参与意味着突显教师职业的公共属性，突出"好教师"角色实践的公共责任意识和公共责任担当。公共责任意识指"教师要对学生的发展负责、对社会负责、对历史负责"[②]，即教师角色的专业责任（以专业知识服务社会的道义感和责任感）、社会责任（肩负学生发展与世界联系的责任，启蒙学生的公共理性和社会责任感，使之成为改善社会的未来力量）、历史责任（为民族的传承、人类的发展负责，拥有一种使命感和荣誉感，以培育下一代人的方式彰显其公共性本质）。

总而言之，研究者、促进者等作为核心素养时代的好教师，其角色扮演已打破单一的师生主体交往，来到以社会和文化之公共生活为"关系伦理"背景中的"公共人"角色。其特征包括：第一，在角色地位上，教师个体置身于"关系性实践"中，摆脱了符号性的身份存在，拓展了师生交往对话的认识

---

① GORDON J, HALÁSZ G, KRAWCZYK M, et al. Key competences in Europe: opening doors for lifelong learners across the school curriculum and teacher education[R]. Warsaw: Center for social and economic research, 2009: 87.

② 郑富兴. 好人与好教师[J]. 教育学报, 2014(5): 105-111.

局限,走向公共生活的大语境,教师个体的角色实践在于将教育教学"与更广泛的社会问题联系起来,给学生提供知识并就紧迫的社会问题进行辩论和对话,提供条件让学生们满怀希望,并相信公民生活至关重要"①。第二,在课程施行上,在于根据国家课程和地方课程重整校本课程与师本课程,即以"为学生打下走向社会的基础"为原则重构符合教学需要的课程内容,特别是要包括关注学生社会情绪的培养、学会尊重别人、与人沟通交流、正确处理与他人的关系等。② 第三,在教学活动中,保障教师的决定权,决定哪些知识可以深化学生素养的发展,并在学生的发展选择及问题解决的深度上作出指点。从课题的开放性设定到过程性结果的形成,教师的角色不再是教,而是促进、对话并给予充分思考和探讨的时间与空间。所以,教师为达成教学目标,在活动过程中更加注重"大单元设计"。第四,"好教师"的评判取决于教学方式的变革,评判主体既有学生也有教师且重过程性和综合性的评判,而且学生是以课题式学习中平等地参与探究的一员的身份和视角加以评判。

可见,从双基时代到三维目标时代再到核心素养时代,教师角色公共性与个体性的双维融合已具有可能性和必要性。在可能性上,教学关系得以建立的"中心"已发生彻底转向,即由教师中心转向学生中心、由课堂中心转向课外和校外的整个社会中心、由"为了知识的教学"转向"基于知识的教学"、由知识和学科中心转向以"全面发展的人"为中心。在必要性上,在于核心素养不是教师教出来的,而是在具有公共生活特质的学校教育中借助问题解决的实践培育起来的。总之,核心素养时代的"好教师"作为研究者要把握学科本质、逼近学生生活、探求学习和思维活动特点,而作为促进者则要促进学生与教材的对话、与他者的协同、与自我的建构,并为"学生个性化的'未来'提供希望与展望,提供他们闯入未来世界的勇气"③。

(二)教学活动经验中的"好教师"角色调查

基础教育课程与教学改革的不断深化和发展,使"何谓好教师"这一关键问题在角色"理念"层面持续变迁,并得到学界不断探讨。与此同时,在基

---

① 亨利·A.吉鲁.教师作为知识分子:迈向批判教育学[M].朱红文,译.北京:教育科学出版社,2008:Ⅳ-Ⅴ.
② 顾明远.核心素养:课程改革的原动力[J].人民教育,2015(13):17-18.
③ 钟启泉.基于核心素养的课程发展:挑战与课题[J].全球教育展望,2016(1):3-25.

础教育教学一线的教师个体实践层面，无数教师个体也在课改"好教师"的理念引领和影响下，不断探索、发现和积累"何谓好教师"的角色成长"经验"。在此，本书特从多个省、市、区范围内选取数十位中小学"好教师"①，进行具体访谈调查，并分类、整理、分析，以期从基础教育一线的教师个体教学活动经验中找寻"好教师"的真实成长心得，透视"好教师"角色的双维建构特征。

理论上，教师角色公共性的关系生发与规范本质为"好教师"的角色成长提供了无限可能性。然而现实中，当教师角色落脚到每一位教师个体时，他们都是现实的、具体的，不一定完美，但一定都是富有个体性特质的角色成长，尤其是作为"好教师"的教师个体。当然，考察好教师的成长特征有多种途径，"但真正有效的路径是让教师讲述自己的教育自传或个人生活史，让有关'好教师'的个人知识在教师的个人生活史的叙述中间接地显露出来"②。所以本书访谈调查主要展开于教师个体对自己何以成长为"好教师"的自我回顾、反思和总结，即从好教师的个体性视角来考察教师角色的成长与建构——关于践行和演绎教师角色公共性本质内涵的个体角色探索与成长经验。

具体而言，在范围和对象上以福建各地市中小学教师为主，兼涉湖南、河南、云南、宁夏、浙江、新疆、山西、江西、广东、甘肃、贵州、广西、河北等省份的中小学教师，梳理其中有代表性的访谈文本 51 份③，进行分类列表和综合考察。在问题设计与分析上，主要围绕为什么、是什么、怎么样三个问题："为什么"主要考察选择教师角色的动机和认同问题；"是什么"主要考察担当教师角色的理解和认识问题；"怎么样"主要考察实现教师角色的反思和认可问题。简言之，梳理考察"好教师"个体对选择教师角色的认识、担当教师角色的理解和实现教师角色的总结三个问题，具体如表 4-1 所示：

---

① 此所谓"好教师"，在称谓上涉及了全国及省、市、区(县)的师德标兵、优秀教师、骨干教师、学科带头人、高级教师、教学大赛获奖教师等，在教龄上没有特别限制，但大都浸染于我国 20 年基础教育课程改革，可谓伴随着课改成长起来的好教师。

② 刘良华.教育自传中的个人知识：关于"好教师"的调查研究[J].北京大学教育评论，2008(1)：125-131.

③ 自福建师范大学教育学部 2021 年"寻访百位一线名师"访谈录。

表 4-1　教师角色调查

教师	选择教师角色的认识	担当教师角色的理解	实现教师角色的总结
邓老师（福建三明）	传授知识快乐，桃李满天下幸福	知识传授，学生朋友，贴心人，甘于奉献，以身作则	爱心，学识，信任，爱岗敬业，勤勉善教，循序渐进，孜孜不倦
官老师（福建三明）	先谋生，后敬业，再乐业	育人育才，树立正确的三观，服务社会，与学生真诚相待	尊重教师职业，扎实基本功，因材施教，有包容心
陈老师（湖南长沙）	传知识，树典范	言传身教，行为典范，知识传授严谨负责，师生之间亲切温柔	专业知识，综合素质，人格正，自律严
郑老师（福建厦门）	得天下英才而育之，仰不愧于天，俯不怍于人	备好课，上好课，育好人	做最好的自己才可能培养优秀的学生
颜老师（福建厦门）	喜欢学生，喜欢教书	爱与责任的师者价值	专业知识，耐心和爱心，爱生如子
张老师（福建厦门）	教师世家，耳濡目染，喜欢与学生在一起	一份职业更是一份事业，看到学生进取而感到幸福的人	专业知识，身正为范
陆老师（福建厦门）	对中国文化和文字的热爱，让我在教学中无比快乐	职业到事业，关乎国富民强和民族兴旺	爱学生，渊博知识，多多实践
吴老师（福建莆田）	父母建议下选择，工作后与学生相处中感受到做教师的快乐	做教师就像做妈妈	爱心，耐心，用心
颜老师（福建德化）	受到自己高中语文老师的良好影响	助学生成长，功德无量	爱学生，争做"四有"好老师

续表

教师	选择教师角色的认识	担当教师角色的理解	实现教师角色的总结
傅老师（福建莆田）	喜欢与孩子在一起	知识育人，道德育人	掌握扎实专业基本功，与孩子平等交流
曾老师（福建莆田）	开始是为谋生，后觉得教书育人是一件有意义的事	教师不再是蜡烛，而是用好手里的知识火柴，点燃学生学习的热情	保持不断的求知欲，多向老教师请教，多和同事交流
陈老师（福建泉州）	教师职业神圣光荣	传授知识，培育人才	有知识，有德行，多请教
张老师（福建顺昌）	从小有教师梦，向往教师职业	教书，育人	专业知识，教学基本功，有爱心
林老师（福建漳州）	幼时梦想，追求桃李满天下的幸福感	职业崇高，教书育人	爱国守法，爱岗敬业，为人师表，终身学习
林老师（福建同安）	从小向往神圣的教师职业	传播知识，奉献爱心	热爱，用心，努力，敬业
洪老师（福建厦门）	喜欢和孩子在一起	用高尚品格培养国家栋梁和民族未来	渊博知识，用责任心、爱心、耐心与学生相处
梁老师（福建晋江）	教师职业神圣，希望以专业知识反哺社会	一份敬畏，一份责任，用自己的见解和思想影响学生成长	专业知识和专业能力
宋老师（福建厦门）	帮助更多人学到更多知识	传道受业，为人处世	为学生服务
丁老师（宁夏银川）	受中学英语老师影响，喜欢教师职业	良心活，神圣职业	崇敬心，责任心，尊重自己
梁老师（新疆库车）	正常择业，开始比较茫然，已经慢慢适应	矫正孩子不良习惯	发掘孩子的特点，用专业知识教学

续表

教师	选择教师角色的认识	担当教师角色的理解	实现教师角色的总结
章老师（广东深圳）	教师职业稳定，能实现人生价值	不仅要分数，更有品德培养，形成回报社会的善美品质	课本知识是基础，还要向社会广泛学习，提高自己
陈老师（福建漳浦）	教师工作稳定，工作后爱上教师职业	人类文化的继承者和传播者	充满爱心，甘于奉献
张老师（福建莆田）	我有童心，喜欢与儿童在一起	阳光下最伟大的职业，重在文化传承	有责任心，有爱心，帮孩子树立自信心
韦老师（广西桂林）	为了教书育人	做教师易，做优秀教师就是奉献	人格，智慧，学识
林老师（福建福州）	适合—喜欢—坚守	为人师表，传授知识	理想信念，文化基础，综合素质
吕老师（福建龙岩）	对孩子的喜欢	学识育人，品格育人	热爱学生，爱岗敬业
范老师（福建福州）	自认为性格适合做老师	懂教学，会学习	热爱教师职业，热爱学生
邵老师（浙江杭州）	当初带着懵懂成为老师	孕育成长	爱孩子，会审美，专业扎实，积极向上
张老师（山西朔州）	做老师可以传递美德与精神	立德、立言、立行以育人	坚守本心，关爱学生
王老师（甘肃定西）	小时候生活艰苦，我的老师帮助了我，使我认定做老师	一个灵魂唤醒另一个灵魂	热爱教育，热爱学生，有大爱，有胸怀，有格局
李老师（河北石家庄）	就是想当个好老师	育人，育才	爱教育，爱学生，为人师表，担当责任
陈老师（福建厦门）	做老师稳定，后发现孩子成长带来幸福	虽辉煌崇高，但也只是一个职业	专注，积极，做事有方

续表

教师	选择教师角色的认识	担当教师角色的理解	实现教师角色的总结
邵老师（福建福州）	小时候遇到的好老师一直在我心中，坚定了我做老师的想法	神圣光荣的事业	爱孩子，有师德，有能力
闫老师（河南驻马店）	一直觉得做老师是幸运的、幸福的	传道受业解惑	亦师亦友，认真负责
连老师（福建仙游）	教书给我带来快乐	与学生共同成长	善待学生，教学相长
聂老师（云南昆明）	喜欢做老师	影响人，需要文化底蕴的工作，包容孩子	爱心，包容，格局
郑老师（浙江衢州）	谋生是初衷，后安心于学生的成长	崇高，红烛，神圣，光荣	为人师表，专业知识，用心做事
熊老师（江西南昌）	当初只是觉得教师适合自己	育人的事业，有时会单调和枯燥	对孩子真心，对事业恒心，对工作耐心
陈老师（福建漳州）	当初为了"跳农门"，坚持下来慢慢喜欢	成就学生，以一流素养引领祖国未来人才	虚心学习，不断反思，向同行请教
李老师（福建泉州）	教学能让学生成长，也使我乐业	把心灵阳光洒向孩子	尊重自己的工作，基本业务扎实
刘老师（贵州遵义）	做师范生时不喜欢，实习时与学生愉快相处，学生对我的不舍改变了我的认识	光荣而神圣，因为爱，所以爱	有扎实知识，关心学生，爱护学生
戴老师（福建南安）	"粉笔"之家的传承	教书育人，神圣光荣，启迪智慧，传播文明	爱国守法，爱岗敬业，关爱学生

续表

教师	选择教师角色的认识	担当教师角色的理解	实现教师角色的总结
林老师(福建福安)	喜欢孩子,与他们在一起非常快乐	教会学生学习,教会学生做人	心中有爱,也有崇高使命
曹老师(浙江杭州)	小时候遇到的好老师影响我,做老师成为我的梦想	培育对社会有用的人	重言教,更重身教,说到做到
周老师(福建莆田)	父亲是教师,自小也想做一名好老师	教书,育人	扎实学识,以身作则
张老师(河南郑州)	受父亲影响,家庭环境耳濡目染	人类进步的工程师	热爱教育,热爱学生
阮老师(福建莆田)	想做高中英语老师那样的好教师	做经师,更做人师	学高为师,身正为范
魏老师(山西太原)	没多想,师范毕业后顺理成章地做了老师	教会学生独立思考	多读书,多探索,多交流
鲍老师(福建南平)	做教师是宝贵的情感财富	把知识无私奉献给学生	学识,品行,表率
杜老师(福建泉州)	师范毕业成为老师,之后才慢慢发现教师的特殊价值	教书育人,文化传承,精神创造	爱岗敬业,热爱学生
陈老师(福建福州)	学科兴趣和育人乐趣,是我的人生幸事	把学科知识和做人道理生动地教给学生	关爱学生,平等对待每一个学生

首先,就选择教师角色的认识而言,即在选择教师角色的动机与认同上,主要出于个体自我考虑,或是谋生,或是兴趣,或是"跳农门",或是"粉笔"传家。虽然认同教师作为春蚕、蜡烛、园丁、灯塔、桥梁等崇高形象,但在谋求教师个体成长的出发点上,则必以个体自我为现实基础。再就具体的谋生、兴趣或家传等起点来看,"好教师"虽然在开始时因各种原因,特别是迫于生计,而未能幸免于谋生的需要,但是不难发现,他们在真正开启教师职业生涯后,能结合自身特点迅速走上属于自我成长的角色轨道,并很快洞

悉只有践行和演绎教师角色公共性——传授知识、教书育人、传承文化、启迪智慧、教学相长等，才能真正担当教师角色责任、实现教师角色价值。不仅仅停留在"谋生"层面认识教师角色，及时发现和转向教师角色公共性本质蕴涵并能积极践行、演绎，应是"好教师"个体成长之逻辑基点和恰当动机。质言之，教学一线"好教师"能够透过谋生的职业表现，深入教学实践追求"主体地参与"各种教育教学问题情境，同学生形成活跃的交往关系。

其次，就担当教师角色的理解而言，即对担当教师角色的责任理解，直接聚焦在学生与知识两大教学要素上。究其原因，这是教师、学生、知识构成教学三大要素的直接体现。因为在教育教学实践层面教师个体直接面对的就是知识和学生——知识的传授和学生的培育。也可以发现，"好教师"对教师角色责任的理解不只是做个教书匠，他们往往依据自身个性特点善于创造和创新，即善于演绎教师角色的公共性本质内涵。譬如，善于将教书育人进行细化：或者在形式上追求教学的生动（福州陈老师等），或在目标上追求学生的独立思考（山西魏老师等），或者在目的上追求学生心灵和智慧的启迪（福建戴老师、李老师等），他们作为"好教师"并不安于有限的课堂空间和45分钟时间，而善于在无限的教育公共空间中寻求公共性价值的突破，找寻育人的旨趣和真义。换言之，教学一线的"好教师"一般能通过自己的探索和创新，跳出教书匠的一般认识局限："认为教师只是一个教书'匠'，只要把别人的东西讲给孩子们听，会管住孩子，就是一个好教师。"[①]进而能够打造适合自身特色的教学风格，提出自己的教学主张，合理地步入践行与演绎教师角色公共性之道。

最后，就实现教师角色的总结而言，即在实现教师角色的成长反思上，"好教师"无一例外地脱离了谋生的浅层认识，深入教师角色公共性的践行与演绎层面，包括指向国家、社会共同体层面的爱岗敬业，学校教育行动体层面的请教同行、多与同事交流等。与此同时，"好教师"更多地表现在课堂共生体层面对待学生的爱心上，因为"教育爱"是好教师的第一素养，包括爱护学生、关心学生、包容学生等，在师生之"爱的世界"中能直观"好教师"的千百姿态。另外，对于支撑教师角色实践的学识、人格、品德、言行等，尤其是综合素质，在核心素养时代也越来越显示为"好教师"的成长基础。曾经的教师，譬如"能够维持良好的课堂教学秩序，对教学内容的重点和难点有

---

① 叶澜.教师要做"师"不做"匠"[N].中国教育报，2012-02-27(2).

着清晰的把握,并能在课堂上通过讲解或演示把这些知识给学生'讲明白'的教师,就会被认为是一位合格的甚至优秀的教师"[1]。在当前似乎已经不能完全符合核心素养时代对教师角色实践的要求,以及新时代对社会人才和公民培养的需要。

总而言之,一线教师是我国基础教育的基石,是课程与教学改革的关键力量,"违背教师意愿或没有教师参与的教育改革从来没有成功过"[2]。特别是"好教师"及其成长特色具有引领和示范的重要作用。通过访谈调查不难发现,教学一线"好教师"各有自身角色个体性特征,从选择到担当再到实现教师角色,无不显示出积极向教师角色公共性让渡自身个体性的基本特点——既让渡知识、能力、品德,也让渡人格、精神、心灵甚至生命。通过教师个体创造性的教育教学实践活动——结合教学对象、教学内容、教学环境具体教学要素,谋求自身个体性让渡的有效性,实现教师角色公共价值与教师个体人生价值的统一、和谐,以获得荣誉感、幸福感和满足感。

亦需要指出的是,教学一线的"好教师"因其"一线"的不同,而具有绝对的个体性差异,但都不妨碍他们是好教师。譬如,在区域差异上,梁老师(新疆库车市)更多关注对"孩子不良习惯的矫正",不断"发掘孩子的优点、特点",进行基本的知识教学。此时,曹老师(浙江杭州)和章老师(广东深圳)等则更多关注学生的"社会参与""形成回报社会的善美品质"等,知识学习和不良习惯矫正等可能已不是重点,但是她们作为"好教师"的共同点是积极提升自己,以无私地让渡自己的知识、时间、耐心、爱心等为促进自身角色成长的共同路径。此外,教师个体还在学科、家境、校园文化等多方面存在差异,他们都是个性的,但又不是绝对完美的。所以说,在教学一线的育人活动意义上,"好教师"发生在具体教学情境中,只有适合的,没有绝对的,而这体现的既有教师个体在本质上作为关键教学要素的现实意义,也有作为教育教学活动主体的生命价值。

(三)教育发展理想中的"好教师"角色追求

不论是课程与教学改革关于教师角色扮演理念的更新,还是教学一线好教师成长经验的积累,都统领于新时代我国教育现代化发展的大背景之

---

[1] 王建军.课程变革与教师专业发展[M].成都:四川教育出版社,2004:57.
[2] 教育:财富蕴藏其中[M].联合国教科文组织总部中文科,译.北京:教育科学出版社,1996:137-138.

内,其中重要内容之一就是关于教师角色的理想追求。因为"教育工作者并不能在获得系统理论知识与实践经验后,自动获得有关教育行动正当性和有效性的判断力"①。特别是对教师角色实践适当性的判断力,更需要一种整体的"理想"追求来引领。而且,从"好教师"角色建构的角度讲,"好教师"意味着教师个体对教师角色的持续建构,即"好教师"不是一种结果、不代表教师角色建构的结束,而是对教师角色的不断建构——寻求教师角色公共性与个体性持续融合与完善的一个过程、一种态度、一份追求。而这恰恰需要从时代发展的高度进行教师角色理想的指引。

习近平总书记曾在多个时间和多个场合,对新时代"好教师"角色发展提出期望和要求,代表着当前教育发展理念对教师角色的建构追求。总体来看,就是鼓励教师个体积极追求成为新时代教育发展的"大国良师",争做教育现代化发展需要的"四有好老师",成为学生品格锤炼路上的"四个引路人",在角色实践中做到"四个相统一",追求教育教学"四个服务"。大国良师是新时代促进教育事业发展的"工作母机",提升教育质量的"动力源泉","突显了鲜明的中国特色和时代气息"②。

具体来看,2014年教师节前,习近平总书记在北京师范大学指出:"要从战略高度来认识教师工作的极端重要性,把加强教师队伍建设作为基础工作来抓。"③他强调,教师是打造中华民族"梦之队"的筑梦人,"是立教之本、兴教之源,承担着让每个孩子健康成长、办好人民满意教育的重任"④。他指出教师工作的重要性在于它是"塑造灵魂、塑造生命、塑造人的工作。一个人遇到好老师是人生的幸运,一个学校拥有好老师是学校的光荣,一个民族源源不断涌现出一批又一批好老师则是民族的希望"⑤。在此,"好老师"正是在公共性意义上对教师角色的写照,因承担着民族和国家的未来发展之使命,教师教书育人的活动显得最庄严、最神圣。反过来,从教师个体角色

---

① 董江华,陈向明.镜室的映照:对合作探究群体生成实践性知识的探析[J].教育学报,2013(4):72-81.
② 申国昌,陶光圣.铸造大国良师:习近平总书记教师教育重要论述的内涵及特征[J].教育研究,2019(8):12-14.
③ 习近平.做党和人民满意的好老师:同北京师范大学师生代表座谈时的讲话[N].人民日报,2014-09-10(2).
④ 习近平.习近平向全国广大教师致慰问信[N].人民日报,2013-09-10(1).
⑤ 习近平.做党和人民满意的好老师:同北京师范大学师生代表座谈时的讲话[N].人民日报,2014-09-10(2).

成长的意义上讲,教师个体的视野、格局、境界决定着教师发展的高度,所谓"责任心有多大,人生舞台就有多大"。能够"明确意识到肩负的国家使命和社会责任"①,是教师角色成长的最高追求。

如此,教育发展理想中的"好教师"角色追求,就是富有教师角色公共性践行和演绎特质的教师个体,他们往往堪当"国之大任、党之大计",有"大格局、大境界和大智慧",也即所谓大国良师:既能胸怀祖国,又能心系人民;既能立足当下,也能着眼未来;既能扎根本土,也能放眼世界。习近平总书记关于新时代教育发展之"好教师"的阐述,从新时代发展和民族复兴的战略高度,提出了具有引领性意义的基本标准,指明了教师角色双维建构的方向,具有重要的理论意义和实践价值。

---

① 习近平.做党和人民满意的好老师:同北京师范大学师生代表座谈时的讲话[N].人民日报,2014-09-10(2).

第五章　教师角色走向双维融合的实践考察

虽然在理论认识上教师角色是由公共性与个体性两个维度共同建构的结果,但是在教育实践中教师角色总是由教师个体践行和演绎着的、一个个现实的、活跃在一线教育教学实践活动中的角色整体,即现实中的教师角色是公共性与个体性不断走向双维融合的整体角色呈现。其中,教师个体的角色实践是其呈现的基本方式。因此,基于前面对教师角色公共性与个体性的理论认识——教师角色的公共本性是"期待个体性",而教师角色的个体本性是"演绎公共性",本章主要对教师角色走向双维融合的教师个体角色实践进行实践考察:在教师个体的教育教学实践中,教师角色的公共性与个体性怎样走向融合,即探讨教师角色双维融合的教师个体实践逻辑问题。走向教师角色双维融合的教师个体如何更好地进行教育教学实践,即探讨教师角色双维融合的教师个体角色实践方式问题。最终走向教师角色双维融合的教师个体有着怎样的基本实践样态,即探讨教师角色双维融合的教师个体角色实现问题。

第一节　教师角色双维融合的实践逻辑

教师在本质上"应是具体个体与类的规定性的辩证统一。教师类的规定性必须通过个体来实现,而教师的个体也需要在类的规定性中完成"[①]。此"类的规定性"也即公共性,道出了教师角色价值实现的双维之间的基本

---

① 李森.现代教学论[M].北京:人民教育出版社,2011:156.

逻辑关系。也就是说，只有在教师个体具体的教育教学活动中，教师角色才能真正走向双维融合，而且它有着既对立又统一的实践逻辑。在教育教学实践语境中，教师个体是教师角色的实践主体，而其角色实践的实质就是公共性与个体性不断走向融合的过程和结果。从具体教育教学活动看，教师角色的公共性与个体性两个维度，遵循着既对立又统一的实践逻辑，总是以交相融合的状态，整体地呈现为教师个体的角色实践活动。具体而言，教师角色双维融合对立统一的实践逻辑，具体指涉三层逻辑关系：宽容让渡的辩证逻辑关系、互释互构的结构逻辑关系和起承转合的过程逻辑关系。此三层逻辑关系共同支撑起教师个体的角色实践机制，表达着教师角色公共性与个体性之间既对立又统一的现实关系，即相互依赖、相互转化，并最终外显为教师个体的一种整体性的角色实践活动。

一、宽容让渡：教师角色双维融合的辩证逻辑

所谓宽容让渡，指教师角色的公共性宽容与教师角色的个体性让渡。具体来讲，在教师个体作为教师角色实践主体的语境下，宽容指教师角色公共性所在的各层共同体"关系"对教师个体发挥其作为角色实践主体的宽容，涉及背景、形式、内容和要求等的宽容；让渡指教师角色个体性所植根的"自我"对演绎教师角色公共性的主体自身让渡，涉及知识、能力、素养以及时间与生命等的让渡。在此，宽容与让渡表征着教师角色双维融合在教育教学实践活动中的辩证逻辑关系：教师角色的公共性是教师个体不断让渡自身的结果，而教师角色的个体性则是教师个体不断向公共性让渡自身的过程，二者以过程与结果的辩证关系统一为整体的教师角色，不可分割。在辩证逻辑的意义上，公共性与个体性之间的宽容让渡关系也印证了教师角色之实践的、活动的本质属性，即教师角色的公共性属于基于教师个体让渡自身的"活动的公共性"。

公共性宽容与个体性让渡表征着教师角色走向双维融合的辩证逻辑，具有辩证逻辑的自否定、反身性与人文性等本质特征和内涵。

其一，教师角色的公共性宽容与个体性让渡，表征着教师角色走向双维融合的"自否定"辩证逻辑本质。所谓自否定，指"一个东西、一个命题自己与自己相矛盾"，它超越了形式逻辑的符号化、数学化的表达规范，彰显为主体投身实践活动的生命逻辑——"立足于自由生命的'体验'和内在的感悟……矛盾命题形式激发人对内容本性的逻辑感受力，暗示出自由生命本

身的必然要求,以导向行动的意志"①。也正是在此意义上,教师角色以"期待个体性"为自身公共本性,表明其"活动的公共性"之本质,即在教师角色实践活动中,教师个体立足于具体的教育教学活动,形成生命体验以及具有个体性特征的独特感悟。与此同时,教师个体又能真切地感受到自身持续走向教师角色公共性的内容本性,产生复杂而深刻的"逻辑感受力",生成以育人为教师个体自由生命的教育教学信念,并导向其教育教学活动。简言之,教师个体正是在其"自否定"——既是基于个体性的又是走向公共性的自相矛盾之实践体验中,确证自己作为自由生命的师者要求,及以立德树人为公共使命的角色实践行动之意志。

其二,教师角色的公共性宽容与个体性让渡,也表征着教师角色走向双维融合的"反身性"辩证逻辑本质。所谓反身性,是"自否定"辩证逻辑的本质延伸,指个体只有在自己经由实践活动"所创造的对象上才能'反身性'地确证你自己"②。在此,"反身性"形式所呈现的是辩证逻辑的对称特征。表现在教师角色实践中,教师个体关于自我的感知、意识、反思和确认等,只有在指向教师角色公共性的"关系实践"活动中才能形成和实现。换言之,如果没有教师角色提供的各层关系公共性,以及没有教师个体对教师角色公共性本质内涵进行角色实践,即将其对象化为自己的教育教学创造,那么,教师个体也就不可能意识到作为师者的个体自我,更不会将自我作为对象进行反思和确认,也就不存在基于教师个体教育教学反思的教师专业发展,因为宽容让渡的辩证逻辑之"反身性",实质上就是教师个体关于教育教学活动的自我反思性。

其三,教师角色的公共性宽容与个体性让渡,还表征着教师角色走向双维融合的"人文性"辩证逻辑本质。"自否定"形成的生命实践感受力和"反身性"形成的个体自我确证,共同构成了辩证逻辑的"人文性"本质特征。从理论上讲,不论是对个体生命实践的感受,还是经由外在实践确切地感受自我的存在,之于个体而言,这里面最为核心的是个体的逻辑思维技术——它不同于任何我们已经获得的关于工具使用类的技术理解或者关于形式逻辑的思维认识,而是蕴含着强烈的人文自觉和指向个体生命实践的"自由的技术"③。这种关于个体思维的"自由的技术",使教师个体基于自身的角色关

---

① 邓晓芒.辩证逻辑的本质之我见[J].逻辑与语言学习,1994(6):2-12.
② 邓晓芒.辩证逻辑的本质之我见[J].逻辑与语言学习,1994(6):2-12.
③ 邓晓芒.辩证逻辑的本质之我见[J].逻辑与语言学习,1994(6):2-12.

系实践而深化教师角色自我的认识成为可能。换言之,教师个体正是在教师角色走向双维融合的自否定、反身性和人文性等宽容让渡的辩证逻辑关系中,确认其作为角色实践主体的主体性存在的,并在公共性宽容与个体性让渡的过程中,丰富着教师个体的主体性价值和意义。

在具体教育教学活动中,奠基教师角色走向双维融合的公共性宽容和个体性让渡,将主要围绕教师角色的公共性"关系"源头,与教师角色的个体性"自我"源头,分别展开。

就公共性"关系"的宽容而言,其主要表现在教师个体所处的由上而下的四层共同体关系之中。一是国家支配体关系中的公共性宽容,主要表现在教师与国家意志之间的关系上。譬如,应在为教师个体赋予教师身份符号的同时,还为教师个体的角色实践保留宽容的自主空间,避免完全去个体化的群体性理解和定位,避免使教师个体成为国家支配的"意志工具"延伸——仅仅成为传声筒,失去了教师作为教育教学活动主体的地位和作用,实际上这在我国传统师者的角色扮演上已有深刻的启示。二是社会联合体关系中的公共性宽容,主要表现在教师与社会关系的舆论认识尤其是在主流媒介认识上。譬如,在教师作为角色实践主体而不仅仅是工具性符号的意义上,还应为教师个体的角色实践和角色形象保持宽容的社会态度,保留教师也是社会生活中普通一员的基本权利及其恰当认识,不以神化或道德审判的眼光对其苛责,宽容教师个体在社会日常生活中作为市民的基本需求。三是学校行动体关系中的公共性宽容,主要表现在教师与学校整体文化及其他教师主体间的教育行动关系上。譬如,学校是教师作为专业人的成长摇篮,也是展示自身育人专业性的基本场域,应为教师提供宽容的物质条件与文化氛围,宽容并同情教师基于教育教学的情感和志趣,为其专业成长、专业幸福和专业尊严保障适度宽容的物质与文化条件,如此,学校行动体关系内的教师个体也就"有了共同的情趣和共同的话题,在情感认同的基础上能够促使自我的不断反思,加速专业成长。这种由成长带来的幸福与满足会长久地留存在共同体中,成为教师尊严的标志"[①]。四是课堂共生体关系中的公共性宽容,主要表现在教师与课堂教学其他两个要素——学生和教材之间的关系上。譬如,课堂是教师角色实践的第一现场,教师作为课堂教学重要三要素之一,直面学生和教材,以促进三要素间的关系和谐运转

---

① 窦桂梅.朝向"伟大事物":"主题教学"的新思考[J].人民教育,2010(5):42-47.

为职责,需要获得主体间对话交往的民主式宽容,特别是在课堂教学评价语境中,应为教师个体提供宽容的民主环境,这样才有可能达成师生之间的教学共同认识,因为课堂是"师生共同成长的圣地",在"如今课堂评价标准不一"的大环境下,"往往不容易达成共识"①,从而课堂共生体关系中的公共性宽容就显得难能可贵。

就个体性"自我"的让渡而言,其主要围绕构成教师个体自我的多个方面展开。一是教师个体的公共知识与民主能力等基本学识让渡。课堂共生体关系公共性的维护在根本上需要教师以专业学识和民主对话关系为基础,展示其指向课堂角色公共性的让渡姿态。二是教师个体的教育教学实践经验让渡。学校行动体在相互共享经验的基础上维持协作关系,展示自己指向学校角色公共性的让渡姿态。三是教师个体的崇高观念,包括世界观、人生观、价值观的精神让渡。国家与社会双重共同体因其具有抽象性的特点,教师个体主要以其职业精神实现让渡姿态,譬如展示教科书蕴含的公共理性、展示自身教育教学活动负载的公共精神、展示师生关系维护和对学生关爱的行动中形成的公共利益考量等。四是以教师个体为对象的整体让渡,包括身体让渡、时间让渡、空间让渡乃至生命让渡。这些"让渡"在某些特定区域或特定教师身上,还表现出诸多典型性,是教师个体向教师角色公共性让渡的重要构成部分,也是教师角色走向双维融合的重要的榜样力量。从根本上看,教师角色的个体性自我让渡,最终在本质上展现出的是教师个体持续指向和走向教师角色公共性的一种特殊的育人品质,也正是这种特殊品质确证着教师角色的独立特性,使教师个体能与社会融为一体,在此过程中清晰地认识到自己作为教师的社会身份和角色价值,感受到自己的社会地位和角色功能,并以自身"德性"整体同社会密切地联系在一起。

总而言之,教师角色在公共性宽容与个体性让渡的共同作用下最终走向了双维融合,而作为双维融合的黏合剂、介质和桥梁的是基于教师个体作为角色实践主体的"悲悯"和"教育爱"等感性力量。因为教师角色的独立特性之根本并不完全取决于高超的教学技术或发达的聪明才智等理性力量。相比之下,教师个体在面对国家与民族之大义——育人公共使命和公共利益时,以及在面对代表社会未来和希望的青少年儿童群体时,所应有的以悲悯和教育爱为核心的教育智慧,更能融洽师生之间、生生之间以及学生与民

---

① 窦桂梅.朝向"伟大事物":"主题教学"的新思考[J].人民教育,2010(5):42-47.

族未来及理想之间的多重共同体关系,从而表现出教师个体自我在促进各层共同体"关系性实践"活动上的特有的亲和力。

二、互释互构:教师角色双维融合的结构逻辑

所谓互释互构,指教师角色在走向双维融合时公共性与个体性的两种存在形式——寄寓"文本"与立足"实践"之间的逻辑关系,即探究它们之间相互审视、相互阐释和互相建构的结构关系。从结构逻辑的角度讲,教师角色存在的公共性文本与个体性实践之间,既有文本建构而实践阐释的结构,也有实践建构而文本阐释的结构。它们在基本思想和内容上保持着内在的一致性和统一性:一是公共性文本的层次观点指涉并概括着个体性实践的层次和边界,反之亦然;二是它们在同一观念范畴内相互阐释并建构关于教师角色存在的基本观念和认识;三是它们之间符合建构与阐释的基本逻辑顺序,使教师角色的公共性与个体性在形式和内容上能够相互嵌入、相互解释、相互建构,二者分别以阐释与建构的结构关系统一为整体的教师角色,不可分割。具体而言,教师角色走向双维融合的互释互构结构逻辑,既包括文本建构与实践阐释的结构关系,也含有实践建构与文本阐释的结构关系。

一方面,教师角色走向双维融合表现出文本建构与实践阐释的结构关系。在教师个体角色实践的意义上,公共性存在的文本——不论法理文本还是伦理文本,都是在建构意义上形成的,都有自身的建构机制。而且它们在指导和优化教师个体角色实践时,也都以应然的方式呈现给预设的教师个体,即都代表着教师角色实践的应然要求、可能做法或理想状态,有待教师个体以角色实践加以阐释。以最贴近指导教师角色实践的学科核心素养为例,在学科核心素养背景下研制和发布了普通高中语文、数学、英语等各学科的课程标准,其中许多模块在实施建议中就对教师角色实践提出了应然的要求。譬如,"教师应以自己的阅读经验,平等地参与交流讨论,解答学生的疑惑","教师应善于发现学生阅读整本书的成功经验,及时组织交流与分享"。① "教师应理解不同数学学科核心素养水平的具体要求,不仅关注每一节课的教学目标,更要关注主题、单元的教学目标。"② "教师应通过观察学

---

① 中华人民共和国教育部.普通高中语文课程标准(2017年版)[M].北京:人民教育出版社,2018:13.

② 中华人民共和国教育部.普通高中数学课程标准(2017年版)[M].北京:人民教育出版社,2018:81.

生的课堂表现、与学生对话、启发学生自我反思等途径梳理适合不同学生的学习方法和策略,并适时加以引导。"①因此,在课程标准等诸多文本对教师角色进行指向角色实践的应然建构之下,便有了教师个体基于自身角色实践的个体性阐释。这里的个体性角色"实践阐释",既是履职践行层面的,更是演绎创造层面的。换言之,教师个体以各类文本对教师角色意涵的建构为蓝本、框架、平台,展开具体教育教学情境下的角色实践活动,并在富于教师个体性特色的角色实践活动中,不断阐释教师角色"文本建构"的旨趣和意义。

从根本上看,教师角色公共性提供了应然的文本建构,是教师个体角色实践的出发点,因为"观念或理念并不是仅藏匿在我们的头脑里……理念乃是完全能起作用的,并且是完全现实的"②。与此同时,教师角色的应然文本也会成为教师个体基于自身角色实践进行否定和超越的实践阐释基础,即根据具体教育教学活动情境尤其是学生学习发展的特点和需要,而进行必要的角色实践阐释以及再创造。如此,通过教师个体的角色实践也就实现了对教师角色"文本"应然状态的实践化,实现了教师个体与教育世界的和解。

另一方面,教师角色走向双维融合也表现出实践建构与文本阐释的结构关系。教师个体的教育教学实践活动本身也是一种角色建构活动,可谓教师角色的实践建构,而基于这种"实践建构"也会形成多种多样的文本阐释,而且作为阐释主体,既有作为角色实践主体的教师个体,也有作为角色公共性关系建设主体的公共机构主体。从逻辑的结构关系上讲,教师个体的角色实践建构会反哺有关教师角色的法理与伦理两种文本的建构。譬如,教育教学一线的许多教师大多会根据自己的实践探索和尝试,建构自己的教学观念体系甚至教学主张,自成一派指导自身的教学活动并有可能影响整个教育学界的课程与教学变革。实际上,比较典型的教师个体实践建构案例已经很多,以李吉林及其情境教学观的建构与阐释为例,从教师角色的实践建构的角度来看,正是以个体性教学观念来建构自身作为教师的角色实践之系统认识,并以理论语言文本的形式阐释自己的实践建构。另外,从教育行政部门等公共主体建构和阐释方面看,我国基础教育领域的历次

---

① 中华人民共和国教育部.普通高中英语课程标准(2017年版)[M].北京:人民教育出版社,2018:69.
② 黑格尔.小逻辑[M].贺麟,译.北京:商务印书馆,1980:296.

大型改革,也无不基于实验区的实践建构而不断完善,以形成一般意义上的类似各学科课程标准等文本,在此意义上的文本恰是对无数教师个体角色实践和角色实践建构的完整且系统的阐释。如此往复,教师角色在走向双维融合的互释互构结构逻辑过程中,便使教师角色的公共性"关系"存在和个体性"自我"实践保持着健康的互动和有序的发展。概言之,教师个体的角色实践建构既包括践行性实践建构,也包括演绎性实践建构,更包括反思性和创造性实践建构,特别是反思性和创造性实践建构,更利于形成文本阐释的形式与内容。

从根本上讲,教师角色走向双维融合的实践建构与文本阐释之结构逻辑关系,是教师个体作为角色实践主体之生命活动的完整体现——教师个体在意识到自己作为师者的内在尺度的基础上,懂得将师者育人的这种内在尺度运用在教育教学实践活动中。这种以教师个体实践为建构途径,以形成完整文本阐释为目的的结构逻辑,彰显出教师角色走向双维融合过程中的伦理性和批判性特征。其中,伦理性指涉教师角色的实践智慧,体现教师个体教育教学活动的合目的性,在教育文化实践中复归当下生活与历史价值的内在关联,建构和阐释教师个体性学识及德性的特殊育人意义。同时,批判性也即对教师角色实践建构和文本阐释的否定与超越,尤其是对教师个体角色伦理实践的反思,追求知识世界、事实世界和价值世界的内在统一。

总而言之,教师角色走向双维融合的互释互构结构逻辑,意在表明寄寓文本的教师角色公共性与立足实践的教师角色个体性之间的逻辑关系,指出它们之间相互阐释和相互建构而互相嵌入的整体结构关系。而且,这种互释互构的教师角色存在特性,恰是我国传统文化意义上"公性在独性中"或"共性寓于个性中"[①]的基本写照,也从另一个侧面证实了教师角色基于教师个体实践的"活动的公共性"之本质特征。

三、起承转合:教师角色双维融合的过程逻辑

所谓起承转合,不仅用于文章学意义上的章法结构考察,在认识论中它还可用于考察个体思维方式的变化发展过程,即它常被描述为一种事物的发生、承接、转折、融合并循环往复的客观规律,以指向"一切事物的抽象结

---

① 方克立.中国哲学大辞典[M].北京:中国社会科学出版社,1994:139.

构与过程",表现出重要的传统文化意义。所以,教师角色走向双维融合的起承转合,特指教师角色走向双维融合时公共性与个体性参与教师个体角色实践的先后过程、逻辑循序及其基本关系,即以一个社会个体成为教师个体的变化过程为视角,审视教师角色公共性与个体性走向双维融合的演进逻辑。① 以预设师范生成长为一名合格教师为例,会表现出这样一个逻辑过程:"起"于对教师角色的个体感性认知,"承"于教师角色的教育学公共知识,"转"于对教师角色的实践体验和反思,"合"于对教师角色双维的自我更新和整体认识。

首先,"起"于对教师角色的个体感性认知。从社会个体的意义上看,教师个体在走上教师职业道路、从事教师角色活动之前,总是或多或少地基于自身日常学习生活对教师角色的理解和认识而加以判断并作出决定。此时,对于完整的教师角色形成过程而言,正是"起"的个体感性认知阶段。譬如 a 和 b 两位同学对教师角色所拥有的变化的感性认知:

> a:高考后,作为一个学理科的女生,首先排除了工科专业,在理科和师范之间,选择了师范专业,当时觉得当老师也不错。直到大四面临就业找工作时,再看看已经毕业工作的学长学姐们,发现做老师真是不错的工作。
>
> b:我是一个文科生,当初选择读师范就是想着将来有个稳定的工作(指做教师)。而且,从小学一路上来,有很多老师陪伴自己成长,内心里感觉到教师是一个很好的职业。所以就果断报了小学教育专业。虽然后来(指实习后)发现师范(做老师)并不如想象中那么美好,但是目前的决定还是从事教育工作,在积极准备教师招考。②

不难看出,作为师范生在选择师范专业或者准备成为教师的认识上是完全感性的,主要受个人兴趣偏好如学科兴趣,或者生活环境影响如个人成长经历中对教师的切身感受。另外,也可以发现,个体对师范专业、教育职业以及教师角色的认知也总是伴随着感性认知的发生,即感性认知总是个

---

① 为便于分析,在此将主要从教师个体及其角色实践的角度,以不记名的师范生个案和一线教师个案为考察对象,展开举例分析和论述。
② 此处 a、b 两位同学的引言,摘自福建师范大学教育学部 2018 级小学教育(师范生)专业毕业班同学的交谈笔记。

体对教师角色形成完整认识的重要构成,并随时间和空间两个维度的推移而不断更新、深化。

其次,"承"于教师角色的教育学公共知识。与来自个体日常生活经验的感性认知不同,师范生在学期间的主要任务之一就是学习与"如何成长为一名合格教师"问题相关的教育学公共知识。在此,教育学相关的公共知识就成为师范生个体发展和精神生活的根本源泉。从当前国内师范大学对师范类专业本科层面的培养方案和课程设置来看,根据目前高校师范专业认证要求、中小学教师专业标准以及中小学教师资格考试标准等各种标准和要求,各高校的师范生培养多统筹和划分在几个模块之中。譬如 a、b、c 三种师范生本科人才培养方案的模块规划:

  a:师德修养和教育信念、文化修养、教育实践能力、学习能力和创新能力、信息素养和国际视野等五个模块。
  b:人文精神与社会认知、科学精神与自然关怀、艺术修养与审美体验、语言艺术与文化交流、身心健康与职业发展、教育理解与教师素养等六个模块。
  c:综合素质、职业情怀、基础知识、专业技能、实践能力等五个模块。①

以模块为统摄,教育部门构建了师范生培养的完整的学科教育学课程体系及相应的知识系统。这些以教育学课程体系构成的公共知识,在清晰化和有形化师范生个体感性经验的同时,为他们提供大量直接的有利于成长为合格教师的各种知识系统。因为不是每一种知识都需要个体去直接体验,在某种程度上可以直接由前人的经验和认识结果来替代。这些课程体系带来的公共知识起到了"承"的作用——为师范生个体对教师角色的个体性感知带来了第一次公共性认知。教师角色公共性与个体性的第一次正式碰面,使师范生个体的思维和精神世界中,有了理论意义上的教师角色走向双维融合的可能性。

再次,"转"于对教师角色的实践体验和反思。随着公共性与个体性第

---

① 此处 a、b、c 三种师范生培养模块构成,分别取自某部属 H 师范大学、省(市)属 S 师范大学和地方 X 师范学院在近三年关于师范生的本科人才培养方案。

一次碰面的实现,个体已然获得了关于教师角色的感性认知和教育学公共知识。但是这还不足以使师范生个体完成对教师角色走向双维融合的完整认识,需要经由教育教学实践尝试和探索带来的体验、反思,帮助师范生形成个体的内化式体认,即"转"的内化与反思作用。特别是,此"内化"并非单纯知识习得意义上的,而是实践社会学意义上的,包括关于教育和教师的所有社会习俗、规范和价值取向的认同和接纳等。角色实践体验和反思的发生,使师范生第一次以角色实践主体的身份,对外在于自我的角色规范、教学共识与教育文化进行自主的抉择、分析、吸收和转化,形成自己的认知结构和经验系统,丰富自身作为教师角色实践主体的价值体系,完成客观公共性见之于主观个体性的教师个体角色双维融合过程。在发生学的意义上,教师个体的角色内化正是实践反思的过程和结果:"反思是被给予的表象与我们不同的知识来源的关系的意识,惟有通过这种意识,各种知识来源的相互关系才能够得到正确的规定。"[①]譬如 a、b、c 三位师范生(本科)在参加完中小学教师角色实践研学活动之后的感悟和心得:

  a:不沉湎于自己的一方世界,不做精致的利己主义者,在提高自己的智力水平、知识储备时更不应忘记人格的塑造。作为师范生,作为未来的准教师,我们不仅要对自我负责,更要对学生、对人民、对民族负责,在教育进步、社会发展、国家建设的征途中奉献力量。

  b:核心素养启动的基础教育课程改革,对教师和教学提出了许多新的要求。教师不仅是学校课程的领导者,还是课堂教学的组织者和学生成长的引导者,教师应在教学活动中积极确立学生的主体地位,积极发展和丰富学生的主体精神,培育学生自主、合作、探究的意识和能力,做到融洽师生关系,提升教学效率。

  c:在聆听过数学课后,我对数学教学活动产生以下感悟:第一,善于结合生活情景,使用儿童化的语言;第二,善用合作,不仅有师生之间的合作,还有生生之间的合作,并且在学生探讨交流的过程中,不断巡视教室,给个别学生提供一对一的辅导;第三,鼓励学生倾听、表达与交

---

 ① 康德.康德著作全集:第 3 卷[M].北京:中国人民大学出版社,2004:209.

流;第四,及时给予学生真实有效的反馈,让学生感悟到自己的学习生活。①

在教育教学实践的一线场域内,师范生将教师角色双维融合的理论可能性转化为饱含真实性的现实。有了作为教师角色实践主体的第一视角和第一感触后,师范生在"转"的层面第一次感受到真实的教师角色意义,即将教师角色公共性与个体性在教学实践场域内进行了真实的融合构型——感受并认识到教育教学各个环节中的公共性与个体性之要素,以及自身作为教学"要素"整合的主体,在处理各种位置之间存在的客观关系,并努力发掘和建设课堂教学这样"一个网络,或一个构型"②,以使自己成为独立开展角色实践的真正的教师个体,也即成为教育教学活动的角色实践主体。

最后,"合"于教师个体对教师角色双维的整体认识和自我更新。之于教师个体的角色成长而言,"合"并不意味着一种结果,而表现为一种过程——它具体表现为教师角色双维融合的过程具有开放性与生成性、系统性与结构性、协同性与创新性等特征。而且,以"合"为终端的起承转合开启了教师角色实践的一种基本状态,一个教师个体基于角色实践的专业成长是不断认识角色公共性与自身个体性,并在角色实践中不断寻求双维内化与外化相结合的过程状态。具体在教育教学角色实践中,一是教师个体能够认清不断变化的角色公共性场域关系网络及其构型,能够在这些网络和构型中确认个体自我的节点地位与要素功能,如北京二实小校长所说:"在我心目中,教师角色,是爱与智慧的化身,也是人生的不断修炼,更是人类文明的代言。"③二是教师个体能够敏锐地捕捉到时代赋予教师角色的动态发展着的育人公共使命及其教育教学内涵,并将其及时而恰当地融合到自我教育信念和教学主张之中,指引自己的教育教学活动,努力成为品格、品行、品位都高尚的"大先生"。三是教师个体能够积累和丰富自身学识,以洞察和发掘学科教学知识中的公共理性意蕴,发挥言教在公共性话语建构中的

---

① 此处 a、b、c 三位同学的引言,分别摘自福建师范大学教师教育学部 2019 级、2020 级、2021 级三个年级小学教育(师范生)专业学生在教育研学活动中对中小学教师角色扮演以及自身作为师范生如何实现角色成长和成熟等问题的感悟心得。

② 皮埃尔·布迪厄,华康德.实践与反思:反思社会学导引[M].李猛,李康,译.北京:中央编译出版社,1998:134.

③ 芦咏莉.我心目中的教师角色[J].北京教育,2021(8):31-32.

独特优势,如名师李镇西所言:"只要教师肚子里真的有学问,无论他怎么教,甚至哪怕他'满堂灌',都叫'素质教育',都叫'新课改'。"①四是教师个体能够修养和提升自身德性,在教育教学活动中创造和发扬育人相关的公共精神,发挥身教在公共性活动建构中的特殊优势。身教的实现不仅需要切实的育人行动和教学行为,更需要教师个体高站位和大胸襟的引领,即教师"要站在教育的高度看教学,站在社会的高度看教育,站在人生的高度看社会,站在星空的高度看人生"②。

总而言之,不论是宽容让渡的辩证逻辑,还是互释互构的结构逻辑,以及起承转合的过程逻辑,它们共同显示的是教师角色公共性与个体性双维之间的相互依赖与相互转化的融合关系。而且在实践逻辑机制上,此三者也共同支撑起教师个体的角色实践机制,在实际教育教学活动中,表达教师角色公共性与个体性之间既对立又统一的现实关系,即相互依赖、相互转化,并最终外显为教师个体的一种整体性的角色实践活动。

第二节 教师角色双维融合的实践方式

我国新时代教师队伍建设指导意见明确要"突显教师职业的公共属性,强化教师承担的国家使命和公共教育服务的职责"③。换言之,只有在教师个体承担国家使命和公共教育职责的角色实践中,才能有效地突显教师职业的公共属性。进而,只有以教师角色的独特实践方式,才能表征出教师职业的不可替代的独立特性,显示出教师角色不同于社会中其他职业角色的独立特性。因为实践方式体现着教师个体作为角色实践主体之穷究事理的过程——包括做什么、用什么做以及如何做的认识过程,教师个体之于教育世界既解释又改造,还会"开化自身,创造出真正属于自己的世界"④。

---

① 李镇西.我追求成为这样的语文教师[J].同舟共进,2020(12):19-21.
② 李镇西.语文教师的人文情怀[J].教师教育论坛,2015(4):90-91.
③ 中共中央 国务院关于全面深化新时代教师队伍建设改革的意见[EB/OL].(2018-01-31)[2022-01-02].http://www.gov.cn/zhengce/2018/01/31/content_5262659.htm.
④ 柳夕浪.以实践方式为主导穷究事理:对"研究"的一种阐释[J].教育研究与实验,2006(2):25-29.

以实践方式探究教师角色的独立特性,离不开对教师个体之"实践"概念的特定内涵及其言说方式进行恰当把握。在一般语境中,实践是一个较为普遍的术语,有着较为宽泛的概念内涵,如政治活动、技术应用、科学实验等丰富多样的内涵所指。但是,在理论语境中,实践是一个专指的哲学术语,来自西方哲学,实践一般指创生或改变人与人的关系的活动。自苏格拉底主要从精神活动的理性层面定义实践,到马克思主义从物质生产活动的感性层面革新并定义实践,即"人类有目的地改造世界的感性物质活动"①,在此过程中,实践内涵被不断丰富和发展,换言之,"实践范畴的内容是变动的,各派哲学对它的解释亦不相同"。马克思主义哲学以实践为核心构建"实践的唯物主义",其主要特征是聚焦于"人的活动":"主观的感性"的活动、"凭借物质手段"的活动、"自觉能动性"的活动、"社会关系"的活动、"历史"的活动。② 反过来,人的活动确证人的存在方式,在此意义上,教师个体展现出的独特的角色实践方式,会确证教师职业和教师角色区别于其他社会职业角色的独立特性。

因此,依据人的角色实践活动可以确证人的存在方式原理,围绕教师角色的独立特性问题,具体主要探究教师角色实践方式"是什么"的旨趣理解、"用什么做"的课程转化实践、"怎么做"的教学创造实践、"开化自身以创造自身世界"的人格修养实践等四个方面的问题,以解析教师角色公共性与个体性走向双维融合的多种实践方式。

一、器与不器:教师角色实践方式的旨趣理解

何谓教师角色实践方式?为能更好地在教师角色实践方式中理解和把握教师职业的独立特性,在此特以我国传统文化中的君子之"器"与"不器"为隐喻,试图对教师角色实践方式进行形象阐释,以理解和认识其基本旨趣。子曰:"三人行,必有我师焉!择其善者而从之,其不善者而改之。"而君子自古以来,便在我国传统文化中有着品德高、地位高、人格高的德性内涵,是对有才德者之通称,故而至今,君子仍旧作为一种道德成长的理想人格——基本行为规范的自勉典范而受人尊重。关键是君子之德性不仅指个体的自修其身,还内含着强烈的对社会责任的担当。所以说,我国教师与君

---

① 冯契,徐孝通.外国哲学大辞典[M].上海:上海辞书出版社,2000:569-570.
② 冯契,徐孝通.外国哲学大辞典[M].上海:上海辞书出版社,2000:569-570.

子就在传统文化中形成了天然联系。反观当下,"君子教师"也是一种角色实践的重要追求之一,譬如山东省淄博市临淄区玄龄小学以"君子文化"为学校核心文化,致力于锻造一支有思考力、凝聚力、创造力的"君子教师队伍"。[①] 无独有偶,河北省唐山市丰南区第一实验小学从评价的角度和层面反向追求"君子教师"队伍建设,为"君子教师"评价体系建立了"笃志明德、格物融达、善思敏行、儒学博雅、和而不同"的评价标准。[②]

实际上,新时代教师队伍建设背景下,基础教育教师角色虽然被赋予了新的内涵和要求,但它们依旧统摄于君子之器与不器的基本认识范畴内。在坚定中国风气、文化自信和教育研究本土化的旨归下,"君子不器"理应成为理解和认识教师角色实践方式之旨趣的恰当隐喻。在中国哲学中,君子之所以与"器"相关,在于"道""器"是一对中国哲学范畴,而君子向来被看作是"道"的化身,所以就有了如"君子不器"等经典言说。其中,"道"指"无形的法则或规律","器"指"有形的事物或制度"。[③] 在教师角色实践的意义上,教师个体的角色扮演即是在教师作为育人之"器"的要素作用层面来理解的,而教师角色内蕴之"道",即所遵从的育人法则和成人规律则是在教师角色的公共本性层面来理解的,所以倡导"君子不器"即为"道"。

就教师角色实践而言,教师个体首先要成器。所谓教师成器,指教师个体要掌握一定的知识、能力和相应的方法才能扮演教师角色,发挥教师角色的要素功能和作用,即"术业有专攻"的个体才有可能成为"好教师"。内在地,教师个体还需不器。所谓教师不器,并非指没有器,而是要"藏器于身",以德和道为先——或谓师德为先,将"器"内化为"道"之形式部分,正如《易经·系辞》中所说:"是故形而上者谓之道,形而下者谓之器。"特别之处是,这里"君子不器"之"不"含有自主的要义,即他不是受外在伦理道德规约作出的被动选择,而是以"人的独立"之价值姿态,对自己成为道德行为主体而作出的自主选择。当前,教育根本任务所追求的立德树人,一定意义上也正是这种"道—器"逻辑的新时代写照。所以说,突显教师角色独立特性的实践方式,既是器的实践——掌握育人相关的知识、能力和方法,发挥自身作

---

① 徐翠刚,李红梅.砺团队敬贤思齐 惠师生不负韶华:淄博市临淄区玄龄小学"君子教师队伍"建设侧记[J].山东教育(小学),2020(18):12-13.
② 张玉莲.君子教师评价体系,助力教师不断成长[J].河北教育(综合版),2018(Z1):57.
③ 金炳华.哲学大辞典[M].修订本.上海:上海辞书出版社,2001:241.

为教育教学核心要素的成"器"地位和功能,而能够在育人角色实践中"各周其用",突显教师角色以个体才能育人的实践方式,更是"不器"的实践——不止于知识、能力和方法的育人,而是发挥教师个体作为生命实践主体的价值和意义,能够在育人角色实践中"抱不器之器",从而"无所不施",突显教师角色以个体品质育人的实践方式。

总之,双维融合下突显独立特性的教师角色实践方式,既是实用层面的教师作为育人要素的基本行动方式——教师个体的角色实践需要以一定的知识、能力和方法来实现育人的目标,也是超越实用层面的师、生、文化知识三大主体之间丰富生命内涵的基本实践方式——教师个体自主选择下以"藏器于身"的德性修养和理想人格来达到育人的目的。其中,前者指向教育的实用哲学旨趣,后者指向教育的人生哲学旨趣。因为中国教育自古就与国人安身立命的人生追求裹挟在一起,时至今日也从未须臾分离过,无论是过去的"学而优则仕",还是当下每一位家长将孩子送进校园的那一刻起,无不寄托了整个家庭或家族的成龙愿望或者成凤梦想,至于最简单且朴实的愿望也是学有所成而能安身立命,即生活有着落,心灵有安顿,精神有寄托。即使当前在线媒介技术非常发达,能将优质课堂随时随地带向世界任何一个角落,但线下教师角色还是不能被取代,因为教育尤其是基础教育并非纯知识传递和能力训练的教学活动,而是师生共同参与、注重成长过程、指向完整生命意义的成长活动。基于知识教学并超越知识教学,使学生看到"真理知识的有效性",又远超知识的有效性和实用性之有限认识,而致力于年轻人的进步与将来的社会幸福,如此的教师角色才是民主社会中不可替代的。

正是在"器"与"不器"共同作用的旨趣理解下,教师个体的角色实践方式,可从课程实践、教学实践和人格实践三个层面,统摄教师作为公共理性启蒙者、公共利益关怀者、共同发展协作者、共同认识促进者等公共性角色的定位,进而显示教师角色的独立特性及其不可替代的主体地位。

二、课程实践:国家课程的校本化与学校课程的师本化

课程实践是教师角色走向双维融合的第一种实践方式,也是显示教师角色独立特性的主要标志之一。在教师角色实践语境内,课程实践具体指课程转化实践,即通过教师个体的角色参与,实现国家课程的校本转化和学校课程的师本转化,它们直指国家课程的落地、学校课程的实施和教学活动

的展开。在此意义上,可以说,某一学校的教育水平和教学实力,就等于其教师角色进行课程转化的实践水平和主体能力,也即教师角色的全部"课程实践"决定着学校教育的一般功能和整体价值。

实际上,课程转化实践——主要涉及国家课程的校本化,已是当前课程与教学改革领域内在的一个核心话题。学界对这一话题达成的共识有:第一,形成了对主要概念及其内涵的认识,包括国家课程、地方课程,以及国家课程的校本化等。一般认为,所谓国家课程,指由国家教育主管部门组织建构的"代表国家意志,具有法定的效力"的课程体系。所谓国家课程的校本化,指一种基于学校实际情况和教学实施需要的课程再开发,是"学校遵循国家课程的基本理念和目标并从自身实际出发,在国家课程留下的可能空间之内对其进行的'再开发'或'二度开发'"①。而所谓学校课程,一般指学校作为主体,从学习者角度,在教师参与和指导下,编制并实施因应学习者发展的一系列教育目标和教学计划。② 这些目标和计划是作为必要的、明晰的要素而使学习者汲取知识、赋予世界以意义所必需的一种捷径。第二,指出了国家课程校本化的重要性和迫切性。新一轮课改的突出特点之一就是打破"全国一张课程表",在国家课程基本理念指导下,鼓励学校进行自主创新,进行校本化开发和实施,并借此契机办出学校课程特色。换言之,国家课程只有校本化,才能激发学校作为课程实施主体的潜力而使静态的课程观转变为实践的课程观,也才能真正发挥课程促进学生学习成长的育人功能。第三,明确了教师是国家课程校本化过程中不可缺失的重要一员。教师的角色意义在课程与教学改革尤其是课程转化实践中,被提到新的高度,明确没有教师的积极参与"也就没有国家课程和地方课程的软着陆"③。因此,教师角色实践关乎课程的发展,其主要观点包括:教师是课程的一部分,也是课程意义生成与有效实施的必要条件和重要前提,还是教师成长和发展的重要组成要素,更是教师角色个体性精神和意义之生成与建构的基本途径。

与此同时,学者也提出了许多教师个体参与课程转化实践的具体建议和策略。譬如,教师首先要转化课程观,从客观性到理解性、从反映性到建

---

① 杨小微.从实施到开发:国家课程校本化的新走向[J].课程·教材·教法,2019(5):44-49.
② 钟启泉.基于核心素养的课程发展:挑战与课题[J].全球教育展望,2016(1):3-25.
③ 李臣之.校本转化中教师课程领导[J].课程·教材·教法,2014(8):79-85.

构性、从普遍性到境域性、从公共性到个体性等①;教师还要积极参与学校组织的课程校本化"群体审议",成为校本化过程的重要决策主体,进行必要的沟通、解释和协商,以减少国家课程到学校课程的"落差";突出美国课程论专家古德莱德提出的"课程五层面"中的教师"理解课程",强调在教师校本化的作用下实现从课程文本到活生生的课程意识的转化。这些建议和策略不仅显示了教师参与课程转化的主体地位,也昭示着"学校治理的机制创新"是学校现代化品质的涵养、促进基础教育的内涵式发展的基本要义。②

教师具体如何参与课程转化的逻辑问题,以及如何进一步实现学校课程的师本化以指引教学活动等微观问题,尚未被学界积极关注和探讨,而这恰是指导国家课程校本化和师本化、指引教师个体有效开展具体教育教学活动的关键问题,也是探究教师角色双维融合、显示其独立特性的重要问题,即教师个体如何在课程转化实践中,让渡其角色个体性以阐释教师角色的公共性本质蕴涵,建构教师角色的公共性定位,促进并实现教师角色的双维融合。简言之,学校课程的师本化是一个亟须探究的关键问题。

所谓学校课程的师本化,也叫"教师的课程",是"关注教师自身构想的课程,以课堂为基础,主体性、实践性地重新把握课程的课题"③。此时的教师,志在打破国家课程"公共框架"和学校课程"教育计划"的束缚,而根据自身的教育想象力与设计力,形成新的课程见解,总体上是作为师生创造性经验之手段与产物的课程。④ 换言之,课程师本化是教师个体作为课程决策和领导主体,对学校课程的进一步个性化处理——包括理解、设计、实施、反思、评价、整合和研究等,是一种直指教师个体角色实践的个体性课程理解和认识,即它主要在课程意识观念层面,同教师个体的个性化教育教学活动直接关联,影响和指导教师个体的角色实践。课程师本化的角色主体是教师个体,表现为教师个体的课程意识,在一定意义上也决定着他的行动能力和教学水平,表现出个人性、情境性和意义性的整体特征。其中,个人性指教师个体之于课程转化的独一无二性,即基于自身知识与能力、情感与态度、思维与方法、精神体验与价值感悟等整体方面的课程理解;情境性指教

---

① 郑利霞.论知识观转型与课程改革[J].教育理论与实践,2008(10):45-48.
② 杨小微.从实施到开发:国家课程校本化的新走向[J].课程·教材·教法,2019(5):44-49.
③ 佐藤学.课程与教师[M].钟启泉,译.北京:教育科学出版社,2003:19.
④ 佐藤学.课程与教师[M].钟启泉,译.北京:教育科学出版社,2003:18-21.

师个体所对应学校课程的境域性和独特性,即教师个体一定在某个具体的学校课程情境与场域内,对某一具体的学科课程形成理解和认识;意义性指教师个体对课程的师本化处理以一定意义获得为标的:或是恢复国家课程的本源意志,或是基于学校实际生成新的课程价值,又或是根据自身特点和学生学习成长需要而创设的教学意义等。

具体来讲,指向教师个体的师本化课程形成,主要发生在教师个体的课程意识层面,即教师角色公共性与个体性在教师个体的"课程意识"形成过程中,实现了角色实践意义上的首次双维融合。何谓意识?在个体存在与生活的意义上,马克思指出意识"在任何时候都只能是被意识到了的存在,而人们的存在就是他们的现实生活过程"①。所以说,之于教师个体的课程意识及其形成,国家课程与学校课程不仅是理解和认识的意识对象,也是自己如何在国家课程与学校课程中"自处"的思考和感悟,更关系到教师个体以及学生学习成长构筑的整个教育教学生活的角色存在、关系维持和行动展开。简言之,所谓课程意识,就是教师个体对课程的个体理解和自我认识,它在根本上决定着教师个体对教学活动的理解和定位。就课程意识的形成而言,始于教师个体对课程的理解,正是基于课程理解,教师个体在课程意识层面建构着属于自己的教育教学生活意义,也展现着自己作为理解者的精神。就课程意识的功能而言,它在本质上指向教师个体教学活动的创造性,意在"把教学和课程有机地统一起来",同时,使教学过程展现为课程知识内容不断生成和丰富的过程。就课程意识的意义而言,它是教师个体教育思想和教学观念的核心构成,是教师个体教学活动"背后的'假设'和依据"②。

因此,为实现师本化的课程意识,教师个体可结合具体学科课程特征,进行历史、当下、未来三个层面的课程转化,发掘学科课程丰富的公共性蕴涵,形成具有个体性特色的师本化课程意识,为教育教学活动做好准备。③

---

① 中共中央马克思恩格斯列宁斯大林著作编译局.马克思恩格斯选集:第 1 卷[M].北京:人民出版社,2012:152.

② 余文森.论核心素养导向的三大教学观[J].当代教育与文化,2019(2):62-66.

③ 此"历史、当下、未来"三个层面,是在课程"意识"的公共性层面对教师角色实践方式的阐释,而在"行动"层面,佐藤学曾以"共通教养和共同学习的原理为基础"对课程公共性加以阐述,并强调这是"重建现代学校公共性的方略"。参考:佐藤学.课程与教师[M].钟启泉,译.北京:教育科学出版社,2003:87.

第一,课程是一种以"历史"为旨趣的实践——教师在传承文化和传授知识的过程中,形成与历史向度的关系性角色活动,是带领学生在寻觅历史记忆的过程中唤醒共同体的历史精神的可靠言说者。"教师的教承担着使人类创造的科学文化、精神财富世代相继和发展的重任,不是学生的学习能代替的任务。"①其中,国家、民族及世界优秀历史文化遗产是课程体系架构的知识基础。因此,师本化的课程意识首先要在学科"历史记忆"中发掘课程丰富的公共性蕴涵,以实现教师角色的公共性育人价值。譬如,科学知识是学校教育课程体系构筑所需的第一块基石,它"作为一种公共物品"具有丰富的公共性意蕴,包括"生产方式的集体见证和实验的公共展示"②等。优秀文化作为课程体系构筑所需的另一块基石,它的本质特征也是公共性,蕴含着文化价值主体间共享的内在机制。③ 所以,关于科学知识和优秀文化等历史遗产的课程呈现,就不仅仅是知识和文化符号的识记与理解,它们更内含着关于科学知识和优秀文化从生产到应用、从萌发到认同等丰富的历史公共性意蕴,而这也是促进学生学习成长的重要育人财富。同样,科学知识与优秀文化也是形成教师角色公共理性蕴涵和实现公共理性启蒙的重要基石,也是教师角色个体性学识积累的核心内涵,还是国家课程与学校课程师本化之个人性特征的根据,更是教师个体通过角色实践显示其独立特性的基本实践方式。

第二,课程也是一种以"当下"为旨趣的实践——教师在建构社会良序和培育合格公民的过程中,形成与当下向度的关系性角色活动,是带领学生维持社会秩序和宣扬公共精神的有力建设者。其中,培育公共性与个体性双重统一④的现代公民,是课程体系架构的底色和实施的基本追求。因此,师本化的课程意识还要向当下社会发掘丰富的公共性蕴涵,以实现教师角色的公共性育人价值。教师作为公共理性启蒙者和公共利益关怀者的角色定位,就主要体现在这种指向当下的师本化公共性蕴涵发掘及其课程意识的形成过程中。因为公共性是现代社会之公共生活的本质属性,具有开放、平等与社群等特性,它追求命运共同体"成员理性、自觉的交互主体性行为

---

① 叶澜.课堂教学过程再认识:功夫重在论外[J].课程·教材·教法,2013(5):3-13.
② 田甲乐.科学知识的公共性与科学知识生产的民主化[J].自然辩证法研究,2018(7):35-40.
③ 李丽.文化公共性与社会和谐[J].马克思主义与现实,2009(6):93-97.
④ 冯建军.公民品格与公共生活[J].道德与文明,2020(4):5-13.

与结构性活动"①。而教师个体的重要角色任务之一,就不仅是培养个人,还要促进正当的社会生活的形成,有维持正常的社会秩序的责任和义务。尤其是要有明辨当下社会发展之"世"的判断能力——能对"据乱世、升平世与太平世"等"三世"②作出判断,理解和把握"课程变革"的基本方向和主要特征,以形成相关的师本化课程意识。所以说体现社会公共理性和关怀社会公共利益的良序建构与公民培育,以育人目标的形式成为教师角色公共性蕴涵的重要构成,是教师角色个体德性建构的核心内涵,也是国家课程校本化与学校课程师本化之情境性特征的根据,同样是教师个体通过角色实践显示其独立特性的基本实践方式。

第三,课程还是一种以"未来"为旨趣的实践——教师在塑造理想愿景和培养未来创造者的过程中,形成与未来向度的关系性角色活动,是带领学生展望理想愿景和"一起向未来"的引路人。其中,实际功用是课程体系建设和实践着眼当下的基本目标,而关于理想和未来的理性启蒙、理想愿景、美好世界等,则是课程体系建设和实践着眼长远的发展目标。因此,师本化的课程意识更要发掘课程的公共性蕴涵,以实现教师角色的公共性育人价值。因为教师作为教育者所承担的重要育人责任之一就是对"未来世代"的义务:"教育应该与一项具有内在合理性的乌托邦工程结合在一起,鼓励学生以及其他公民把自己重新概念化为批判的社会能动者,超越他们已知的世界,构想一个更美好的世界。"③特别是在整个人类社会组织中教育理想形成的关于美好世界的理想愿景,是唯一的、最有力且最具激励性的因素,因为它可以把不同的人联系在一起,反映在教师角色职责上,就是影响和指引学生的学习与成长。故而,教师们应该教育年轻人努力学习,以成为切实有益的理想世界的创作者,因为只有在创造性的教育教学活动中,教师才能真正成为学生成长的守护者。所以说,指向理想社会构建者和创造者培养的未来理想愿景,也成为教师角色公共性蕴涵的重要构成,是教师角色个体性信念建构的核心内涵,也是国家课程校本化与学校课程师本化之意义性特征的根据,同样是教师个体通过角色实践显示其独立特性的基本实践方式。

总体上,课程体系本身具有抽象性和精神性的特征,所以时间维度上的

---

① 袁祖社."公共性"的价值信念及其文化理想[J].中国人民大学学报,2007(1):78-84.
② 刘良华.三世说与课程变革[J].湖南师范大学教育科学学报,2017(2):1-5.
③ 亨利·A.吉鲁.教师作为知识分子:迈向批判教育学[M].朱红文,译.北京:教育科学出版社,2008:Ⅵ.

历史、当下、未来,是发掘和形成富有公共性蕴涵之师本化课程意识的三个主要层面,也是教师个体践行和演绎教师角色公共性,并追求双维融合的主要载体和途径。当然,在现实性和空间维度上,国家课程校本化以及学校课程师本化的过程,也体现出教育行政主体——包括来自国家、地方和学校等对教师个体角色实践的公共性宽容。譬如"在国家层面上,国家课程要给校本化课程实施留下空间和余地;地方政府需要为学校的校本化课程实施提供政策、资源和科研等的支持、扶持和协助;学校需要具备校本化课程实施的能力和文化氛围"①。

三、教学实践:教学规则的科学化与教学自由的艺术化

教学实践是教师角色走向双维融合的第二种实践方式,也是显示教师角色独立特性的主要标志之一。如果说课程实践之于教师个体具有抽象性和隐秘性的特点,那么,教学实践之于教师个体则具有现实性和可视性的特点,是教师角色走向双维融合更直接和更常规的实践方式。在教师角色实践语境内,所谓教学实践,也可谓课堂教学活动,具体是指学校教育中以具体学科为对象的课堂教学活动,即通过教师个体的角色参与,做到教学规则的科学化和教学自由的艺术化,它们是教师个体师本化课程意识的课堂教学延伸,直接关联学生的学科学习、师生的交往对话和育人的目标达成等多种活动方式。可以说,教师教学的实践能力和活动水平也是学校整体育人实力的直接体现。

教学作为教师个体角色实践的核心活动,既是一种科学化的规范活动——遵循教学规律和教学规则,以一定的科学知识为公共基础,如以学习心理学为理论基础,同时,也是一种艺术化的创造活动——崇尚教学自由和教学艺术,以教师个体作为角色实践主体为个性基础。而当教学成为直面师生主体之间的生命交往时,教学就是一种处理复杂性科学的育人艺术,理解和认识复杂性科学视域下的师生生命关系性特征及其教学活动的本质和内涵,将是发挥学科课堂教学之育人价值的根本所在。在此意义上,教学实践——教学规则的科学化与教学自由的艺术化,就成为教师角色公共性与个体性走向双维融合的基本途径,也是显示教师角色独立特性的另一重要实践方式。

---

① 徐玉珍.论国家课程的校本化实施[J].教育研究,2008(2):53-60.

所谓教学规则的科学化,指教学要遵循和贯彻一定的原则、规范与要求,任何成功和有效的教学,都是整个教学原则体系综合运用的结果。如凯洛夫的《教育学》就强调教师"要遵循由浅入深、由已知到未知、由简单到复杂"的教学原则,即科学化的教学规则所具有的明显共性特征,是教师角色公共性在教学活动层面的基本存在形式,也是教师个体在学校行动体和课堂共生体两大共同体关系中,践行教师角色公共性本质意蕴的基本实践方式。具体地,这主要表现在各学科的课程标准的共同规定、学校行动的共同商谈、课堂对话的共同认识三个方面。

第一,教学实践活动作为教师个体师本化课程意识的课堂延伸,其实在各学科课标研制中,就已经为教师给出了科学化的教学原则和教学要求等共同规定。特别是在核心素养时代,各学科课程标准(2017年版2020年修订)都在积极通过"重视过程评价""研制学业质量标准"等具体措施,帮助教师科学地"把握教与学的深度和广度",以"改进教学,提高质量"。[①] 譬如,"教学应创设情境"就已经成为当前各学科"课标"对教学科学化的基本要求。像数学课标强调在教学中"教师应创设合适的教学情境"。[②] 而且,"教学创设情境"更是贯穿语文课标始终,如要求教师"教学以社会情境中的学生探究性学习活动为主"。[③] 英语课标也强调"在情境创设中,教师要考虑地点、场合、交际对象、人物关系和交际目的等"[④]。物理课标要求教师"联系生产生活实际,从多个角度创设情境,提出与物理学有关的问题"。[⑤]

第二,学校作为教学实践行动体,在教学共同体范围内以商谈的方式,也会形成稳定和成熟的具有科学化的教学规则。学校作为学习者的共同体,至今已是教育学界的基本共识。课程标准(2017年版2020年修订)也强

---

① 中华人民共和国教育部.普通高中数学课程标准(2017年版)[M].北京:人民教育出版社,2018:前言5,3.

② 中华人民共和国教育部.普通高中数学课程标准(2017年版)[M].北京:人民教育出版社,2018:17.

③ 中华人民共和国教育部.普通高中语文课程标准(2017年版)[M].北京:人民教育出版社,2018:20.

④ 中华人民共和国教育部.普通高中英语课程标准(2017年版)[M].北京:人民教育出版社,2018:63.

⑤ 中华人民共和国教育部.普通高中物理课程标准(2017年版)[M].北京:人民教育出版社,2018:13.

调:"教师要具有专业发展意识,努力建构教学共同体。"①学校行动体内的协作关系可使每个教师发挥教学实践智慧、激活教学实践知识,实现小组备课、协同教学、相互评价、共同研究,这样可"使彼此之间的协商、对话机会得以增加,教学设计的合理性、有效性得以增强"②。相反,如果学校内的教师相互隔离、排斥合作,那么,他们的教学行为也将陷于彼此孤立的境地。譬如一些典型学校,在明确办学主张的引领下,制定具体的教学制度,形成稳定的教学文化,塑造向上的教学风气,教师们通过一定学习共同体(如名师工作室)的组织形式,商谈和确定符合科学规范的教学设计、教学思路、教学方法、教学反思和教学评价等,充分发挥机智和才能,形成了鲜明的以教学文化为核心的学校文化。联合国教科文组织在发布全球性报告《共同重新构想我们的未来》时指出:"教师的教学应进一步专业化,让教师作为知识的生产者与促进教育、社会转型的关键人物而获得社会认可。协作和团队合作应成为教师职业的特征。反思、研究和创造知识以及新的教学实践应成为教学的组成部分。同时,必须支持教师的自主性和学术自由,保证他们充分参与关于教育未来的公开探讨和对话。"③

第三,课堂作为教学实践共生体,是教师和学生基于教材而展开主体间交往对话的关系性存在,同样蕴含着科学化的教学规则。一方面,各学科课标对课堂教学中的教师角色行为提出了具有原则性的基本要求,以语言、思维和情感为学科特征的语文课堂教学,就要求教师在教学中把握这一基本学科教学特征,"注意激发学生的情感,引导学生深入阅读指定作品,从多角度理解、分析作品"④。而在学生自主学习能力提升和习惯养成上,教师也被课标要求注意引导学生"学会倾听和分享、沟通和协作,掌握探究学习的方法,提高实践和创新能力"⑤。另一方面,心理学和哲学也为教学科学化奠定了基础,帮助教师熟悉学情并形成教育教学洞察力,以产生有效且恰当的教

---

① 中华人民共和国教育部.普通高中语文课程标准(2017年版)[M].北京:人民教育出版社,2018:44.

② 李臣之.校本转化中教师课程领导[J].课程·教材·教法,2014(8):79-85.

③ 中国常驻联合国教科文组织代表团.共同重新构想我们的未来[N].中国教育报,2021-11-11(9).

④ 中华人民共和国教育部.普通高中语文课程标准(2017年版)[M].北京:人民教育出版社,2018:29.

⑤ 中华人民共和国教育部.普通高中语文课程标准(2017年版)[M].北京:人民教育出版社,2018:43.

学对话。教师有办法了解和熟悉学生的基本学情是一件非常重要的事情，而相关专业理论就提供了这种可能的洞察力，试想教师"如果没有这种洞察力，要使教学中使用的教材和方法能够深刻影响个人，使个人心灵和品格的发展受到实际的指导，那恐怕仅仅是一种偶然的事情"①。

与此同时，所谓教学自由，指涉教师教学权利，偏指学术自由，包括"运用科学精神（即自由地、专一地追求真理）完成教学任务的权利和义务……对教学内容、方法等独立作出决定，不受外界限制和影响等具体权利"。② 它之于教师个体的角色生存具有重要意义，"教学自由是教师生存发展与学生'真、善、美'培育的实践统一"③。继而，所谓教学自由的艺术化，非指戏剧式表演或主持人式渲染，而是主要针对教师在课堂教学中，为追求教学效果和教学目标而在方法、意识、技巧等方面的创造性表现，即对教学艺术化的追求——"教得巧妙、教得有效、教出美感、教出特点"④。这是对教师角色个体性最精致的表达，是教师个体最为个性的内核，即教师不仅以确定的课文育人，追求"教学方法的灵活性和创造性"，而且还通过自己的语言特色、表达技巧和教学激情等，"激发学生的求知欲、学习兴趣和思维的积极性，把形与理、知与情结合起来，使学生的知识、能力、情感、意志和思想品德得到和谐发展"⑤。从具有共性的教学规则的科学化，到完全个性的教学自由的艺术化，教师角色公共性与个体性在教学实践活动层面实现最为内核的融合，体现着教师教育教学的高超水准，是显示教师角色独立特性的最基本的实践方式。

具体而言，突显教师角色艺术化个性的教学自由，始于体现教学规则的教学计划，经由教师个体作为角色主体的教学自我，终于师生主体间对话形成的教学共识。首先，教学自由的艺术化并非毫无原则地自由发挥，恰恰相反，教学计划是教学自由的基石，而且"必须具有相当的可变性，容许经验的个性能够自由地得到表现，而且这种计划又必须具有相当的坚定性，使能力

---

① 约翰·杜威.我们怎样思维·经验与教育[M].姜文闵,译.北京:人民教育出版社,2005:276.
② 顾明远.教育大辞典[M].增订合编本.上海:上海教育出版社,1998:723-724.
③ 刘远杰,孙杰远.教学自由:"教师—劳动者"生存发展的本质问题[J].学术论坛,2015(11):167-172.
④ 李如密.教学艺术的内涵及四个"一点"追求[J].上海教育科研,2011(7):1.
⑤ 顾明远.教育大辞典[M].增订合编本.上海:上海教育出版社,1998:721.

的继续发展得到明确的方向"①。其次,教学自由的艺术化以教师个体自我为核心,虽借助计划、技术和其他素材等,但是不能"受技术控制,成为技术附庸"②,而是要善于借助教学计划之规律或规则,对技术和素材等客体施加主体性控制,以满足自身作为角色实践主体的自由化和艺术化需要,避免教学行为取代教学思考,教师角色取代教师真我,教学他律取代教学自律。③最后,教师自由的艺术化,终于师生主体间以对话方式形成教学共识。所谓教学共识,指师生作为对话参与者,应该克服"最初的比较主观的想法,凭借以理性为动机的共同信念,通过确认客观世界的统一性和他们的生活中诸多相关领域的相互主观性,由非强制的达成共识的力量所支持"④,即以教师个体自我为核心展现教学自由的艺术化,并不意味着教师以权威角色强行推进教学,而是将教师置于能够促动教学展开的有利位置,在基于学识的言说和对话中,师生之间达到真正的教学理解,即不仅实现了相互倾听,而且能够彼此听见。教学共识作为师生对话追求的最终形式,是教师进行公共理性启蒙教育的根本方式。譬如在当前全面开展的课程思政活动中,关于国家意识、国家想象和国家建构等国家主义的教学,教师应致力于"解放的国家主义"和"自由的国家主义"的"理解与共识"的综合,而不是简单的"驯化教育"⑤。

总而言之,教学实践从教学规则的科学化与教学自由的艺术化两个层次,展现着教师角色具有独立特性的实践方式,是教师角色公共性与个体性走向双维融合的重要实践方式。

四、人格实践:师生关系的情感化与公共生活的生命化

实质上,课堂是由师生为主体关系构成的一种公共生活,其意义远不止于学科育人,因为课堂作为师生关系建立和公共生活建构的主要场域,本身也具有重要的育人功能,即师生主体基于教学交往的过程育人,这正是课堂

---

① 约翰·杜威.我们怎样思维·经验与教育[M].姜文闵,译.北京:人民教育出版社,2005:272.
② 叶澜.课堂教学过程再认识:功夫重在论外[J].课程·教材·教法,2013(5):3-13.
③ 徐继存.教学个性的缺失与培育[J].教育发展研究,2008(10):29-32.
④ 佐佐木毅,金泰昌.社会科学中的公私问题[M].刘荣,钱昕怡,译.北京:人民出版社,2009:49.
⑤ 刘磊明.从输入到生产:教育中国家主义思想的起承转合[J].清华大学教育研究,2016(3):91-99.

超越学科内容和技法形式育人,而达到全过程育人的根本。在此意义上,课堂由教师和学生共同组成,教师全身心地真诚投入,并"给予学生出自内心的关注与帮助,作出友善而清晰的表达",以敬业的精神、专业的水平和灵动的智慧展现教师个体的个性和魅力,师生主体之间以亲密的关系,共同经历着"个人生命历程中独特的生活类型,留下无可替代的生命体验"①。

所以说,突显教师角色独立特性的不只课程实践和教学实践两种方式,以师生关系构筑和公共生活构建为方式的教师个体人格实践,是内在于课程实践与教学实践的、彰显教师角色独立特性的更为根本的实践方式。所谓人格,在人格心理学上,主要指个体自我处于核心地位的系统整体,由动机、能力、需要、兴趣、价值观、气质、体质、性格等个体内部倾向组成。因此,教师人格就是围绕教师个体的自我心身组织的系统整体——主要是个体自我的学识、德性、活动、信念等构成的系统整体。而所谓人格实践,简言之,就是教师个体以其独立自由的人格,而对学生施加积极影响以达到育人目的的角色实践方式。

一方面,教师人格实践在于情感化的师生关系构筑。《中庸》开篇讲:"天命之谓性,率性之谓道,修道之谓教。"简单说,注重情感表达的"感性生命精神",是中国文化传统带给当下教育本土化的自信,也是带给教师角色实践的自信。而这也恰恰印证了一线"好教师"访谈中的一个事实:有爱心、爱学生、包容学生等情感让渡是成就自己为好教师的第一要素。即以爱心为中轴的情感化师生关系建立,是教师个体在角色实践中成长为好教师的第一要义,这也表征着中国文化精神浸润当下教育所能给予的基本自信。然而,师生关系中的激情、热情等情感表达,常常一不小心就会使教师人格轰然破碎。如北京朝阳二实小教师的"批评教育"②——教师在语言霸凌的角色扮演中,轻松击碎了自己的人格形象。这反映出教师往往也是过去应试教育、分数崇拜和现在形式教育、镜头崇拜的受害者,他们为了分数或形象,内心里自动将学生分为"好学生"与"差学生",几乎忘记了还有别的什么可以表达自己对学生的教育和影响,更不必说自己作为典范人格影响下的身教,甚至不懂也不会爱学生,只是以"成绩或面子"的好坏与得失对学生另眼相看,以"全班学生都讨厌你"对学生恶语相加。这些心思和行为不知不

---

① 叶澜.课堂教学过程再认识:功夫重在论外[J].课程·教材·教法,2013(5):3-13.
② 邢妍妍.两位教师的"批评教育",为什么引发众怒[EB/OL](2022-01-01)[2022-02-16].https://mp.weixin.qq.com/s/47WBI69_OvXo8KEYe7AIVA.

觉地让教师也成为没有了自我的工具，忘记了赏识、宽容、希望、仁爱等师者的本心和教育的本义。

另一方面，教师人格实践在于生命化的公共生活构建。其实，教师对学生真正的爱应该体现在这样一种生命实践中：师生之间基于感性认识和情感表达建立一种注重彼此生命体验的公共生活，在关心公共事务、参与公共生活、宣扬公共精神中，以师生作为有生命的个人的存在为前提，把彼此共在的感性世界理解为构成这一世界的个人的共同活动。其中，教师所要做的事就是"使每一个学生有机会在有意义的活动中使用他自己的力量"[①]，形成属于自己的生命体验，也即生命实践。譬如，当前"互联网+"的介入丰富了课堂教学方式，智慧课堂成为教学建设的新旨趣。但是，沟通工具的便利和教学形式的丰富，并没有太多改观教师角色实践方式尤其是人格实践方式的变革和升华，特别是在核心素养时代，教师角色实践方式需要基于课堂而走向校园和社区、社会等公共空间，需要突破有限知识传递和单纯形式创新的认识误区，在生命实践中诠释教师个体是教育教学场域不可或缺、不可替代的关键角色存在。换言之，媒介的发达可以随时带来一节在线名师课，但它并不能取代课堂作为师生生命实践场域的教育意义。因为它不应以纯知识的获得，遮蔽了教育之春风化雨的生命本义。如孟子所说教育应"有如时雨化之者"，也如朱熹所记"光庭在春风中坐了一月"的体验，这些体验、感觉的育人意义已超越了知识的育人范畴，升华为一种师生之间的生命实践和生命体验。因此，以践行和演绎教师角色公共性的个体性实践建构需要超越专业化的有限性，或者说应为教师专业化的内涵理解进行边界拓展。或者说，在教育学立场上，基于教育教学构建的公共生活而进行生命化的教师人格实践之可为与应为在于"尊重人性，顺势导引；化育人性，启发自觉；提升人性，引领超越"[②]。

当然，师生之间建构的公共生活作为一种"准公共生活"、以培育学生公共性为目标的"教育公共生活"、师生自觉建构的"好的公共生活"[③]，也会遇到许多现实困难。从根本看，表现为教师角色关于公共性存在与个体性生存之间的冲突。前者"存在"是对教师角色的一种意义性期待，后者"生存"

---

① 约翰·杜威.民主主义与教育[M].王承绪,译.北京：人民教育出版社,2001：188.
② 赵荷花.人性的教育学立场[J].华东师范大学学报（教育科学版）,2011(1)：11-19.
③ 冯建军.论学校教育作为公共生活[J].华东师范大学学报（教育科学版）,2014(3)：38-48.

则是对教师角色的一种生活性期待。其中,找寻做教师的公共性价值和意义是教师角色建构的关键,而如若只为生活选择做教师,则当下教师队伍建设遇到的教师职业倦怠、困境、危机等则就不足为奇。因此,这也就需要教师角色建构的公共主体与个体主体共同努力,才能有效缓解这种关系冲突。

总而言之,教师个体的角色实践方式在课程实践、教学实践与人格实践三个层面,促进着教师角色公共性与个体性走向双维融合,显示着教师角色的独立特性,表征着教师个体在角色实践中不可替代的主体地位。

第三节 教师角色双维融合的实现样态

突显教师角色独立特性的实践方式,不仅实现了公共性与个体性的双维融合,同时也意味着教师个体的角色价值实现。依据马斯洛的个人需求层次理论,双维融合的教师角色价值实现,在一定意义上代表着教师个体需求的最高人生价值实现,关乎教师个体的快乐、幸福和良好生活。

一、行动与观念的自我样态

教师角色的个体性植根于自我,而对教师个体自我的理解、认识及其价值实现需要把握行动与观念两种基本样态。因为每位教师都是一个真实个体,自我作为个体虚构的奇点,只有在具体的角色行动和角色观念中,才能得到展现并使他人看见——"展现"教师个体自我的要素地位和功能,"看见"以备师生之间的交往和对话,从教师个体的角度促进教育教学的过程性和完整性。

突显自我的行动与观念两种样态,是争取教师个体从工具本位到主体本位的内在需要。教师角色公共性形成的物品性公共空间和物质环境,如学校教育空间和教科书文化环境等,这些物质力量不以教师个体意志为转移,是教师个体进入教育教学实践场域时,先验的、既成的存在语境和活动前提,它们散发着强大的规约力量而造就了教师个体的工具本体地位和功能。尤其是在新媒介技术高度发达的今天,角色实践中的教师个体面临巨大的异化危机,即在不断成为工具的一种被动延伸的同时,可能失去或主动放弃自身的主体地位,而沉浸于教师角色公共性提供的框架和底线内得过且过,忘记自己担负着立德树人的教育根本任务和重要使命,就可能造成不知不觉的"平庸之恶"。与之相反,教师角色的个体性价值实现,需要突显作为教师个体主体性内核的自我,它只有在教师个体的行动与观念中才能实现。

观念与行动意味着教师个体对自身角色实践之应然和实然两个问题的追问,不止于做工具性要素的延伸,而试图表明自己的角色实践活动痕迹,即从工具本位的主导层面进入一个以精神、观念、意识为主导的更高的层面,在教师个体要素本质的工具性地位和功能之外,提出建立精神本位的要求。具体来讲,教师个体的观念主要是教育教学观念,性质上是教师个体对有关教育的个体性看法的应然理解和认识,来源上既有外在观念的赋予,也有实践经验的内在赋予,形式上具有内隐性、缄默性和相对固定性,内涵上是教师个体对"自己的教学能力和所教学生的主体性认识"[①],包括"认知成分、情感成分和行为成分"等,具有"个体性、情感性、情境性与开放性、非一致性"[②]等特征。因教师个体的差异性,教育观念之于教师个体,在其一旦形成之时,就深深地打上了"个体烙印",是教师个体性自我的重要标识。在观念逐渐成为指导教师个体行动的教育教学信念时,教师个体的教育教学行动就是"可见"的教师个体自我。而在教育教学行动的意义上,教师个体的角色实践自然指涉了国家、社会、学校以及课堂等不同层面的共同体关系,并在这些"关系"中成为重要的行动者,从而成为教师个体自我的实然样态。

当然,影响教师个体角色实践的观念不只教育观念,教育之外的生活观念也在越来越重要地参与着教师个体观念的构成,影响教师个体的具体教育教学行动。同时,教师个体观念不是一成不变的,而是需要基于教师个体的主体性自觉,进行自觉的观念革新,不断塑造一个适合要素本质要求的主体性自我。

二、践行与演绎的实践样态

在教师个体观念见之于具体教育教学行动的过程中,教师角色的个体主体性主要体现为践行和演绎两种实践样态。在此,践行的实质是教师个

---

① 辛涛,申继亮.论教师的教育观念[J].北京师范大学学报(社会科学版),1999(1):14-19.

② 易凌云,庞丽娟.教师教育观念:内涵、结构与特征的思考[J].教师教育研究,2004(3):6-11.

体基于教师角色公共性的本质规定而富于义务化的履职活动,而演绎的实质则是教师个体基于自身角色实践的富于个性化的创造活动。其中,践行具有教师角色实践活动的共性特征,而演绎则具有教师角色实践活动的个性特征。

教师角色个体性所立足的实践首先是践行样态的,它重在履行教师角色的公共性义务和职责。包括教师个体在内,任何一个社会个体都是一定社会历史时期建构起来的产物,教师个体存在于具体的社会历史之中,具有一个时代和一个群体在社会职责上的共性特征。正如黑格尔所指出的,个人在本质上是从属于社会历史的存在物,他不是单纯个人的存在物,对个体而言,"成为国家成员是单个人的最高义务"[①]。不论在抽象的国家和社会层面,还是在现实的学校与课堂层面,教师个体都是以一个重要成员的身份和角色参与其中,总是代表着国家公共意志和公共使命,立于教育教学实践场域。这也正印证了教师身份的符号性特征以及教师角色的活动性特征。

另外,教师角色个体性所立足的实践还是演绎样态的,它重在以教师个体的实践主体性,丰富教师角色公共性在具体教育情境下的内涵和意义。在创造的意义上,教师个体的角色实践是属于美学范畴的,确切地回答着"怎么样"的行动问题。此时,教师个体是纯然的主体性存在,极其排斥自身的客体性,充满着教育教学创造的激情和智慧。虽然其论断有犯绝对主义错误的危险,他对个体主体性的张扬却鲜明而恰到好处,即实践中的个体总是作为自己而存在,不仅是作为社会分子或要素的工具性存在。质言之,教师角色实践本就富于创造性,既有教学思维的突破,也有教学形式的革新,更有人文精神、知识结构和人格发展的探索与创造。[②]

三、处境与心境的信念样态

教师个体的教育教学信念有两端:一端连着具有共性特征的教育现实与理想,表征为教师个体所立足教育教学实践的具体背景与真实处境;另一端连着具有个性特征的教师个体情意与追求,表征为教师个体面对具体背景和真实处境而追求育人价值实现时的精神状态与心境修养。

教师个体常处于多重具有共性特征的教育背景之中,包括:共同的时代

---

① 黑格尔.法哲学原理[M].范扬,张企泰,译.北京:商务印书馆,1961:253.
② 朱小蔓.关于教师创造性的再认识[J].中国教育学刊,2001(3):57-60.

背景——处于国家现代化与教育现代化的发展潮流中;追求着共同的育人目的——立德树人与学生核心素养发展等;树立着共同的课程与教学目标——五育并举、学科教学、"双减"落实等。共同的教育背景之下,是教师个体独自面对潮流、目的、目标等扎根于育人实践时的复杂难题,它们形成了教师个体角色实践的真实处境。其中,有些问题是教师个体能够独自解决的,但更多问题表现为一种课程文化困境或职业道德困境,即它们并非教师个体问题或教师个体所能解决的问题,而是一种时代性的或价值性的难题。譬如,取决于教师职业角色的特性,教师个体常常陷于道德和文化两种困难处境中。就道德处境而言,对于教师职业道德难题,教师个体多困于"道德浪漫"、以道德理想替代实践哲学、限于教师个体道德策略与单一道德视角批判[1]等现实处境之中。就文化处境而言,教师个体多困于本土与外来文化知识的对话中,在本土"遗忘"与外来"迷失"之间,不能很好地显示自身的教育者身份。

与教育教学实践问题形成的现实处境相对应,教师个体信念的另一端是他的内在心境,而且在一定意义上,个体的处境对其心境具有决定作用:有什么样的处境相应地就会有怎样的心境。因此,与处境相比,心境修养更显教师角色个体性的本质意义,它能为教师个体有效地澄清自身教育信念体系,并指向灵活的思维方式和积极的实践行动。就心境的内涵而言,以教师个体的人生体验尤其是教育教学体验为基本内容。而且由于教师个体常常受到外在规范和内在修养的双重规约,教师个体的心境多以去私欲、泛爱众等传统文化精神为内核,既要做到与物欲相对立,又要努力与育人相关联,所以它不仅是教师个体处境在心灵中的印刻,更以"人性中的自然生长倾向"为基础。在此意义上,心境能成就教师个体的角色崇高和伟大,特别是在与自身所在的相对"恶劣"的处境相比时,如此也就回应着传统文化的精神追求:处境越不利越能衬托个体的心灵美,恰如"粗缯大布裹生涯,腹有诗书气自华"。

四、论证与选择的学识样态

教师个体以学识为自身教育教学信念的重要支撑之一,而就教师个体

---

[1] 薛晓阳.教师职业道德的处境危机及其道德解决[J].上海师范大学学报(哲学社会科学版),2019(2):114-121.

学识而言,论证与选择是其教学呈现的两种基本样态,表征着教师角色独立特性的核心构成。学识作为教师个体在教育学术上的知识修养,与文化学者的纯知识修养略有不同,因为教师个体的学识不仅含有自身知识的修养,而且含有通过自身知识修养以生成学生素养的教学修养,即帮助学生进行自主的知识修养的能力。所以说,教师个体学识既有一般意义的知识修养,更有以知识育人的修养,它们共同构成教师个体学识的重要内容。因此,教师角色的个体性价值实现的重要内容之一,就是突出这种特殊的学识特征,即论证与选择。

具体而言,关于教师个体学识的论证样态,它的育人旨趣在于学生个体理性的发展,而且是教师个体进行公共理性启蒙的基础。同时,在内容上多指涉科学知识,也就是杜威所谓的"知识世界",它们是人类在认识世界的过程中建构的知识世界。因为知识背后实质上就是一种"文化共同体"呈现为以"知识为纽带而组织的知性共同体的关系"[①],所以对于学生而言,这些"知识"具有先验性,需要在天赋理性的基础上进行"论证"的学习和练习。而在形式上,教师个体学识的论证样态诉求一种非灌输的教育教学方式,即师生主体间交往对话的教学活动,它是对科学知识的内在逻辑进行教学再认识的基本需要。另外,关于教师个体学识的选择样态,它的育人旨趣在于学生个体情意的发展,而且是教师个体进行公共精神培育的基础。同时,在内容上多指涉人文知识,也就是杜威所谓的"事实世界",它们是人类情感、意志在认识世界的过程中建构的价值和事实世界。对于学生而言,这些"事实"具有经验性,需要在天赋情感的基础上进行"选择"的学习和练习,故而在形式上,教师个体学识的选择样态诉求一种情境性和体认性的教育教学方式,即师生主体在共同经历或观察得到的事实基础上,进行事实辨析和价值选择。当然,有时"选择"样态的实现需要以"论证"为基础,但这并不影响"选择"样态的独立存在。

从根本上看,教师个体学识的论证与选择两种样态,最后统一在教师个体的"语言系统"构筑的教学世界之中,并以学生成长的方式显示其超越性的特点。教师个体的学识并不是孤立的,而是通过一定类群的形式——以一个民族的母语共同语和学科语言符号的形式,将国家意志、社会诉求、文化归属等自觉地与个体性和超越性的教学语言相沟通,并聚合为教师角色

---

① 佐藤学.课程与教师[M].钟启泉,译.北京:教育科学出版社,2003:80.

的个体性特征,产生教育价值和教学意义。这也是教师个体确立自我要素功能和主体性本质的一种力量,确定和支配着教师个体作为角色实践主体的主体性精神。

五、尊严与责任的德性样态

教师个体以德性为自身教育教学信念的另一个重要支撑,就教师个体德性而言,尊严与责任是其行动德性呈现的两种基本样态,也是构成教师角色独立特性的重要表征。而且,教师个体德性的尊严与责任两种样态内在关联、不可分割。教师个体德性源自其身教的具体角色实践行动。而就教师个体的教育教学行动来讲,一般有两种伦理价值立场:信念伦理与责任伦理。作为教师角色个体性的本质内涵之一,信念伦理是教师个体展开角色实践的重要价值立场,其伦理价值在于给予教师个体作为角色实践者以明确的意图、动机和信念,它的注意力多集中于意图、动机和信念等是否高尚,而缺少对教育行动过程和结果的关注。① 因此,与身教对教育教学过程和结果的追求相对应,责任伦理也应是教师个体角色实践不可缺少的重要价值立场。因为责任伦理更贴近教师角色的公共性义务、职责等本质要求,更注重教育教学行动的过程和结果及其育人价值与意义。尤其是在祛魅的现代社会,责任伦理以奉献精神确证教师个体的社会主体地位、职业尊严和角色人格,这也正是教师个体德性应有的核心要义。

具体而言,不论是在蕴含国家意志和社会诉求的文化知识之传递行动层面,还是学校教育的教师个体间协作育人的行动层面,或者在课堂教学共生体的师生交往对话活动层面,以身教显示教师个体德性的诸多角色实践行动多以责任和尊严的样态同时呈现。由此可见,教师角色个体性以"演绎公共性"为本性,其"演绎"的创造性本质就特别需要以民主、平等的教育观念武装自己,"努力使自己在'德、才、学、识'等方面堪称学生的'表率'与'楷模'"②。如此才能使德性成就为教师个体的一种优秀品质——显示其独立的育人理智和智慧,以及正确的道德观念。进一步讲,教师个体的这些身教行动中的德性,反过来也会惠及他所在的共同体及其成员。正是这种责任与尊严的良性互动,使教师个体德性得以形成、稳固和彰显,教师角色的个

---

① 贺来.现代人的价值处境与"责任伦理"的自觉[J].江海学刊,2004(4):41-46.
② 张良才,李润洲.论教师权威的现代转型[J].教育研究,2003(11):69-74.

体性价值也得以实现。

  总体来看,以追求教师个体价值实现的教师角色实践之基本样态,实质上都统一在"原创"与"真实"两种根本样态中。所谓原创与真实,是表现教师个体对立德树人认识与表达的"自我归属"之概念,它是教师个体内部真实意义上的自我实现……不受一切权威与预见的左右,根据内部的真实进行思考和行动。① 所以说,教师个体实现的角色基本样态其实表现的是一种自我探究之旅,是一种关于探索自身的伦理生活方式,是"不断改造自身的主体斗争的实践"——它既同自身对话,也聆听内心"栖于自我世界的复数的他者的声音",在此基础上积极潜入并重建自我世界,以"在自己的内部世界里获得同他者交际的新的联结之网"②,从而过一种原创且真实的教育生活。

---

  ① 佐藤学.课程与教师[M].钟启泉,译.北京:教育科学出版社,2003:120.
  ② 佐藤学.课程与教师[M].钟启泉,译.北京:教育科学出版社,2003:120-121.

第六章 "好教师"角色的刻画及素养

"好教师"角色如何刻画及素养如何养成已是新时代教育高质量发展的重要议题。2014年9月,习近平总书记号召广大教师做有理想信念、有道德情操、有扎实学识、有仁爱之心的党和人民满意的好老师。2018年,中共中央、国务院提出,要造就一支党和人民满意的高素质专业化创新型教师队伍。①

"好教师"角色刻画可助力教育强国战略的追求和实现。习近平总书记强调,教育兴则国家兴,教育强则国家强。建设教育强国,是全面建成社会主义现代化强国的战略先导,是实现高水平科技自立自强的重要支撑,是促进全体人民共同富裕的有效途径,是以中国式现代化全面推进中华民族伟大复兴的基础工程。② 而强国战略和中华民族伟大复兴离不开"好教师"的不断涌现。

"好教师"角色刻画可促进教育根本问题的解决。习近平总书记指出,培养什么人、怎样培养人、为谁培养人是教育的根本问题,也是建设教育强国的核心课题。我们建设教育强国的目的,就是培养一代又一代德智体美劳全面发展的社会主义建设者和接班人,培养一代又一代在社会主义现代化建设中可堪大用、能担重任的栋梁之材,确保党的事业和社会主义现代化

---

① "四有"好老师[EB/OL].(2019-09-27)[2023-12-26].http://www.moe.gov.cn/jyb_xwfb/xw_zt/moe_357/jyzt_2019n/2019_zt24/jyfzdsj/zxfx/201909/t20190927_401428.html.

② 习近平在中共中央政治局第五次集体学习时强调加快建设教育强国为中华民族伟大复兴提供有力支撑[EB/OL].(2023-05-29)[2024-04-10]https://www.gov.cn/yaowen/liebiao/202305/content_6883632.htm? device=app&eqid=eb971fc50000693b000000046475a66c

强国建设后继有人。① 而社会主义现代化强国建设者和接班人也需要"好教师"来培养。

"好教师"角色刻画是新时代教师队伍建设的题中要义。习近平总书记强调,强教必先强师。要把加强教师队伍建设作为建设教育强国最重要的基础工作来抓,健全中国特色教师教育体系,大力培养造就一支师德高尚、业务精湛、结构合理、充满活力的高素质专业化教师队伍。弘扬尊师重教社会风尚,提高教师政治地位、社会地位、职业地位,使教师成为最受社会尊重的职业之一,支持和吸引优秀人才热心从教、精心从教、长期从教、终身从教。加强师德师风建设,引导广大教师坚定理想信念、陶冶道德情操、涵养扎实学识、勤修仁爱之心,树立"躬耕教坛、强国有我"的志向和抱负,坚守三尺讲台,潜心教书育人。②

"好教师"为基础教育高质量发展奠定基础。习近平总书记强调,要坚持把高质量发展作为各级各类教育的生命线,加快建设高质量教育体系。建设教育强国,基点在基础教育。基础教育搞得越扎实,教育强国步伐就越稳、后劲就越足。基础教育既要夯实学生的知识基础,也要激发学生崇尚科学、探索未知的兴趣,培养其探索性、创新性思维品质。要在全社会树立科学的人才观、成才观、教育观,加快扭转教育功利化倾向,形成健康的教育环境和生态。③ "好教师"既是高质量基础教育的基本内涵,又是基础教育高质量发展的重要基石。

真正的教师首先考虑的并不是让孩子成为能够经历风雨的花朵,而是与他们一同在具体的事物中探索生命与世界的本质。雅斯贝尔斯对"真正

---

① 习近平在中共中央政治局第五次集体学习时强调加快建设教育强国为中华民族伟大复兴提供有力支撑[EB/OL].(2023-05-29)[2024-04-10]https://www.gov.cn/yaowen/liebiao/202305/content_6883632.htm?device=app&eqid=eb971fc50000693b000000046475a66c

② 习近平在中共中央政治局第五次集体学习时强调加快建设教育强国为中华民族伟大复兴提供有力支撑[EB/OL].(2023-05-29)[2024-04-10]https://www.gov.cn/yaowen/liebiao/202305/content_6883632.htm?device=app&eqid=eb971fc50000693b000000046475a66c

③ 习近平在中共中央政治局第五次集体学习时强调加快建设教育强国为中华民族伟大复兴提供有力支撑[EB/OL].(2023-05-29)[2024-04-10]https://www.gov.cn/yaowen/liebiao/202305/content_6883632.htm?device=app&eqid=eb971fc50000693b000000046475a66c

的教师"即"好教师"的基本评判包括：一要善于同构师生主体间的共生关系；二要善于同筑协作中的公共生活。因为教师不是单纯的栽花人，学生也不是静待浇灌的温室花朵；学生不应被困顿在抽象符号堆积的无机世界，教师也不应游走于单向灌输的无机教学，而应是师生共同探索生命世界的本质内涵及其育人意义。也如石中英教授对当下"好教育"的评判——好教育一定是促进公共生活的教育，学会共同生存的教育。① 因此，作为实践主体以支撑起好教育的"好教师"，也一定是那些积极让渡自身角色个体性以追求"促进公共生活的教育"的教师。他们的评判可谓异曲同工，都指明了"好教师"角色的基本建构方向，即追求在教育公共生活中让渡自身个体性以演绎角色公共性的双维融合。

不可否认，自21世纪基础教育课程改革以来，随着课堂教学变革的持续推进以及对教师专业发展的不断重视，特别是随着我国教师队伍建设进入新时代和培育学生核心素养时代的到来，帮助教师个体成长为"好教师"的角色建构问题，已经越来越受到学界的关注。学界进行了大量的理论研究和实践探索，收获了丰富的研究成果。如若仅仅停留在外向考察的研究取向与范式中，而没有积极向内考察和发掘教师角色的双维内涵、特征及其内在统一关系，无论怎样强调教师个体在课程改革和课堂教学中的自主性、专业性和重要性，也难以完全抵达基于教师个体进行教师角色建构的本真，更无法真正触及新时代对公共性旨趣的追求。故而，在学界现有外向考察研究的基础上，还应积极内向探索以建构符合新时代公共性旨趣和要求的"好教师"角色。

正因如此，本书对"教师角色的双维建构"这一议题的考察分析，实际上也内隐着一种对新时代"好教师"的角色追求，意在表明需要从决定着教师角色根本存在的公共性与个体性两个维度理解并认识教师角色的建构问题，积极向内重新思考教师的角色存在、角色实践和角色价值。这既是对教师角色建构坚持职业理性、专业理性、技术理性等取向的批判性反思和超越，也是试图对工具主义、科学主义、专业主义、要素主义等教师角色研究倾向的突破、补充、优化和拓展。

其一，"好教师"追求下的教师角色建构，需要厘清公共性视角下的教师角色刻画。不断"重新画像"式的教师角色建构表现在教育现实中会涉及多

---

① 石中英.破除"唯分数论"，切实立德树人[N].光明日报,2022-03-26(10).

个方面的要求,它们以关系性、一致性和共同性等特征刻画"好教师"角色,并在新时代公共性旨趣的引领下促进教师角色成长。首先是一种职业画像的刻画,尤其善于在伦理道德层面以一种极致而典型的隐喻表征出一系列教师职业要求。正如李镇西所言,蜡烛、春蚕、灵魂工程师等无不从某一侧面体现着教师职业的本质特征。其次,还是一种专业画像的刻画。伴随着教师专业化发展的不断推进和深化,不同专业规范相继对教师角色演绎提出具体要求,使之成为专业的教育工作者。譬如,德育情境中教师作为学生成长的陪伴者,教学情境中教师作为学生学习的对话者,智慧教学情境中教师作为教学的设计者,以及学校教育情境中教师作为公共生活的构建者等。最后,习近平总书记提出的"四有"好老师是对新时代"好教师"角色最深刻、最具影响力的刻画。其中,"四有"包含的信念、学识、道德分别对教师在教育教学活动中的公共使命、公共理性和公共精神提出了统领式要求,尤其以"仁爱之心"突出教师在维系校园公共生活以及维护良好师生关系时"教育爱"的核心价值地位。此外,新课程变革的要求、教师职业主体地位与保障、国家教育改革的整体推进以及代表社会公共利益之直接意愿的家长要求等,也在无形却有力地刻画着"好教师"角色的价值规范和行动取向。

其二,"好教师"追求下的教师角色建构,还需探究个体性视角下的教师角色素养。完整的教师角色既是关系本质的,也是活动本质的;既是静态表征的,也是动态演绎的。同样,完整的教师角色既需要公共性视角下不断地"刻画"引领,也需要个体性视角下持续地提供"素养"支撑,即"好教师"角色既是富于公共性的刻画建构,也是充满个体性的素养养成。首先,天赋被认为是支撑教师角色建构、追求和实现"好教师"成长的第一素养。它以"天生就是好老师的样子"呈现,类似奔跑、弹跳、官能之于运动员的天赋意义,语言、思维、善谈、爱心及耐心等也常被看作教师角色建构的天赋素养,使其天生具有"教师范儿"。其次,兴趣是教师角色建构的重要素养。此"兴趣"并非日常生活中的爱好,如跳舞、唱歌等,而是指人们对特定事物或者活动的一种心理倾向,即主要是霍兰德(Holland)所说的"职业兴趣",它包括六种类型,涉及任务导向、真理导向、美感导向、和谐导向、领导导向和稳定导向等。在此意义上,来自教师个体的育人追求、成长满足、学科偏爱、职业稳定等兴趣,就都可被视为促进教师角色建构的良好素养。再次,个性是教师角色建构的重要素养。现实中,"好教师"的角色成长一般都富有个性特点,譬如"学生喜欢的好老师""教学质量效果好的老师"等,他们分别在不同共同体形成的主体关系层面表现出各自的鲜明个性。最后,除先天的素养,职业使命与信念感、职业道德与幸福感等则是教师角色建构的重要后天素养,更需要个体性的修炼和养成。譬如,育人公共使命的意识增强、启蒙公共理性的责任深化、养成公共精神的追求提升等,对教师角色建构具有根本性的支撑作用,是"好教师"角色成长的持久的内生动力。

其三,"好教师"角色追求下的教师角色建构,最终显现出公共性与个体性双维既对立又统一的关系和特征。探索教师角色"期待个体性"的公共本性和"演绎公共性"的个体本性,意味着正在试图突破教师的"身份确立"和"形象统整"的已有认识,回到教师的"角色实践"立场以考察教师角色的存在、活动及价值等问题,从而形成教师相关问题研究的角色实践立场及其双维探索和认识:"公共性维度"具体崇尚的是均质立场、要素立场、预成立场和功能立场,以及由此产生的单一取向、理论取向、结果取向和标准取向,这是在角色本体论立场上对教师人性的抽象化和角色规范的客观化,注重教师角色画像的线性表达和呈现;"个体性维度"具体崇尚的是生命立场、主体立场、生成立场和价值立场,以及由此产生的复杂取向、活动取向、过程取向和超越取向,此时是在角色生成论立场上对教师人性的具象化和角色演绎的个性化,注重教师角色画像的立体表达和呈现。二者在教学中体现为科学性与艺术性、规范性与自由性(创造性)的不同;在教师专业成长中表现为专业性教育与个体性修炼、师范性与开放性(综合性)的差异。

需要说明的是,本书对教师角色的双维建构分析,主要是一种理论思辨研究。它意在对教师作为"要素"的基本认识进行"主体"意义上的突破和超越——从教师个体发挥角色要素之主体性意义入手,澄清教师角色实践本身是公共性与个体性的对立统一,寻求对固于"绝对公共性"和"孤立个体性"的超越。因此,本书不是人们通常所理解的教师在教学过程中显示出的一般共性与特别个性的关系的建构,虽然这对于理解教师角色的双维建构具有重要的参考价值。

与此同时,部分对教师角色建构相关问题的研究已尝试使用田野研究、量化分析等方法对具体问题和对象进行跟踪考察。这些研究的范式和方法是本书继续深化、拓展和完善时笔者所要学习与借鉴的重要内容。另外,现实中的教育情境和教学问题是丰富多样的,也是变动不居的,而当面对这些"情境"和"问题"时,教师角色的双维视野能为它们具体带来何种解释力?又能为它们的角色建构提供哪些有针对性的具体策略和建议?这一系列问题也是笔者后续有待细化和深化研究的重要方面。

参考文献

约翰·杜威.民主主义与教育[M].王承绪,译.北京:人民教育出版社,2001.

约翰·杜威.我们怎样思维·经验与教育[M].姜文闵,译.北京:人民教育出版社,2005.

小威廉姆·E.多尔.后现代课程观[M].王红宇,译.北京:教育科学出版社,2000.

亨利·A.吉鲁.教师作为知识分子:迈向批判教育学[M].朱红文,译.北京:教育科学出版社,2008.

帕克·帕尔默.教学勇气:漫步教师心灵[M].吴国珍,等译.上海:华东师范大学出版社,2013.

弗洛里安·兹纳涅茨基.知识人的社会角色[M].郏斌祥,译.南京:译林出版社,2000.

秋田喜代美,佐藤学.新时代的教师[M].陈静静,译.北京:教育科学出版社,2013.

山崎正和.社交的人[M].周保雄,译.上海:上海译文出版社,2008.

佐藤学.课程与教师[M].钟启泉,译.北京:教育科学出版社,2003.

齐格蒙特·鲍曼.共同体[M].欧阳景根,译.南京:江苏人民出版社,2003.

贾英健.公共性视域:马克思哲学的当代阐释[M].北京:人民出版社,2009.

金生鈜.保卫教育的公共性[M].福州:福建教育出版社,2008.

阮成武.主体性教师学[M].合肥:安徽大学出版社,2005.

王承绪,赵祥麟.西方现代教育论著选[M].北京:人民教育出版社,2001.

叶澜,白益民,王枬,等.教师角色与教师发展新探[M].北京:教育科学出版社,2001.

余文森,连榕,等.教师专业发展[M].福州:福建教育出版社,2007.

蔡迎旗,唐克军.学校的本质与公民教育[J].教育学报,2013(4).

操太圣.轮岗教师作为具有公共性的人力资源[J].教育发展研究,2018(4).

程广文,宋乃庆.论教学智慧[J].教育研究,2006(9).

范国睿.智能时代的教师角色[J].教育发展研究,2018(10).

冯建军.公共人及其培育:公共领域的视角[J].教育研究,2020(6).

冯建军.论学校教育作为公共生活[J].华东师范大学学报(教育科学版),2014(3).

冯建军.全球公民社会与全球公民教育[J].高等教育研究,2014(3).

贺来."关系理性"与真实的"共同体"[J].中国社会科学,2015(6).

刘次林.教师的幸福[J].教育研究,2000(5).

刘良华.教育自传中的个人知识:关于"好教师"的调查研究[J].北京大学教育评论,2008(1).

阮成武.专业化视野中教师形象的提升与统整[J].教育研究,2003(3).

申国昌,陶光圣.铸造大国良师:习近平总书记教师教育重要论述的内涵及特征[J].教育研究,2019(8).

石艳.教师知识共享过程中的信任与社会互动[J].教育研究,2016(8).

王坤庆,方红.多重身份下的教师知识立场及其境界追求[J].教育研究,2012(8).

余文森.论公共知识的课程论意义[J].教育研究,2012(1).

余雅风.从教师职业的公共性看教师的权利及其界限[J].教师教育研究,2006(3).

索磊.基于实践理性的教师专业成长研究[D].重庆:西南大学,2016.

张茂聪.论教育公共性及其保障[D].济南:山东师范大学,2010.

樊改霞.公共教育的现代性转型及其困境[D].南京:南京师范大学,2007.

李宏亮.论"公共人"的培育:学校教育的视角[D].南京:南京师范大学,2013.

李燕.共生教育论纲[D].济南:山东师范大学,2005.

孙平.课程实施中的教师主体性及其发展研究:阐释学视角[D].武汉:华

中科技大学,2007.

习近平.向全国广大教师和教育工作者致以节日祝贺和诚挚慰问[N].人民日报,2020-09-10(1).

叶澜.教师要做"师"不做"匠"[N].中国教育报,2012-02-27(2).

于漪.教育不是结果,而是生命展开的过程[N].光明日报,2021-09-10(8).

于漪.一辈子学做教师:在江南大学国培班上的演讲[N].光明日报,2021-01-14(14).

石中英.破除"唯分数论",切实立德树人[N].光明日报,2022-03-26(10).

卞桂平.从"我"到"我们":公共性哲学的当代阐释[N].光明日报,2020-07-13(15).

高举中国特色社会主义伟大旗帜 为全面建设社会主义现代化国家而团结奋斗:在中国共产党第二十次全国代表大会上的报告[EB/OL].(2022-10-25)[2024-09-09].https://www.gov.cn/xinwen/2022/10/25/content_5721685.htm.

中共中央 国务院关于全面深化新时代教师队伍建设改革的意见[EB/OL].(2018-01-31)[2022-01-02].http://www.gov.cn/zhengce/2018-01-31/content_5262659.htm.

教育部关于全面深化课程改革 落实立德树人根本任务的意见[EB/OL].(2014-04-08)[2022-01-15].http://www.moe.gov.cn/srcsite/A26/jcj_kcjcgh/201404/t20140408_167226.html.

教育部关于印发《基础教育课程改革纲要(试行)》的通知[EB/OL].(2001-06-08)[2022-01-13].http://www.moe.gov.cn/srcsite/A26/jcj_kcjcgh/200106/t20010608_167343.html.

中华人民共和国教师法[EB/OL].(1994-01-01)[2021-10-10].http://www.moe.gov.cn/s78/A02/zfs__left/s5911/moe_619/tnull_1314.html.

中华人民共和国义务教育法[EB/OL].(2015-07-03)[2021-12-26].http://www.npc.gov.cn/wxzl/gongbao/2015-07/03/content_1942840.htm.

习近平在中共中央政治局第五次集体学习时强调加快建设教育强国为中华民族伟大复兴提供有力支撑(2023-05-29)[2024-04-10]https://www.gov.cn/yaowen/liebiao/202305/content_6883632.htm?device=app&eqid=eb971fc50000693b000000046475a66c